SIETE PILARES DE LIBERTAD

DR. TED ROBERTS

SIETE PILARES DE LIBERTAD

Por el Dr. Ted Roberts

Otros escritores que han contribuído:
Harry Flanagan
Diane Roberts
Linda Dodge

Copyright © 2009, 2010, 2014, 2021 por Deseo Puro Ministries International

Todos los derechos reservados. Este libro o partes del mismo no pueden ser reproducidos en ninguna forma, almacenados en un sistema de recuperación, o transmitidos en cualquier forma por cualquier medio-electrónico, mecánico, fotocopia, grabación, o de otra manera-sin el permiso previo por escrito de Deseo Puro Ministries International, salvo lo dispuesto por la ley de derechos de autor de los Estados Unidos de América.

Publicado por
Deseo Puro Ministries International
886 NW Corporate Dr, Troutdale, OR 97060
www.puredesire.org | 503.489.0230
ISBN 978-0-9840755-5-3

5ª Edición con revisiones, Septiembre 2021

Las historias presentadas de vidas individuales en este libro de trabajo son verdaderas y exactas. Los detalles se han ajustado para evitar la identificación personal. En algunos casos la historia presentada es una compilación de las historias de varios individuos. La compilación, sin embargo, no afecta a la veracidad clínica o teológica de las historias.

A menos que se indique lo contrario, la Escritura está tomada de la HOLY BIBLIE, NEW INTERNATIONAL VERSION®. Copyright © 1973, 1978, 1984 Biblica. Utilizado con permiso de Zondervan. Todos los derechos reservados. Las marcas "NIV" y "New International Version" están registradas en la Oficina de Patentes y Marcas de los Estados Unidos por Biblica. El uso de cualquiera de estas marcas requiere el permiso de Biblica.

Escritura tomada de El Mensaje. Copyright © 1993, 1994, 1995, 1996, 2000, 2001, 2002. Utilizado con el permiso de NavPress Publishing, Group.

Las citas bíblicas marcadas con NLT están tomadas de Holy Biblie, New Living Traslation copyright 1996, 2004. Utilizadas con permiso de Tyndale House Publishers, Inc., Wheaton, Illinois 60189. Todos los derechos reservados.

LA PALABRA DE DIOS es una obra con derechos de autor de Gods Word to the Nations. Las citas se utilizan con permiso. Copyright 1995 por Gods Word to the Nations. Todos los derechos reservados.

Escritura tomada de la Good News Translation® (Todays English Version, Second Edition)Copyright © 1992 American Biblie Society. Todos los derechos reservados. Utilizado con permiso.

Escritura tomada de la Santa Biblia: Versión International Standard Version®. Copyright © 1996-2008 por la Fundación ISV. TODOS LOS DERECHOS RESERVADOS INTERNACIONALMENTE. Utilizado con permiso.

Edición de contenidos por Heather Kolb

Diseño de portada, diseño interior y composición tipográfica de Elisabeth Windsor

CONTENIDO

VII   AGRADECIMIENTOS

1   INTRODUCCIÓN

13   CÓMO EMPEZAR

33   PRIMER PILAR DE LIBERTAD: ROMPER CON LA NEGACIÓN

- 34   Lección Uno: La Dirección Determina el Destino
- 46   Lección Dos: Puntos de Impotencia
- 53   Lección Tres: Salir de la Autopista de la Negación
- 62   Lección Cuatro: El Camino de la Recuperación
- 70   Compromiso del Primer Pilar

71   SEGUNDO PILAR DE LIBERTAD: COMPRENDER LA NATURALEZA DE LA ADICCIÓN SEXUAL

- 72   Lección Uno: Esperanza en Medio de la Desesperanza
- 77   Lección Dos: Secreto
- 81   Lección Tres: Aislamiento
- 87   Lección Cuatro: Vergüenza
- 95   Lección Cinco: Guerra
- 101   Compromiso del Segundo Pilar

103   TERCER PILAR DE LIBERTAD: RENDIRSE AL PROCESO

- 104   Lección Uno: Aprender a Afrontar el Dolor
- 113   Lección Dos: Ser Tu Verdadero Yo
- 120   Lección Tres: Amor, Aceptación y Perdón
- 127   Lección Cuatro: Autocuidado
- 134   Compromiso del Tercer Pilar

135 PILAR DE LIBERTAD CUATRO: LIMITAR LOS PERJUICIOS

- 136 Lección Uno: Necesitas un Plan de Control de Daños
- 142 Lección Dos: La Matriz de la Adicción
- 149 Lección Tres: La Historia de tu Dolor
- 152 Lección Cuatro: Identificar tu Discapacidad
- 167 Lección Cinco: Levantarse del Suelo
- 176 Compromiso del Cuarto Pilar

177 PILAR DE LIBERTAD CINCO: ESTABLECER LA SOBRIEDAD

- 178 Lección Uno: Entender las Fantasías
- 185 Lección Dos: Confiar en Dios en el Momento
- 195 Lección Tres: Ejercicios de Entrenamiento
- 203 Lección Cuatro: Construir un Plan de Batalla Ganador
- 215 Compromiso del Quinto Pilar

217 PILAR DE LIBERTAD SEIS: LA BATALLA POR LA MENTE

- 218 Lección Uno: Los MIGS Salen de la Maleza
- 229 Lección Dos: ¡Cuida tu espalda!
- 241 Lección Tres: Aprender a Entrar en la Lucha
- 258 Lección Cuatro: Herramientas de Poder
- 276 Compromiso del Sexto Pilar

277 PILAR DE LIBERTAD SIETE: UN PLAN DE CRECIMIENTO ESPIRITUAL

- 278 Lección Uno: Revelación
- 287 Lección Dos: Cómo Ayudar a tu Esposa (Primera Parte)
- 296 Lección Tres: Cómo Ayudar a tu Esposa (Segunda Parte)
- 305 Lección Cuatro: Autocontrol y Visión
- 314 Compromiso del Pilar Slete

315 ANEXO

AGRADECIMIENTOS

Los agradecimientos no son extensos ni muy largos, porque muy poco en este libro de trabajo es totalmente original.

Los fundamentos del cuaderno fueron tomados directamente de la Palabra de Dios. Algunos podrían decir que las observaciones relacionadas a la Palabra de Dios fueron originales, pero la verdad es que, si hay alguna sabiduría bíblica en estas páginas, vino del Espíritu Santo. Reconocí la verdad durante mis devocionales o en medio de una sesión de consejería. Hace tiempo que me di cuenta de que no soy tan inteligente. Tomo notas durante la mayoría de las sesiones de consejería porque nunca sé cuándo el Espíritu Santo va a abrir mis ojos, no sólo los de mi cliente.

Gracias, Señor, por la verdad viva y dadora de tu Palabra!

Las ideas clínicas tampoco son originales. El Dr. Patrick Carnes ha sido mi mentor durante años. Este investigador y clínico conocido a nivel nacional ha sido muy amable al verter su sabiduría y sus conocimientos en mi corazón. He intentado hacer referencia al trabajo del Dr. Carnes cuando lo he utilizado directamente. Si he omitido algunas referencias, mis disculpas a mi amigo.

Gracias Señor por el toque del Dr. Carnes en mi vida; ¡que este libro de trabajo no sólo lo honre a él sino que también resulte en la liberación de miles de hombres que te aman!

Un agradecimiento especial a mi esposa Diane.

Por último, algunos pilares están escritos por mi querido amigo y colega Harry Flanagan.

¡Gracias Padre Flanagan!

Dr. Ted Roberts

INTRODUCCION

Pilar Uno | Lección Dos

INTRODUCCIÓN

BIENVENIDO

Unirse a un grupo de hombres de Siete Pilares de Libertad puede ser una de las decisiones más difíciles que hayas tomado. También puede ser la decisión que requiera más valor. Creo que si te comprometes con este grupo, completas tus tareas diarias e inviertes en tu recuperación, esta será la mejor decisión que hayas tomado.

Las secciones de introducción de este libro de trabajo son piezas vitales de tu preparación para la libertad y la sanidad. Estas explican los conceptos y principios que sientan las bases para todo lo que hay en este libro de trabajo y en tu grupo de Deseo Puro. Si no has completado el curso de video *Lo esencial de la Integridad Sexual* de Deseo Puro101 o la *Serie Conquista* de Estudios KingdomWorks, por favor lee las lecciones tituladas "Un Cerebro Sexy" y "¡Ayuda! Alguien secuestró mi cerebro" en el Apéndice antes de continuar con *Siete Pilares de Libertad*.

Es absolutamente esencial que leas TODO el material de la introducción ANTES de empezar a trabajar en las lecciones de Pilar de Libertad Uno a Siete.

INTRODUCCIÓN

En 1993, la Iglesia de East Hill en Gresham, Oregón, asumió el tema de la adicción sexual. No teníamos una hoja de ruta porque no conocíamos ninguna otra iglesia que hubiera recorrido este camino. El enfoque original era trabajar con hombres que estaban atrapados en la esclavitud sexual. Rápidamente, nos dimos cuenta de que también necesitábamos apoyar a las mujeres que habían sido traicionadas por sus maridos, así como a las mujeres atrapadas en la esclavitud sexual.

Durante 23 años, el Señor ha guiado a Deseo Puro en un ministerio de apoyo, sanidad y Restauración a iglesias de todo el mundo. A través del desarrollo de un plan de estudios -diseñado de forma única para proporcionar un proceso teológico y clínicamente probado- y de conferencias de formación, la vergüenza está perdiendo la batalla y la esperanza está aumentando. El mensaje de gracia y libertad se está haciendo visible en los grupos pequeños de todo el país.

Las familias están experimentando el cambio de los sistemas familiares negativos que han dominado durante generaciones. Los grupos de Deseo Puro, líderes laicos y valientes de la iglesia, están respondiendo a la llamada de los heridos y ofreciendo un lugar seguro donde la vulnerabilidad está apareciendo en muchas vidas por primera vez.

Con la explosión de las investigaciones sobre el cerebro, ahora es posible comprender la devastadora eficacia de la tecnología (Internet, video, etc.) en nuestra cultura. Los grupos de Deseo Puro ofrecen la educación continua, los recursos y la formación necesarios para proteger a nuestras familias de la adicción sexual y de los mensajes sexuales insanos que impregnan nuestra cultura y nos bombardean por doquier.

HARRY FLANAGAN
Profesional en Pastoral de Adicción al Sexo
Ministerio de Deseo Puro

LOS SIETE PILARES
Utilizado con el Permiso de Patrick J. Carnes

PILAR DE RESTAURACIÓN	COMPETENCIA VITAL
1. Romper con la Negación	+ Comprende las características de la negación y el autoengaño + Identifica la presencia del autoengaño en la vida + Conoce los patrones preferidos de distorsión del pensamiento + Acepta la confrontación
2. Entender la Naturaleza de la Adicción Sexual	+ Conoce la información sobre el comportamiento adictivo + Aplica la información a tu vida personal + Comprende los patrones sexuales compulsivos + Conoce escenarios específicos del modelo de excitación
3. Rendirse al Proceso	+ Aceptación de la adicción en la vida + Conoce las limitaciones personales + Discierne la diferencia entre eventos controlables y no controlables

4. Limitar el Daño	+ Ten habilidades internas para reducir la ansiedad + Desarrolla la resolución para el cambio y el compromiso
5. Establecer la Sobriedad	+ Utiliza límites de sobriedad claramente establecidos + Maneja la vida sin comportamientos disfuncionales
6. La Batalla por la Mente	+ Sanidad Emocional
7. Un Plan de Crecimiento Espiritual	+ Mantén un estilo de vida de crecimiento espiritual

Para tener estos Siete Pilares como la estructura de nuestra libertad, necesitamos entender una verdad bíblica sobre la que estos Pilares deben ser construidos.

Si alguna vez has mirado de cerca un pilar clásico romano o griego, habrás notado que no son una pieza sólida. Descansan sobre una base masiva. Al igual que los pilares romanos o griegos, ninguno de estos Siete Pilares será efectivo en tu vida o será capaz de soportar el peso del proceso de Restauración hasta que seas agarrado por la gracia de Dios.

La gracia no es una doctrina o un concepto teológico, es una persona: Jesucristo. Pablo declara en Romanos que la Ley fue dada por Moisés, pero la gracia y la verdad vinieron por medio de Jesucristo. La gracia es el evangelio. Cuando el apóstol Pablo habla del evangelio, habla del evangelio de la gracia. La gracia radical de Dios nunca se apoderará de tu alma hasta que entiendas esta verdad.

RECURSOS CURRICULARES PARA GRUPOS

El curso de video *Lo Esencial de la Integridad Sexual101* proporcionará una excelente rampa de entrada a la experiencia de grupo, aumentando la conciencia de los factores que contribuyen a los comportamientos sexuales no deseados. También es apropiado para un cónyuge traicionado y puede ser útil para educarlo sobre la ruptura sexual.

El *Diario de los Siete Pilares de Libertad* reforzará el compromiso diario con la salud que es vital para tu sobriedad y crecimiento espiritual.

El *Video Acompañante de Los Siete Pilares de Libertad* proporcionará ideas y consejos útiles sobre cada lección a través de videos de 4-5 minutos con nuestro Director Ejecutivo, Nick Stumbo.

Deseo Ser Puro por el Dr. Ted Roberts se usa como un recurso de apoyo que ofrece esperanza para establecer límites personales saludables con aplicaciones prácticas y comprobadas.

El Proceso de Génesis para los grupos de cambio por Michael Dye ayudará a los hombres a abrirse a nuevos niveles de sanidad a través de la información de las lecciones y las herramientas prácticas de discipulado. Este recurso no enseña teología, sino que proporciona herramientas que promueven el crecimiento y la sanidad.

No deseado explora el "por qué" detrás de las elecciones sexuales autodestructivas. La investigación original de Jay Stringer descubrió que el comportamiento sexual no deseado puede ser moldeado y predicho en base a las partes no abordadas de nuestra historia.

En ***Liberándonos*** Nick Stumbo cuenta su historia de sanidad de una adicción al porno: cómo Dios redimió lo que estaba roto y transformó su corazón, su matrimonio y su vida.

Cada semana, lanzamos un nuevo **Podcast de Deseo Puro.** Nos centramos en todos los aspectos de la ruptura sexual, el trauma, la traición, la recuperación y la sanidad. Tenemos episodios para ayudar a explicar varias herramientas, cómo navegar por la experiencia del grupo, el sexo y el matrimonio, y mucho más. Este podcast ofrece horas de contenido para los líderes de grupo y los miembros por igual. Escucha el último podcast en puredesire.org/podcasts o encuéntranos en Apple Podcasts, Google Podcasts, Spotify, Stitcher, YouTube y Audible.

Estos recursos representan algunos de los mejores materiales cohesivos para ayudar a los hombres a entender sus comportamientos sexuales no deseados y romper su ciclo de adicción. Sólo este libro de trabajo, el *Diario de los Siete Pilares de Libertad* y *Deseo Ser Puro* son necesarios para la experiencia de grupo.

HERRAMIENTAS DE RECUPERACIÓN QUE NECESITARÁS

Muchos de nosotros hemos tratado de encontrar la sanidad por nuestra cuenta y a menudo no dura mucho. Podemos tener temporadas de sobriedad, pero para experimentar realmente una salud duradera necesitamos estar equipados para el desafío. Tendremos que convertirnos en un maestro en el uso de cuatro herramientas esenciales si queremos ganar esta batalla:

- El Compromiso de Cambio
- La Escala FASTER
- El Doble Desafío
- Tu grupo Deseo Puro

En este viaje hacia la libertad, estas son cuatro herramientas que debes dominar si quieres liberarte realmente de la esclavitud sexual.

EL COMPROMISO DE CAMBIO

Tu Compromiso de Cambio servirá como un compromiso semanal que te mantendrá en un camino firme hacia la salud. A lo largo de este viaje de sanidad, habrá días en los que podrás ver claramente hacia dónde te diriges: harás grandes avances hacia la comprensión de tus comportamientos sexuales no deseados. Otros días, soportarás las tormentas de los ataques del enemigo-puedes sentirte abrumado, como si estuvieras retrocediendo hacia patrones no saludables. Inevitablemente, habrá algunas noches oscuras de confusión. Puede que te encuentres preguntando: "¿Acaso voy en la dirección correcta?".

En tu grupo rellenarás un Compromiso de Cambio cada semana y pedirás la opinión de los miembros de tu grupo. El Compromiso de Cambio es como una brújula: no importa cuán oscura sea la noche o cuán ominosa sea la tormenta, tu Compromiso de Cambio te mantendrá en la dirección correcta.

Cuando te enfrentas a conductas adictivas, no existe la posibilidad de quedarse quieto o mantener el statu quo. O trabajas hacia la Restauración o vuelves a caer en la adicción. No planear tu próximo movimiento hacia adelante es planear una recaída.

Por ejemplo, si estás luchando con el uso inapropiado de Internet, tu compromiso puede ser instalar una aplicación de filtrado y rendición de cuentas. O, tal vez, vayas a hacer un viaje de negocios solo. ¿Qué límites y responsabilidad puedes establecer mientras te preparas para el viaje? Este sería tu Compromiso de Cambio de la semana.

En los últimos veinte minutos del tiempo de grupo de cada semana, tendrás que completar un Compromiso de Cambio para la semana. Este compromiso te ayudará a avanzar en su Restauración o a abordar un reto al que te enfrentas.

Para obtener más información sobre cómo utilizar el Compromiso de Cambio, recomendamos los siguientes podcasts de Deseo Puro:

- Episodio 192— Herramientas para la traición: Compromiso de cambio y Doble Desafío
- Episodio 155— Herramientas de recuperación: Compromiso de Cambio
- Episodio 093—Hacer un mejor Compromiso de Cambio
- Episodio 005—Doble Desafío y Compromiso de Cambio

LA ESCALA FASTER

La Escala de Conciencia de Recaída FASTER (Escala FASTER) es una herramienta para identificar patrones de recaída y escenarios de alto riesgo.[1] Nos ayuda a identificar las áreas de nuestra vida que están causando problemas destructivos.

Cada letra de la palabra "FASTER" representa un nivel en la escala según sus siglas en inglés: Olvidar las prioridades-Ansiedad-Aceleración-Exceso-Recaída. Cada nivel enumera los pensamientos, sentimientos, actitudes y acciones que perpetúan nuestras conductas compulsivas y adictivas, arrastrándonos hacia abajo en la escala hacia la recaída. Influidos por diversos factores -estrés ambiental, problemas de relación, nuestra salud física y mental- nos encontramos reaccionando a lo que ocurre a nuestro alrededor.

Una vez que aprendas a utilizar la Escala FASTER, aumentará tu conciencia situacional, ayudándote a identificar los patrones de cómo el enemigo te prepara para matar. Empezarás a entender por qué recaíste una y otra vez en el pasado. Serás capaz de reconocer cuándo te estás deslizando hacia abajo en la Escala FASTER -cuando el enemigo te tiene en su punto de mira- mucho antes de que pueda poner sus armas en tu contra.

Cada semana, elige al menos tres días en los que te comprometerás a llamar a otro miembro del grupo. Antes de cada llamada, revisa la Escala FASTER e identifica en qué punto de la escala te encuentras desde la última llamada o reunión de grupo, según las emociones y comportamientos con los que te identificas. Durante la llamada, responde a las siguientes preguntas relacionadas con tu posición en la Escala FASTER:

+ ¿Cómo te afecta? ¿Cómo actúas/sientes?
+ ¿Cómo afecta a las personas importantes de tu vida?
+ ¿Por qué lo haces? ¿Cuál es el beneficio para ti?
+ ¿Qué necesitas hacer para volver a Restauración?
+ ¿Cómo vas con tu compromiso de cambio?

Utilizar la Escala FASTER es una habilidad que se aprende, así que ten paciencia contigo mismo. Una de las habilidades más difíciles de aprender para un hombre que sale de la esclavitud sexual es... estar presente. Darse cuenta de lo que están sintiendo y por qué se sienten así. Durante muchos años han aprendido a medicar el dolor en su vida; por lo tanto, no tienen conciencia de la situación y terminarán en una recaída sin importar cuánto lo intenten. El dominio de la Escala FASTER te dará la victoria sobre el enemigo. De hecho, te dará la capacidad de ganar la batalla cada vez.

Para obtener más información sobre cómo utilizar la Escala FASTER, recomendamos los siguientes podcasts de Deseo Puro:

---

[1] Michael Dye, *El Proceso Génesis: Para grupos de cambio, Libro 1 y 2, Libro de trabajo individual* (Auburn, Michael Dye, 2012), 236.

- Episodio 191—Herramientas para la Traición: Escala FASTER
- Episodio 153—Herramientas de Recuperación: Escala FASTER
- Episodio 049—5 Consejos para Utilizar la Escala FASTER
- Episodio 002—La Escala FASTER

EL DOBLE DESAFÍO

Cada vez que se necesita un cambio, nos enfrentamos a un doble dilema: una situación de pérdida.[2] Tenemos que elegir y no queremos hacer ninguna de las dos opciones. Sin embargo, cuando reconocemos que es necesario elegir, la opción correcta se vuelve obvia, no porque sea la opción más fácil, sino por la dirección que nos lleva. Una de las opciones nos llevará a un mayor aislamiento aferrados a nuestros comportamientos adictivos- separados de Dios y de los demás. La otra opción nos llevará a una relación con Dios y con los demás. De hecho, muchas veces la opción más obvia hacia la salud es la más difícil.

Los cambios y los retos siempre tienen un Doble Desafío. El cambio no es gratuito; siempre cuesta algo. Tal vez tu Doble Desafío sea que si actúas en el viaje de negocios, estarás hiriendo aún más a tu esposa y a tu familia, mientras acumulas más vergüenza y culpa. Sin embargo, si no actúas, tendrás que aceptar el dolor de la soledad y el estrés de reunirse con clientes todo el día. Tendrás que encontrar una forma saludable de desconectar. Tendrás que renunciar a la comodidad familiar de usar la pornografía para adormecerte. Una vez que hayas identificado el Doble Desafío, tienes que crear un plan específico de lo que vas a hacer. Puedes optar por dejar la televisión e Internet apagados cuando llegues al hotel. Hacer tus llamadas mientras estás en el hotel, también es una buena manera de permitir que tu grupo te apoye.

Aprender a utilizar el Doble Desafío junto con la Escala FASTER nos permitirá enfrentarnos a los ataques más feroces que el enemigo pueda lanzarnos y salir airosos. Una vez más, se trata de una habilidad aprendida. El Doble Desafío nos ayudará a enfrentarnos a nuestros miedos más profundos. Al hombre típico no le gusta admitir que tiene miedo, porque le hace sentir débil. Por eso parece que nunca se libera. La libertad consiste en el valor de enfrentarnos a nuestros miedos. El Doble Desafío ayudará a que nuestra conciencia situacional aumente hasta un nivel tal que el Espíritu Santo pueda finalmente llevar la sanidad hasta lo más profundo de nuestra alma.

Si tu esposa está en el grupo Traición y Más Allá, ella también aprenderá a utilizar la Escala FASTER y el Doble Desafío. A menudo, su Doble Desafío puede ser dejar de vigilar a su marido y enfrentarse al miedo de que él pueda recaer. Para ayudarla con

---

[2] Michael Dye. *El Proceso de Génesis,* 57

este doble desafío, hemos creado el Plan de Acción de recuperación que la ayudará a empezar a soltar y a confiar su marido a Dios.

A su vez, el Plan de Acción de Recuperación de tu esposa te desafiará a enfrentar las consecuencias de la recaída, pero en última instancia te ayudará a ser el hombre de Dios que has clamado ser.

Ser capaz de identificar una situación de Doble Desafío y tomar la decisión correcta nos ayudará a pensar mejor que nuestro oponente y a mantener la cabeza en el juego. Esto es crucial en nuestra batalla contra la esclavitud sexual. Nos ayudará a enfrentarnos a nuestros miedos más profundos; y lo que es más importante, a vencer esos miedos.

Cuando necesito cambiar un comportamiento, voy a:

1. Identificar el comportamiento que quiero cambiar.
2. Preguntarme: "Si abandono este comportamiento, ¿qué pasará?".
3. Preguntarme: "¿Qué estaría sintiendo y pensando en ese momento?".
4. Preguntarme: "Si no cambio este comportamiento, ¿qué seguirá pasando?".
5. Preguntarme: "¿Qué estaría sintiendo y pensando en ese momento?".

Por ejemplo, si necesito dejar de procrastinar, el Doble Desafío sería así:

1. Procrastinación
2. Si dejo de procrastinar, tendré que hacer una tarea en la que temo fracasar.
3. Me sentiría avergonzado y apenado. Probablemente me enfadaría conmigo mismo y con la persona que me obliga a hacer la tarea que no quiero hacer.
4. Si no cambio, me quedaré aquí.
5. Sentiré constantemente el temor de la tarea inconclusa y haga lo que haga, esto me seguirá donde quiera que vaya. Creo que me sentiría deprimido y eso podría llevarme de nuevo a mis adicciones.

La herramienta Doble Desafío te permite crecer en tu conciencia de lo que impulsa tus comportamientos. Te ayudará cuando implementes la Escala FASTER a tu día.

Para obtener más información sobre cómo utilizar el Doble Desafío, recomendamos los siguientes podcasts de Deseo Puro:

- Episodio 192— Herramientas para la traición: Compromiso de cambio y Doble Desafío
- Episodio 181— Regalo para las fiestas: Doble Desafío
- Episodio 154— Herramientas de recuperación: Doble Desafío
- Episodio 005—Doble Desafío y Compromiso de Cambio

TU GRUPO DE DESEO PURO

Sin tu grupo de Deseo Puro y su apoyo, tus posibilidades de llegar a la libertad son escasas o inexistentes. He visto a muchos chicos corriendo por la jungla de su adicción tratando de estar un paso por delante del enemigo. Rara vez o nunca hacen llamadas a los miembros de su grupo durante la semana, y no se abren realmente al grupo. Luego se preguntan por qué siguen recayendo. El aislamiento parece ir acompañado de una falta de conciencia de la situación. A menudo les digo a los chicos que cuando se aíslan, volviéndose pasivos y retraídos, están besando a la serpiente. En algún momento te van a morder... ¡mal!

Sin embargo, es un patrón tan difícil de romper porque es como aprendimos a sobrevivir cuando éramos niños, creciendo en un hogar disfuncional. Sí, puede que hayamos sido criados en un hogar cristiano, pero se trataba de reglas y rendimiento en lugar de relaciones y gracia. Las estadísticas muestran que el 69% de los adictos sexuales crecieron en un hogar rígido y desvinculado;[3] una gran definición de tal hogar es un hogar evangélico estirado. Como resultado, aprendieron a estar solos. Con frecuencia adoptan lo que yo llamo la mentalidad de "Rambo". Es importante darse cuenta de que Rambo era básicamente un idiota, un producto de las fantasías de Hollywood. Era tan solitario que habría durado unos diez segundos en el campo de batalla.

Tu grupo será extremadamente importante en tu proceso de sanidad. Es a través de la experiencia de grupo que no sólo aprenderás a confiar en los chicos de tu grupo, sino que te equiparás con una batería de herramientas necesarias para mantener la salud y la sanidad. Herramientas como las Pautas del Grupo, el Memorando de Entendimiento y el Pacto para Sostener van a ser herramientas esenciales en el reto de romper el aislamiento y aumentar tu conciencia situacional.

En nuestra esclavitud, hemos tenido secretos de comportamiento y de pensamiento, también. hemos tratado de sobrevivir protegiendo nuestros secretos, aquellos que nos amenazan porque nos hacen vulnerables. Estas herramientas se convertirán en parte de tu equipo de supervivencia cuando te encuentres desviado del camino de la recuperación, luchando por tu alma contra los furiosos impulsos de volver a actuar. Te mantendrán conectado, vivo y, finalmente, vencedor en la batalla para salir de la jungla de la adicción sexual.

Necesitarás al grupo para sobrevivir a la poderosa naturaleza de tu esclavitud sexual.

Para poder experimentar una sanidad y Restauración profunda y saludable necesitarás ser miembro de un grupo de Deseo Puro. Este grupo estará formado por hombres que están en una batalla similar a la tuya. Para estar seguro, ellos son

---

[3] Patrick Carnes, *La formación de un adicto al sexo*. (Carefree, Instituto Internacional de Profesionales en Trauma y Adicciones, 2004), 1-5. Adaptado de "La sombra obsesiva", 1998.

imperfectos, y algunos de ellos están luchando. Pero, aprenderás a amar a estos hombres, a celebrar con ellos, y a valorar este grupo. Estos son los hombres que te cubrirán la espalda y que irán a la guerra contigo mientras te opones a tu esclavitud sexual que te ha herido a ti y a los que amas.

COMO EMPEZAR

CÓMO EMPEZAR

RESUMEN

Dedica al menos 30 minutos cada día a realizar las asignaciones, a hacer llamadas, a leer el devocional semanal, a evaluar tu Escala FASTER, o a completar el Chequeo Grupal. A continuación se muestra un ejemplo de horario para completar el trabajo en una semana típica.

Martes	+ Ir al grupo
Miércoles	+ Ver el video de introducción y completar la lectura para el Segundo Pilar: Lección Tres
Jueves	+ Trabajar a través de la Escala FASTER + Llamar a Joe para hablar sobre el Doble Desafío relacionado con la aceleración
Viernes	+ Leer el Devocional, completar el Ejercicio SWORD
Sábado	+ Trabajar a través de la Escala FASTER + Llamar a Steve + Responder las preguntas de la tercera lección
Domingo	+ Trabajar a través de la Escala FASTER + Llamar a Tim + Terminar las asignaciones de la tercera lección
Lunes	+ Llenar el Chequeo Grupal

LAS ASIGNACIONES

Para renovar verdaderamente tu mente, planifica hacer la tarea cada día, en lugar de hacerla toda de una sola vez o en el último momento antes del grupo. Si estás casado, tu esposa buscará un cambio en tu comportamiento. Trabajar en tus deberes de Deseo Puro cada día le dará esperanzas.

ESTRUCTURA DEL GRUPO

Cada sesión de grupo dura dos horas y se ajusta al plan **40-60-20**:

40 MINUTOS

Los primeros 40 minutos dan tiempo para que cada persona comparta su comportamiento de la semana anterior. El propósito del informe es ayudar a los hombres a ser más conscientes del ciclo adictivo y de los procesos de sanidad y el efecto que tienen en sus vidas. Las herramientas que utilizamos para ayudar a cuantificar y revisar son la **Escala de Conciencia de Recaída FASTER** y el **Ejercicio FASTER** de *El Proceso Génesis* de Michael Dye.

60 MINUTOS

Los siguientes 60 minutos se destinan a discutir la parte de lectura de la lección del libro de trabajo y los deberes que se asignaron la semana anterior. Si no tienes la Escala FASTER y los deberes terminados, puedes asistir al grupo siempre que los deberes incompletos no se conviertan en un patrón. Sin embargo, si no completas los deberes, no puedes compartirlos.

20 MINUTOS

Los últimos 20 minutos se utilizan para crear un plan semanal de prevención de recaídas. Durante este tiempo, cada hombre comparte su plan de **Compromiso de Cambio** y los arreglos para **contactar a tres miembros del grupo** para rendir cuentas durante la próxima semana (lo cual debe ser completado antes del grupo), hablando honestamente de cómo están haciendo sus compromisos.

ESCALA DE CONCIENCIA DE RECAÍDA FASTER

Adaptado de *El Proceso de Génesis* de Michael Dye (www.genesisprocess.org).

Encuentra la hoja de trabajo en el *Diario de los Siete Pilares de Libertad* o en puredesire.org/tools.

R **estauración** – *(Aceptar la vida en los términos de Dios, con confianza, gracia, misericordia, vulnerabilidad y gratitud)* No tener secretos actuales; trabajar para resolver los problemas; identificar los miedos y los sentimientos; mantener los compromisos con las reuniones, la oración, la familia, la iglesia, las personas, los objetivos y uno mismo; ser abierto y honesto, hacer contacto visual; aumentar las relaciones con Dios y con los demás; la verdadera responsabilidad.

 Encierra en un círculo cada uno de los comportamientos en Restauración que hayas experimentado en la última semana.

Aquí es donde queremos vivir. Este es un lugar donde todos tenemos destellos, pero en nuestra naturaleza pecaminosa sólo tendremos a tener destellos de vivir la vida donde confiamos en Dios y no en lo que nos dicen nuestras circunstancias internas o externas. La Restauración es donde queremos vivir nuestra vida, confiando en Dios y confiando en las personas más cercanas a nosotros. Cuando no confiamos en Dios y en las personas significativas en nuestra vida, esto nos hará descender en la escala de conciencia de recaída FASTER.

O **lvidar Prioridades** –*(Empiezas a creer en las circunstancias actuales y te alejas de la confianza en Dios. Negación; huida; un cambio en lo que es importante; cómo gastas tu tiempo, energía y pensamientos)* Secretos; menos tiempo/energía para Dios, reuniones, iglesia; evitar a las personas de apoyo y responsabilidad; conversaciones superficiales; sarcasmo; aislamiento; cambios en las metas; obsesión por las relaciones; romper promesas y compromisos; descuidar a la familia; preocupación por las cosas materiales, TV, computadoras, entretenimiento; procrastinación; mentir; exceso de confianza; aburrimiento; esconder dinero; manejo de la imagen; buscar controlar las situaciones y a otras personas.

 Aquí, en Olvidar Prioridades, Marca con un círculo cualquier cosa que hayas experimentado en los últimos siete días.

Aquí es donde cometemos el gran desliz; empezamos a confiar en lo que las circunstancias nos dicen en lugar de confiar en Dios. Tómate tu tiempo y piensa en lo que ha sucedido en la última semana. Olvidar prioridades establece el escenario para toda la Escala FASTER. Aquí el "manejo de la imagen" es grande. No quieres que los demás te vean como eres, así que buscas convencerlos con acciones y palabras de que estás mejor de lo que realmente estás. Como ejemplo, tiendo a procrastinar viendo la televisión o siguiendo a mis equipos deportivos favoritos en la computadora. En cualquier caso, he perdido el sentido del momento y quiero evitar el "pozo" en medio del estómago.

Es importante señalar que no se pasa de una categoría a otra, sino que son como bloques de construcción en los que se añade un bloque a otro. Así, aquí se añaden algunos de los síntomas de Ansiedad a Olvidar Prioridades. Esto significa que cuando estés en cualquiera de las categorías que aparecen debajo de Olvidar prioridades, mostraré los síntomas de cada categoría en la que hayas estado en la última semana.

 ¿Cómo suele ser para ti Olvidar Prioridades?

Olvidar prioridades llevará a la inclusión de:

Ansiedad – *(Un creciente ruido de fondo de miedo indefinido; obtener energía de las emociones.)* Preocuparse, usar palabras soeces, ser temeroso; ser resentido; reproducir viejos pensamientos negativos; perfeccionismo; juzgar los motivos de los demás; hacer metas y listas que no puedes completar; leer la mente; fantasía, rescate codependiente; problemas de sueño, problemas de concentración, búsqueda/creación de drama; chismes; uso de medicamentos sin receta para el dolor, el sueño o el control del peso; coqueteo.

Aquí estamos en la Ansiedad. No he estado haciendo lo que creo que debería estar haciendo, he empezado a evitar, y empieza a comerme porque no estoy haciendo lo que se supone que debería estar haciendo. Eso es ansiedad. Piensa en la última semana; ¿te identificas con alguno de estos síntomas? A menudo, me encuentro siendo perfeccionista (¡gestión de la imagen de nuevo!) y en mi ansiedad, puedo ser resentido y juzgar.

 Marca con un círculo lo que has experimentado esta semana en cuanto a la Ansiedad. ¿Cómo suele ser la ansiedad para ti?

Cuando tenemos Ansiedad, no nos gusta lo que sentimos, así que buscamos escapar acelerando.

Aceleración – *(Intentar superar la ansiedad, que suele ser el primer signo de depresión).* Súper ocupado y siempre con prisa (encontrando buenas razones para justificar el trabajo); adicto al trabajo; no puedes relajarte; evitas bajar el ritmo; te sientes impulsado; no puedes apagar los pensamientos; te salta las comidas; te das atracones (normalmente por la noche); gastas en exceso; no puedes identificar tus propios sentimientos/necesidades; pensamientos negativos repetitivos; irritable; cambios de humor drásticos; demasiada cafeína; exceso de ejercicio; nerviosismo; dificultad para estar solo y/o con la gente; dificultad para escuchar a los demás; poner excusas por tener que "hacerlo todo".

La aceleración consiste en evitar e intentar sentirte mejor. Si te mantienes lo suficientemente ocupado, esperas evitar los sentimientos de ansiedad. Al final no funciona, pero lo intentamos de todos modos.

Encierra en un círculo los comportamientos de Aceleración con los que te identificas de la última semana.

Este es un buen momento para decir dos cosas:

1. Algunas semanas no bajarás mucho en la Escala FASTER. La cuestión es aprender a ser honesto. La primera persona a la que engañas siempre será a ti mismo. Si eres honesto, puedes aceptar dónde estás en la Escala y tomar medidas para volver a Restauración.
2. Recuerda que has utilizado estos comportamientos durante años para protegerte. No te castigues. Ofrécete a ti mismo la misma gracia que ofrecerías a otra persona que está luchando.

 ¿Cómo suele ser para ti la Aceleración?

E nojarse – *(Subida de adrenalina por la ira y la agresividad.)* Procrastinación que causa crisis en el dinero, el trabajo y las relaciones; aumento del sarcasmo; pensamiento en blanco y negro (todo o nada); sentirte solo; nadie entiende; reaccionar de forma exagerada, rabia en la carretera; resentimientos constantes; alejar a los demás; aumento del aislamiento; culpar; discutir; pensamiento irracional; no aceptar las críticas; estar a la defensiva; que la gente te evite; necesitar tener la razón; problemas digestivos; dolores de cabeza; pensamientos obsesivos (atascados); no poder perdonar; sentirte superior; utilizar la intimidación.

Esta es una de las que probablemente todos conozcamos, estar enfadado. ¿Sueles enfadarte con las circunstancias? ¿Con los demás? ¿Contigo mismo? Tal vez seas como yo y a veces, sea todo lo anterior.

 Encierra en un círculo lo que has vivido esta semana en Enojarse. ¿Cómo suele ser para ti el "Enojo"?

A gotamiento– *(Pérdida de energía física y emocional; salida del subidón de adrenalina y aparición de la depresión).* Depresión; pánico; confusión; desesperanza; dormir demasiado o muy poco; no poder hacer frente a la situación; estar abrumado; llorar "sin razón"; no poder pensar; olvido; pesimismo; impotencia; cansancio; entumecimiento; querer huir; antojos constantes de antiguos comportamientos de afrontamiento; pensar en consumir sexo, drogas o alcohol; buscar a las antiguas personas y lugares insanos; aislarse mucho; que la gente se enfade contigo; maltratarte a ti mismo; pensamientos suicidas; llorar espontáneamente; no tener objetivos; modo de supervivencia; no devolver las llamadas telefónicas; faltar al trabajo; irritabilidad; no tener apetito.

¿Te resulta familiar el agotamiento? En este caso, nuestra capacidad para resistir los impulsos de enfado se ve comprometida. Al fin y al cabo, llevamos una pesada carga de casi todas las categorías de la Escala FASTER: Olvidar Prioridades, Ansiedad, Aceleración, Enojarse y ahora Agotamiento.

 Rodea con un círculo lo que has experimentado esta semana en Agotamiento. ¿Qué aspecto tiene el Agotamiento para ti?

Recaída –*(Volver al lugar al que juraste no volver a ir. Enfrentándote a la vida en tus términos. Sentándote en el asiento del conductor en lugar de Dios)*. Rendirte y ceder; estar fuera de control; perderte en tu adicción; mentirte a ti mismo y a los demás; sentir que no puedes arreglártelas sin tus conductas de afrontamiento, al menos por ahora. El resultado es el refuerzo de la vergüenza, la culpa y la condena; y los sentimientos de abandono y de estar solo.

La recaída es ese lugar al que te prometiste a ti mismo y a los demás que no volverías a ir. Nos sentimos derrotados, culpables, avergonzados, desanimados, impotentes y hartos.

 Marca con un círculo lo que has experimentado esta semana en Recaída. ¿Cómo suele ser la Recaída para ti?

Hablemos de cómo salir de la Escala FASTER. En primer lugar, aclaremos esto: no puedes volver a subir en la escala. Cada categoría te hace descender en la escala. La solución es simple en concepto, pero no tan simple de implementar. Salir de la Escala FASTER requiere que empieces a realizar los comportamientos y a expresar las actitudes que se reflejan en Restauración. La elección de hacer esto a menudo requerirá que vayas en contra de las emociones y sentimientos del momento.

Te enseñaremos a utilizar el Doble Desafío como una forma de avanzar hacia la Restauración y hacia Dios. Se trata de elegir hacer lo que es correcto y llevarte a un lugar donde estés dispuesto a arriesgarte a confiar en Dios. También requerirá que seas vulnerable con tus seres queridos y los miembros de tu grupo de Deseo Puro. No puedes hacer esto solo. Sé que esto va en contra del patrón de cómo has buscado ganar esta batalla, pero tómalo de miles de otros hombres que han luchado y finalmente han ganado la victoria: ¡abraza a Dios y confía en los hombres de tu grupo!

UTILIZACIÓN DE LA ESCALA FASTER

Utilizarás la herramienta de la Escala FASTER cada semana. Te animo a que la rellenes, basándote en la realidad de tu última semana, y a que lo hagas en la noche o en la mañana antes que te reúnas con tu grupo. Dedícale algo de tiempo, no un "¡lo mismo de siempre!" de cinco minutos. Elige procesar lo que has vivido en la última semana y esto será una gran herramienta para ti durante muchos años.

HOJA DE TRABAJO SEMANAL DE COMPROMISO DE CAMBIO

Completa dentro de las 24 horas antes de tu próxima reunión de grupo.

1. ¿Qué área necesitas cambiar o a cuál reto te enfrentas la próxima semana?
2. ¿Qué costo emocional tendrá el cambio? ¿A qué miedo tendrás que enfrentarte?
3. ¿Qué te costará si no cambias?
4. ¿Cuál es tu plan para mantener tu Restauración con respecto a estos cambios?
5. ¿A quién le rendirás cuentas mientras persigues este compromiso?
6. ¿Cuáles son los detalles de este compromiso? ¿Qué información compartirás con tu equipo de responsabilidad cuando te pongas en contacto con ellos esta semana?

PLAN DE ACCIÓN DE RECUPERACIÓN

Un plan de acción es un documento que enumera los pasos que hay que dar para alcanzar un objetivo concreto. Benjamín Franklin dijo una vez: "**Si no planeas**, estás **planeando fracasar**".[4] El *Plan de Acción de Recuperación* es una herramienta valiosa para cualquier persona que desee adoptar un enfoque proactivo para su recuperación y sus relaciones.

PARA LOS MIEMBROS CASADOS DEL GRUPO

Tu *Plan de Acción de Recuperación* te ayudará a identificar los pasos razonables y necesarios que debes dar en respuesta a una recaída. Antes de unirse a un grupo de Deseo Puro, la actuación sexual era una forma de medicar el dolor. Ahora, mientras aprendes a caminar en sobriedad, el Plan de Acción de Recuperación te dará a ti y a tu cónyuge una nueva herramienta para ayudar a transformar las conductas adictivas y la respuesta a esas conductas en tu matrimonio. Una recaída no detiene tu sanidad o significa que tu estás de vuelta en el punto de partida. Si se maneja bien, una recaída puede ser una experiencia de crecimiento que contribuye a una mayor libertad y salud.

El Metas de un *Plan de Acción de Recuperación* es restablecer la confianza y poner en práctica las acciones necesarias para procesar la recaída y el trauma de forma positiva e intencionada. Los líderes de los grupos informan que hay menos recaídas

---

[4] Cita de Benjamin Franklin, Goodreads, 22 de junio de 2013, https://www.goodreads.com/quotes/460142-si-no-planificas-estás-planificando-el- fracaso

y un mayor índice de sobriedad entre los miembros que han desarrollado un *Plan de Acción de Recuperación*

Este enfoque anima al miembro del grupo -y al cónyuge, cuando es posible- a identificar las consecuencias lógicas y naturales si se produce una recaída. Las consecuencias naturales son el resultado inevitable de las propias acciones del adicto. Las consecuencias lógicas ocurren como resultado de las acciones del adicto, pero son impuestas por el cónyuge o el propio adicto. Estas consecuencias no pretenden ser punitivas. Más bien, están diseñadas para ayudarte a:

1. sentirte seguro y aprender a responder, en lugar de reaccionar a la recaída;
2. comprender las consecuencias naturales y lógicas si eliges actuar;
3. dejar de intentar recuperarse de una recaída de forma poco saludable; y
4. reconstruir la confianza y la intimidad en tu matrimonio.

Ten en cuenta: desarrollarás un *Plan de Acción de Recuperación* para **ti mismo**. Si tu cónyuge llega al punto de recuperación en el que ha creado su propio *Plan de Acción de Recuperación*, combinarás tu *Plan de Acción de Recuperación* con el de ella. Creas un *Plan de Acción de Recuperación* por adelantado, para proporcionar barandas y responsabilidad durante la etapa inicial de la recuperación. Sin embargo, cuando tu cónyuge te presente su *Plan de Acción de Recuperación*, este se convertirá en el *Plan de Acción de Recuperación* de tu matrimonio. Si tu cónyuge no está en un grupo de Deseo Puro, el *Plan de Acción de Recuperación* que creas para tí mismo -con tu grupo- seguirá proporcionándote parámetros y responsabilidad.

PARA LOS MIEMBROS SOLTEROS DEL GRUPO

Como persona soltera, es posible que tengas poca experiencia o comprensión de cómo tu comportamiento sexual afecta a los demás o a ti mismo. Es crucial que empieces a asociar tu comportamiento sexual con consecuencias lógicas y que aprendas a desarrollar una intimidad saludable como persona soltera. Los miembros del grupo de solteros deben encontrar a dos personas con las que compartir tu *Plan de Acción de Recuperación* para que se les anime a seguirlo cuando se produzca una recaída.

Un *Plan de Acción de Recuperación* para una persona soltera te ayudará a ver claramente qué comportamientos contribuyen a un estilo de vida saludable y qué comportamientos van en detrimento de esos objetivos. Una persona soltera puede utilizar este recurso para establecer la salud sexual, ser proactivo con los límites de las citas y aprender a experimentar la intimidad como una persona soltera.

PARA LOS MIEMBROS DEL GRUPO QUE ESTÁN SEPARADOS O DIVORCIADOS

Tu *Plan de Acción de Recuperación* te proporcionará límites adicionales y dirección para lidiar con la copaternidad, así como para establecer la salud individual y relacional, independientemente del resultado del matrimonio. Sanar los problemas del sistema familiar que implican adicción sexual puede ser doloroso, emocional y especialmente desafiante si los niños tienen dos hogares separados. Es importante tener claridad, apoyo y objetivos bien definidos específicos para navegar por un divorcio o separación de manera que se reduzca el impacto que este trauma puede tener en ti y en tus hijos.

Si tu situación se ha agravado hasta el punto de que es necesario el divorcio o la separación, entonces también habrá que redefinir sus límites y pasos de recuperación, de acuerdo con lo que es la relación ahora y el resultado deseado: la reconciliación o el divorcio y la coparentalidad, con el menor daño posible. Si tu divorcio es definitivo y está experimentando estabilidad y límites saludables, entonces utilizará el *Plan de Acción de Recuperación* diseñado para solteros **y/o** el ejercicio de los Tres Círculos. Puedes encontrar el Ejercicio de los Tres Círculos en la página 188 de *Siete Pilares de Libertad*, en la página 158 de *Unraveled*, (Desenredado) en la página 282 del *Libro de Trabajo de Traición y Más Allá*,(Betrayal & Beyond Workbook) y en la página 78 de Vivir libre. (Living Free.)

Todo persona que complete un *Plan de Acción de Recuperación* debe encontrar personas de confianza con las que compartir tu plan: los miembros de tu grupo serían lo ideal.

> *Los planes fracasan por falta de consejo, pero con muchos asesores tienen éxito.*
> PROVERBIOS 15:22 (NIV)

CONSECUENCIAS

Una vida secreta de adicción, sin consecuencias razonables, puede producir grandes cantidades de vergüenza. Cuando puedas empezar a asociar tus acciones con una consecuencia específica, te ayudará a sopesar el resultado y si vale la pena el riesgo.

El dolor de las consecuencias también crea un cambio en el centro de castigo/recompensa del cerebro. Si tu cerebro empieza a relacionar las consecuencias dolorosas con una recaída, es menos probable que elijas ese camino. Las consecuencias te ayudan a asumir tu comportamiento y a responsabilizarte, en lugar de retirarte, culparte, esconderte, mentir, enfadarte o caer en una espiral de vergüenza. Todos estos comportamientos afectan negativamente a las personas que te rodean. Las consecuencias te ayudarán a responder a tu recaída de una manera constructiva y no emocional.

Las consecuencias predeterminadas, que han sido discutidas con un sabio consejo, reducirán la necesidad de que tu cónyuge se sienta como la salvadora o la policía de la situación. Por muy dolorosa que sea la recaída, tener las consecuencias decididas de antemano te permitirá recurrir a tu plan en lugar de permitir que tus emociones tomen el timón. Después de que se produzca una recaída, puede resultar tentador poner paz en tu relación o en ti mismo lo antes posible. Este enfoque no es eficaz para la salud y la recuperación a largo plazo. Tener las consecuencias escritas de antemano te dará la capacidad de actuar inmediatamente sin caer en los viejos patrones de "intentar que todo esto desaparezca".

CONSECUENCIAS NATURALES Y LÓGICAS

CONSECUENCIAS NATURALES

Una consecuencia natural se produce como resultado de una elección, sin que nadie la imponga.

- **La confianza se rompe**, y mi cónyuge se siente traicionada cuando actúo sexualmente, lo que hace que se enfade, reaccione y se distancie de mí.
- Una **recaída me genera culpa o vergüenza**, lo que me hace sentirme distante de los demás.
- Absorberme en mi adicción **me cuesta tiempo, energía y dinero valioso** que podría haber invertido en mi familia o en otras personas.

CONSECUENCIAS LÓGICAS

Una consecuencia lógica es un resultado **razonable y necesario** impuesto personalmente o por otro.

- Como he actuado después de ver videos en YouTube a solas a altas horas de la noche, apagaré todos los aparatos electrónicos después de las 22:30 y desactivaré el acceso a YouTube.
- Mi teléfono móvil sigue siendo una fuente de visualización de imágenes inapropiadas, por lo que voy a desactivar Internet a través de mi compañía telefónica.
- Cuando estoy en las redes sociales, coqueteo con otras personas. Cerraré mi cuenta o solo tendré una cuenta conjunta con mi cónyuge.

Las consecuencias deben ser cuantificables. Esto te permitirá comprender el resultado de tus elecciones antes de actuar. Cuando sepas que una recaída está ligada a una consecuencia clara y directa, será menos probable que escuches excusas o racionalice tu comportamiento. Una consecuencia **cuantificable** también reducirá la posibilidad de que tu cónyuge reaccione por dolor, haciendo declaraciones irracionales o amenazas vacías.

A continuación, encontrarás una lista de pasos del *Plan de Acción de Recuperación*. Recuerda que puedes necesitar añadir o eliminar pasos a medida que tu situación cambie. Esto debe hacerse **por escrito** para que cada paso sea claro y no negociable.

Paso 1: Identifica tu recaída: las acciones que te comprometes a no realizar. Refiérete a tu Ejercicio de los Tres Círculos que se encuentra en la página 188 de *Siete Pilares de Libertad*, en la página 158 de *Unraveled*,(Desenredado) en la página 282 del Libro de *Trabajo de Traición y Más Allá, (Betrayal & Beyond Workbook,)* y en la página 78 de Vivir libre (Living Free). Esta lista debe ser reevaluada al menos cada seis meses.

Paso 2: Determina con quién necesitas compartir tu recaída y en qué plazo. Por lo general, esto incluye a un miembro del grupo, un mentor o un amigo, y tu cónyuge, si está comprometida con el proceso de recuperación. Un buen plazo es compartirlo dentro de las 24 horas siguientes a la recaída. Saber de antemano que te has comprometido a ser honesto sobre una recaída en un plazo corto, te ayudará a combatir una de las mentiras más comunes en nuestro camino hacia la recaída: "Nadie tiene que saberlo".

Paso 3: Escribe todas las consecuencias **naturales** de tu recaída. Si estás casado y tu cónyuge está comprometido en la recuperación contigo, compártelas con tu cónyuge y anota si tienen alguna consecuencia natural adicional que no hayas considerado. Al final de estos pasos se ha incluido una lista de ejemplos.

Paso 4: Escribe una lista de las consecuencias **lógicas** que vas a seguir en caso de recaída. Incluye en la lista las medidas que puedas tomar para reconstruir y mantener la confianza. Si estás casado, tu cónyuge será quien comparta los comportamientos que ayuden a reconstruir su confianza. Al final de estos pasos encontrarás una lista de ejemplos.

Paso 5: Revisa tu *Plan de Escape* o crea uno visitando la página de herramientas de Deseo Puro en puredesire.org/tools y añade las alarmas adicionales que reconozcas que te llevaron a la recaída. Añade los pasos necesarios para manejar la espiral descendente de manera diferente la próxima vez.

Paso 6: Describe el resultado que deseas obtener al crear este plan. Si tienes una visión clara de cómo este plan te ayudará en tu recuperación, es más probable que lo sigas. El Metas de un *Plan de Acción de Recuperación* no es punitivo, sino mantenerte centrado en los pasos necesarios para el cambio y la libertad a largo plazo.

Si se produce una recaída, revisa tu *Plan de Acción de Recuperación* escrito y comienza a aplicarlo inmediatamente. Si después de una recaída se miente, se culpa, se oculta y se abandona, esto sólo dificultará la recuperación y aumentará la probabilidad de múltiples recaídas. Para animarte a desintoxicarte de inmediato, las consecuencias deben ser mayores si la recaída no se revela en 24 horas. De nuevo, la clave está en las consecuencias medibles.

UNA NOTA SOBRE LA RUPTURA DE LA CONFIANZA EN LA RELACIÓN

Reconstruir la confianza y la intimidad requiere intencionalidad y tiempo. Cuando se rompe la confianza puede ser un largo proceso de reconstrucción. Será importante que tengas paciencia para restablecer esa confianza, incluso mientras trabajas activamente en la relación. Antes de la revelación total, probablemente habían muchas mentiras y engaños en tu matrimonio. Debido a esto, será difícil que tu cónyuge confíe en tus palabras o en su propio instinto. Tu cónyuge debe VER cosas que le ayuden a empezar a confiar de nuevo. Tu cónyuge está aprendiendo a creer en los comportamientos y no sólo en las palabras. Tu voluntad de hacer las cosas necesarias para que se sientan vulnerables y lo suficientemente seguras como para volver a confiar va a ser la clave de la salud matrimonial y la reconciliación.

Si animas a tu cónyuge a identificar comportamientos o acciones que le ayuden a ver tu sinceridad y compromiso con el matrimonio. El *Plan de Acción para la Recuperación* tiene por objeto ofrecerle una imagen clara de lo que tu cónyuge necesita para procesar su dolor y sentirse lo suficientemente libre como para avanzar en la intimidad. Esencialmente, tu cónyuge le está dando una lista detallada de cosas que podría hacer para recuperar la confianza y restablecer la intimidad. Esfuérzate, pues, por seguir todos los pasos de tu *Plan de Acción para la Recuperación*. Cuando demuestres que estás absolutamente comprometido a seguir este plan, incluso sin su insistencia o presión, empezarás a construir la confianza después de una recaída.

El *Plan de Acción de Recuperación* es un esquema que incluye ejemplos de lo que puede incluirse en un plan. Se pueden incorporar pasos de acción adicionales, o comportamientos, para satisfacer mejor las necesidades de las partes involucradas. Cuando estés atascado o no estés seguro de cómo proceder, consulta con el líder de tu grupo, el pastor o un **Terapeuta certificado en adicción sexual (CSAT)**.

EJEMPLOS DE CONSECUENCIAS NATURALES CUANDO RECAIGO

 Escribe tus propias consecuencias naturales en una hoja aparte.

+ Siento vergüenza, lo que acaba conduciéndome más a la adicción.
+ Estoy cosificando a los demás.
+ Tengo miedo de que me "descubran", así que no actúo como yo mismo con mis amigos y mi familia. Los mantengo a distancia por miedo a que me descubran.
+ Estoy contribuyendo a una industria que está destruyendo la sociedad y las familias.
+ Mi relación con Dios es distante por la vergüenza que siento.
+ Dañé la intimidad con mi cónyuge al traicionarla.
+ No me ocupo de mis hijos porque mi mente está preocupada.
+ Me distraigo en el trabajo y me vuelvo improductivo.
+ Causo dolor e inseguridad en mi cónyuge cuando actúo en mi adicción.
+ Estoy creando patrones que serán perjudiciales en mi futura relación/matrimonio.

- Profundizo las vías destructivas en mi cerebro y refuerzo un comportamiento negativo.

EJEMPLOS DE CONSECUENCIAS LÓGICAS CUANDO RECAIGO

 Estos ejemplos están vinculados a una acción para ayudarte a entender la conexión de la recaída con la consecuencia. Escribe tus propias consecuencias lógicas en una hoja aparte.

- Si se produce un coqueteo o un comportamiento inapropiado con un compañero de trabajo, no viajaré solo con un compañero del sexo opuesto. Mantendré mis conversaciones sólo en temas de trabajo. Si esta recaída continúa o si se cruzan los límites físicos, será necesario buscar otro empleo o cambiar de departamento.
- Si hago un mal uso de las redes sociales, borraré de mis contactos a cualquier persona que me haya provocado y me mantendré alejado de las redes sociales durante un mes. Si me encuentro repitiendo este comportamiento, borraré mis cuentas de redes sociales indefinidamente hasta que haya establecido seis meses de sobriedad en todas las áreas de mi adicción.
- Si las películas son un problema, eliminaré el acceso a las películas de mi casa. Me comprometeré a no alquilar películas solo o a buscar en cualquier tienda de películas, real o en línea.
- Si veo pornografía en mi teléfono, bloquearé el acceso a Internet en mi teléfono durante un mes. Si se produce una recaída en mi teléfono después de que se cumpla el mes, eliminaré el acceso a Internet hasta que se haya establecido la sobriedad durante un período de seis meses.
- Si visito un club de striptease, donaré 50 dólares a una organización que rescata a personas de la industria del tráfico sexual. Si vuelvo a visitar cualquier tipo de club de striptease o salón de masajes, la multa autoimpuesta se duplicará, luego se triplicará, y así sucesivamente. Esto me recordará el costo de mis acciones y que lo que hago afecta a los demás positiva o negativamente.
- La lectura de novelas románticas desencadenó una recaída, así que eliminaré las novelas románticas de mi casa y leeré literatura que sea buena para mi crecimiento personal.
- Si cruzo los límites físicos (como besos u otros tocamientos inapropiados), programaré inmediatamente una cita de consejería y llamaré a los miembros de mi grupo.
- Dentro de las 24 horas siguientes a la revelación de la recaída, ayudaré a organizar que mi cónyuge tenga tiempo lejos de los niños para procesar o reunirse con otro miembro del grupo.
- Concertaré una cita con mi consejero, pastor o líder de grupo para que me aconseje y rinda cuentas.

- Completaré la Escala FASTER diariamente y la compartiré con mi cónyuge.
- Buscaré consejería para mi adicción y mis heridas de la infancia.
- Me abstendré de ir a salones de masaje de cualquier tipo.
- Permitiré el acceso a cualquier cuenta de correo electrónico o de redes sociales a mi cónyuge o compañero de responsabilidad, en cualquier momento.
- No tendré comunicación telefónica (no relacionada con el trabajo) en ninguna forma (teléfono, texto, mensajería instantánea, etc.) con ninguna persona del sexo opuesto, que no sea la familia inmediata.
- Leeré literatura orientada a la sanidad sobre problemas de vergüenza, límites, adicción, codependencia, trauma, traición y Restauración de la confianza.
- Compartiré con nuestros hijos (una conversación adecuada a su edad) el motivo por el que no duermo en mi dormitorio con mi cónyuge.
- Instalaré software de bloqueo de pornografía en todos los dispositivos electrónicos.
- Si la recaída se produce en un dispositivo no esencial (tableta, sistema de juego, etc.), perderé el acceso a ese dispositivo durante un periodo de tiempo determinado.

Pasos de acción sugeridos si se ha producido una infidelidad:
- Programaré inmediatamente una cita de consejería y se lo comunicaré a mi cónyuge, grupo y/o pastor.
- Me comprometo a no contactar a la otra persona con la que he actuado, a no aceptar ningún contacto suyo ni a responder a ningún contacto suyo.
- Organizaré las pruebas de STD y/o STI para mi cónyuge y para mí.
- Mi cónyuge necesitará tiempo para procesar la aventura. Es posible que me pidan que me mude de nuestra casa (o que me quede en otra habitación) durante un mínimo de __meses. Al final de ese período, discutiremos el futuro de nuestro matrimonio, que puede necesitar el apoyo de un consejero matrimonial. Si todavía estoy involucrado con la persona o no he mostrado compromiso con nuestro matrimonio, mi cónyuge puede buscar consejo de un consejero e iniciar un proceso de separación o divorcio.
- Me comprometo a compartir con nuestros hijos (a un nivel apropiado para su edad) las razones por las que ya no viviré en nuestra casa o dormitorio.
- Estoy de acuerdo en contarle a nuestra familia cercana, a los amigos y al pastor lo que ha pasado, para que mi cónyuge no tenga que ser la guardiana del secreto o la que asuma la responsabilidad de hacer saber a nuestra familia lo que ha pasado.

Cada vez que se produce una recaída, las consecuencias deben ser mayores que la vez anterior.

Resultado Final: Tu esposa también puede incluir una declaración "de fondo" en tu Plan de Acción de Recuperación. Por ejemplo, puede afirmar que "Si tienes una aventura con otra mujer, iniciaré la separación". En tu grupo Traición y Más Allá, se la alentará a tomarse un tiempo para procesar esta parte de tu Plan de Acción de Recuperación y a no actuar emocionalmente. Si tu Plan de Acción de Recuperación requiere una separación, el propósito de este tiempo sería permitirle calmarse y pensar cuidadosamente sobre cuáles podrían ser los mejores pasos a seguir. Tu Plan de Acción de Recuperación puede incluir lo siguiente:

Ejemplo: Si tienes una aventura con otra mujer, necesitaré tiempo para procesar la traición.

Tendrás que dejar nuestra casa durante un mínimo de tres meses. Al final de esos tres meses, discutiremos el futuro de nuestro matrimonio, que puede necesitar el apoyo de un consejero matrimonial.

Si al final de los tres meses sigues involucrado con otra mujer y no has mostrado compromiso con el matrimonio, buscaré consejería psicológico e iniciaré los trámites de divorcio.

Declaración de Esperanza
El propósito clave del Plan de Acción de Recuperación de tu esposa es la restauración. Por encima de todo, recuerda que el objetivo es reconstruir la confianza y restaurar tu matrimonio. Este es el mensaje que ella escuchará durante el desarrollo y la implementación de tu Plan de Acción de Recuperación. Se le animará a que lo comparta contigo mientras creas tu plan. Por ejemplo, puede incluir una declaración como ésta:

Ejemplo: La Restauración de nuestro matrimonio es mi deseo. Creo que Dios nos unió y que tiene un propósito divino para nuestra vida en común. Es mi mayor deseo que podamos restablecer la confianza y la intimidad en nuestro matrimonio. Espero que tu tengas el mismo deseo y que este Plan de Acción de Recuperación nos ayude a ambos a sanar y avanzar.

Firmar el Contrato
En conclusión, el Plan de Acción de Recuperación de tu esposa está diseñado como un contrato. Recomendamos que ambos firmen y fechen el acuerdo. Tu cónyuge tiene que estar de acuerdo en cumplir con las consecuencias si es necesario, y tu tienes que estar de acuerdo en cumplir con los compromisos. El Metas de tener todo por escrito en forma de contrato es eliminar gran parte de la emoción del proceso de implementación. Si se produce una recaída, no hay que discutir, o pelear. El Plan de Acción de Recuperación delinea tus próximos pasos. Ten en cuenta que es un "documento vivo". Cambiará y se desarrollará a medida que ambos cambien, se desarrollen y encuentren la sanidad.

El Plan de Acción de Recuperación de tu esposa puede concluir con la siguiente declaración:

Ejemplo: Al firmar esta declaración, ambos nos comprometemos a respetar los compromisos y a seguir las consecuencias indicadas en ella.

Tu pasión por perseguir el llamado que Dios te ha dado superará cualquier deseo anterior. El dolor que antes intentabas evitar pasará a un segundo plano cuando veas que tu propósito y tu participación en el reino de Dios aumentan y se desarrollan.

VIDEO DE ACOMPAÑAMIENTO

Hemos creado un video de acompañamiento para cada lección, además de la introducción y la conclusión. Ver estos videos te ayudará a tener una experiencia de grupo fantástica y que te cambiará la vida. Asegúrate de ver estos videos durante la semana antes de comenzar a trabajar en la lección, ya que escucharás ideas y consejos útiles sobre esa lección de nuestro Director Ejecutivo, Nick Stumbo. Cada video dura entre 4 y 5 minutos. Puedes acceder a estos videos en cualquier momento entrando en tu cuenta en puredesire.org/courses. Si no compraste este libro de trabajo de Deseo Puro directamente, ve a puredesire.org/seven-pillars-access para obtener acceso al *video acompañante de los Siete Pilares de Libertad*.

PAUTAS DEL GRUPO

Estas pautas del grupo han sido diseñadas para crear un entorno seguro de conversaciones abiertas y honestas durante las reuniones del grupo. Lee y discute las siguientes pautas como grupo, incluso cuando alguien nuevo se una al grupo:

- **Confidencialidad**—lo que se dice en el grupo no se comparte fuera del grupo.
- **Autoenfoque**—habla sólo por ti y evita dar consejos.
- **Compartir Limitado**—dar a todos la oportunidad de compartir.
- **Respetar a los Demás**—que cada uno encuentre sus propias respuestas.
- **Asistencia Regular**—avisa a tu líder o colíder si no puedes asistir a una reunión.
- **Compromiso con la Responsabilidad**—realiza un mínimo de tres contactos a la semana. Si has recaído en la última semana, se recomienda un contacto diario.
- **Escuchar con Respeto**—sin conversaciones paralelas.
- **Asumir la Responsabilidad y ser Responsable**—si te sientes incómodo con algo, habla con tu líder o colíder, o con tu grupo pequeño.
- **Mantenerse en el Tema/Preguntas**—¡cuidado con las conversaciones cruzadas!
- **Completar las Tareas**—dedica entre 20 y 30 minutos al día a completar tus deberes. Si no haces tus deberes, no ganarás tu batalla con la sanidad, y no podrás participar cuando el grupo esté procesando tus deberes.

- **Pacto por Sostener (CTC)**—el CTC es un compromiso abierto de responsabilidad que establece por qué has elegido unirte a un grupo pequeño de PD y qué te comprometes a hacer para ganar tu batalla contra la adicción sexual. Al final de la página verá un lugar para que tu y otra persona firmen y fechen. Este es un compromiso público. Lee el CTC y pide a un miembro de tu grupo que firme como testigo de tu firma.

- **Memo de Entendimiento**—este documento indica que has leído y comprendido el propósito y los parámetros de los grupos de PD y las obligaciones morales y éticas de los líderes.

MEMORÁNDUM DE ENTENDIMIENTO

Participantes del Grupo Deseo Puro: *Por favor, lee y firma este Memorando de Entendimiento, indicando que has leído y entendido el propósito y los parámetros de los grupos Deseo Puro y las obligaciones morales y éticas de los líderes.*

Entiendo que se hará todo lo posible para proteger mi anonimato y confidencialidad en este grupo, pero que el anonimato y la confidencialidad no se pueden garantizar absolutamente en un entorno de grupo.

- Soy consciente de que el coordinador o líder del grupo no puede controlar las acciones de los demás en el grupo.
- Soy consciente de que la confidencialidad se rompe a veces accidentalmente y sin mala intención.

Entiendo que el coordinador o líder del grupo está moral y éticamente obligado a discutir conmigo cualquiera de los siguientes comportamientos, y que esto puede llevar a la ruptura de la confidencialidad y/o posiblemente a la intervención:

- Comunico cualquier cosa que pueda ser una amenaza para autoinfligirme daño físico.
- Comunico una intención de dañar a otra persona.
- Revelo el abuso sexual o físico en curso.
- Muestro un estado mental deteriorado.

Entiendo que el coordinador o líder del grupo Deseo Puro puede verse obligado a reportarme ante las autoridades en caso de una conducta sexual que incluye a niños menores, ancianos o personas con discapacidad.

Se me ha informado sobre las consecuencias de comunicar el tipo de información mensionada anteriormente tales como incluir informes a las autoridades competentes: la policía, las unidades de suicidio o las agencias de protección de menores, así como a las posibles víctimas.

Además, reconozco que si estoy en libertad condicional y/o libertad bajo palabra y me involucro en un comportamiento ilícito en violación de mi libertad condicional/probación, parte de mi sanidad/recuperación, puede incluir la notificación a las autoridades pertinentes.

Entiendo que este es un grupo centrado en Cristo, el cual, integra herramientas de recuperación con la Biblia y la oración, y que todos los miembros pueden no ser de mi trasfondo eclesiástico particular. Soy consciente de que se puede hablar de la Biblia más (o menos) de lo que me gustaría.

Entiendo que este es un grupo de apoyo y no un grupo de terapia y que el coordinador o líder está calificado por su "experiencia de vida" y no por su entrenamiento profesional como terapeuta o consejero. El papel del coordinador o líder en este grupo es crear un clima en el que pueda producirse la sanidad, apoyar mi trabajo personal hacia la recuperación y compartir su propia experiencia, fuerza y esperanza.

Nombre (por favor, escribe en letra de molde) _____ **Fecha** _____

Firma _____

Testigo: Nombre del líder del grupo de Deseo Puro _____

Firma del líder del grupo de Deseo Puro _____

¡DEJA QUE DIOS TRABAJE! ¡ÉL NO DESCANSARÁ HASTA QUE LA OBRA QUE HA COMENZADO EN TI SE COMPLETE!

PACTO POR SOSTENER LA VALIENTE LUCHA POR UNA SEXUALIDAD SANA

Hay una batalla en mi interior. Por mucho que me duela admitirlo, ese campo de batalla es mi sexualidad. Me doy cuenta de que el resultado de esta batalla no sólo tiene mi vida en sus manos, sino las vidas de los que amo y cuido. Ahora elijo participar en la batalla por el carácter piadoso y la integridad, no sólo por mi alma, sino también por mi familia, mis amigos, mis hermanos y hermanas en Cristo y, sobre todo, por Dios Todopoderoso.

Estoy empezando a comprender que no puedo ganar esta batalla por mí mismo. Estoy llegando a ver la verdad bíblica de que "somos miembros unos de otros". Por lo tanto, me rindo a la sabiduría de Dios, me dirijo al liderazgo de la iglesia y me someto al proceso de renovación de mi mente.

COSAS QUE PUEDO HACER:

- Asistir a un grupo pequeño semanalmente.
- Completar el Compromiso de Cambio y el Chequeo Grupal cada semana.
- Los valores de Dios superan los míos; por lo tanto, lucharé por vivir la vida en sus términos en lugar de los míos o los de la cultura que me rodea.
- Prestar mucha atención a: lo que miro; lo que escucho; lo que me propongo.
- Asumir la responsabilidad de mis pensamientos y acciones. Describir verbalmente mis sentimientos.
- Contactar a uno o varios miembros del grupo al menos tres veces entre las reuniones del grupo pequeño.

PUEDO ACEPTAR:

- La sanidad es un proceso milagroso a lo largo del tiempo.
- La sanidad requiere sentir el dolor y aprender de él.
- Soy muy capaz de volver a caer en el estilo de vida adictivo.
- Una recaída no detiene el proceso de sanidad, pero tendrá consecuencias.
- Me he convertido en un experto en mentir a los demás y a mí mismo.
- En realidad no vivo aislado; mis decisiones afectan a los demás.
- Mi secreto me mantiene en la esclavitud de mi pecado.

ME COMPROMETO A:

- La voluntad de cambiar, y el seguimiento de mis planes.
- Confidencialidad total. Sólo hablo de mis experiencias fuera del grupo.
- Honestidad rigurosa con Dios, con mi grupo pequeño, conmigo mismo, y eventualmente con mis amigos y familia.
- Construir mi base de conocimientos (libros, CDs, DVDs, videos y seminarios).
- Leer la Escritura y orar.
- Una norma bíblica de pureza sexual en mi vida.
- Un Metas de avanzar hacia la sobriedad que es vivir la vida a la manera de Dios

Firma _____ **Fecha** _____

Testigo _____

Ahora ya conoces la estructura del grupo, las pautas de funcionamiento del grupo, y te has comprometido a luchar por tu sanidad. Este es un viaje épico de transformación y estamos entusiasmados por tu transformación y sanidad.

Tu kit de supervivencia está intacto y estás listo para empezar!. **¡Que comience el viaje!**

ROMPER CON LA NEGACIÓN

LECCIÓN UNO

LA DIRECCIÓN DETERMINA EL DESTINO

 Ve los Videos Introducción a los Siete Pilares, Las Herramientas e Introducción al Pilar Uno: Lección Uno.

Me subí a la cabina y estaba entusiasmado. Era mi primer vuelo en solitario en un avión de entrenamiento. Más adelante pilotearía aviones mucho más potentes, verdaderas armas de guerra, pero esta era mi primera experiencia de vuelo en solitario a alta velocidad. Como la primera vez que haces el amor con una mujer, nunca lo olvidas. Llevaba años esperando este momento. Poco me imaginaba el desastre potencial que podría acontecer.

El clima era difícil para un vuelo en solitario de un piloto inexperto como yo, pero en mi opinión era invencible. Era una oportunidad para demostrar lo bueno que era. Poco después del despegue, estaba en la "zona con neblina". Mientras esquivaba las capas de nubes, no tardé en perder la pista de hacia dónde me dirigía. No hay problema, recuerda que era invencible. Y además, estaba realmente comprometido a hacer un gran trabajo.

No sólo estaba comprometido; había estudiado para este vuelo y era muy sincero con lo que hacía. También me había graduado entre los mejores de mi clase de formación básica de vuelo.

> POR SUPUESTO, TODO ESO NO IMPORTA CUANDO SE VA EN LA DIRECCIÓN EQUIVOCADA.

Obviamente, estoy haciendo una analogía con la lección crítica que aprendí aquel día hace muchos años. Una lección que es muy clara en una situación física como volar un avión. Sin embargo, podemos "perderla" tan fácilmente cuando se trata de nuestras vidas relacionales, financieras o sexuales. La lección: **tu dirección determina tu destino y finalmente tu destino en la vida.**

Tu dirección -no tu compromiso, ni tus esperanzas, ni tus sueños, ni eventualmente tus oraciones- determinará dónde terminas en la vida. Aquel día en el avión, acabé sospechando que estaba perdido y me puse a orar. Sin embargo, la oración infectada de negación no sirve de nada. En este viaje de recuperación que estás comenzando, descubrirás cuán mortal es y puede ser la negación en tu vida. Aquel día, hace años, mientras vagaba por el cielo nublado, tenía la inquietante sensación de que iba en la dirección equivocada. Pero no quería admitirlo.

Durante los últimos veinticinco años, he escuchado una historia tras otra de hombres que se han estrellado y quemado sexualmente en sus vidas.. Y todo el tiempo, debido a su amor por Cristo, había un sentimiento creciente en su interior de que algo estaba mal hasta el momento del choque.

Puede que no hayas experimentado un choque horrible en tu vida sexual; en cambio, puede ser más bien, una sensación enfermiza de no poder salir nunca de la pista de aterrizaje de la vida espiritualmente. Sabes que eres capaz de mucho más espiritualmente. Tienes hambre de elevarte en las alas del Espíritu a nuevas alturas en Cristo, pero este ciclo de masturbación o actuación, la vergüenza y las promesas de parar continúan manteniéndote encadenado al suelo. Ya sea que hayas caído en llamas o estés atascado en la pista de aterrizaje de la vida sexual, este libro de trabajo te ayudará a liberarte finalmente. Quiero decir realmente libre. No sólo seis meses de sobriedad y luego otra repetición del ciclo. Quiero decir realmente libre.

Esto no quiere decir que vaya a ser fácil. De hecho, probablemente te exigirá más emocional y espiritualmente que casi todo lo que hayas hecho antes. Para empezar, tu nivel de dolor probablemente aumentará, no disminuirá. Finalmente te enfrentarás al profundo dolor interior que has estado medicando durante años. Más del 90% de los hombres que he aconsejado a través de los años comenzaron su comportamiento sexual destructivo en sus primeros años de adolescencia. Por lo tanto, han estado luchando con este problema en sus vidas durante 10, 20, 30 o más años. Esto es mucho dolor enterrado.

Hace falta ser valiente para enfrentarse al dolor del que ha estado huyendo durante tanto tiempo. La buena noticia es que no estarás solo al enfrentar el dolor. Los hombres de tu grupo de Deseo Puro estarán contigo, además de enfrentarse a su propio dolor. No te preocupes por el origen del dolor; llegaremos a eso más adelante en el libro de trabajo. La única cosa en la que debes concentrarte ahora mismo: **es hora de dejar de negarlo y afrontar el dolor.**

Hay que dejar de negarlo. Es fácil ,de decir, pero muy difícil, de hacer. Para empezar, la mayoría de los hombres no pueden ver hasta qué punto la negación ha nublado su percepción de la realidad a lo largo de los años. Es como un lento proceso de envenenamiento. Poco a poco, el encubrimiento se convierte en una forma de vida. El factor de la vergüenza es tan alto como hombre de Dios que puede parecer que la única opción que tienes, es mentir, y esa es una mentira del infierno.

Mi carrera como piloto habría terminado ese día si no hubiera hecho una simple cosa: dejar de negarme. Tuve que admitirme a mí mismo que no podía saber dónde estaba. No podía navegar de forma natural de vuelta a la base aérea. Tenía que empezar a confiar en los instrumentos que tenía delante de mí y dejar de volar a ciegas. Mis sentimientos me estaban mintiendo y tenía que afrontar los hechos... ¡estaba perdido! Este libro de trabajo, junto con el libro *Deseo Puro*, se convertirá en tu panel de instrumentos. Entre el libro, el cuaderno de trabajo y el diario, empezarás a verte a ti mismo de una manera totalmente nueva y llegarás a entender al enemigo contra el que realmente has estado luchando todos estos años. Y, por favor, no pierdas tiempo en tomar esta decisión; ¡la negación termina hoy!

Luché en ese avión durante mucho tiempo. Era demasiado orgulloso para admitir que había conseguido perderme ridículamente a pesar de lo brillante que era. Finalmente, cuando el indicador de combustible empezó a agotarse, admití la verdad de mi situación. El tiempo se me estaba acabando. Para resumir una historia muy larga y empapada de sudor, acabé aterrizando con sólo doscientas libras de combustible. Estamos hablando de un avión que consume combustible, no de un coche. Eso es suficiente combustible para rodar el avión hasta mi lugar de estacionamiento y apagar el motor. Pero incluso entonces, la negación trató de vivir. No se lo dije a nadie. La tripulación que reabasteció el avión no podía creer lo vacíos que estaban los tanques. Informaron al oficial al mando. Me persiguieron y me disciplinaron adecuadamente. La corrección en aquel momento no fue agradable, pero llegué a valorar la lección aprendida.

> TU DIRECCIÓN EN LA VIDA FINALMENTE DETERMINA TU DESTINO.
>
> La negación nunca podrá cambiar ese hecho, por muy sincero o comprometido que seas. Recuerda: el autocontrol cuando se excita no proviene de la fuerza de voluntad.

Tu medidor de combustible en la vida puede estar agotándose debido a tu comportamiento sexual. Tu matrimonio puede estar sufriendo. Tu relación con Cristo puede estar mal. El primer paso es romper la negación. No esperes ni un momento más. No te estás haciendo más joven y tu Padre Celestial tiene por delante, tremendas bendiciones para ti. Sin embargo, nunca podrás recibir esas bendiciones a menos que dejes de esforzarte y rompas con la negación. Hoy es el día para clavar una estaca en el suelo y declarar al enemigo de tu alma que no serás sacudido más. Por la gracia de Dios romperás con la negación.

El Pilar de Libertad uno te ayudará a conseguir finalmente ese avance. ¿Cuáles son los siguientes pasos? Recuerda esta verdad, el avance no llega a tu vida por un cambio masivo y repentino. **El avance se produce porque te mantienes en la dirección correcta durante un periodo de tiempo prolongado.**

TEST DE DETECCIÓN DE ADICCIONES SEXUALES (SAST) SAST-R V2.0[5]

Averigüemos hacia dónde te diriges realmente en la vida comprobando tu factor de honestidad. A continuación, encontrarás la **Prueba de detección de la adicción sexual (SAST-R). Completa esta evaluación ahora.** Aunque las preguntas están redactadas en tiempo presente, responde a las preguntas basándose en toda tu experiencia de vida. Fíjate también en las puntuaciones de corte en cada una de las categorías al final del test y traslada tus puntuaciones a la siguiente tabla.

El Test de Detección de Adicciones Sexuales (SAST) está diseñado para ayudar en la evaluación del comportamiento sexual compulsivo o "adictivo". Desarrollado en cooperación con hospitales, programas de tratamiento, terapeutas privados y grupos comunitarios, el SAST proporciona un perfil de respuestas que ayudan a discriminar entre el comportamiento adictivo y el no adictivo. Para completar el test, marca la casilla si la pregunta/afirmación ha sido cierta para ti.

1. ¿Has sufrido abusos sexuales en tu infancia o adolescencia?
2. ¿Tenían tus padres problemas de comportamiento sexual?
3. ¿Te encuentras a menudo preocupado por pensamientos sexuales?
4. ¿Sientes que tu comportamiento sexual no es normal?
5. ¿Alguna vez te sientes mal por tu comportamiento sexual?
6. ¿Tu comportamiento sexual te ha creado alguna vez problemas a ti o a tu familia?
7. ¿Has buscado alguna vez ayuda por un comportamiento sexual que no te gustaba?
8. ¿Alguien ha sido herido emocionalmente a causa de tu comportamiento sexual?
9. ¿Alguna de tus actividades sexuales es contraria a la ley?
10. ¿Te has esforzado por dejar un tipo de actividad sexual y has fracasado?
11. ¿Ocultas algunos de tus comportamientos sexuales a los demás?
12. ¿Has intentado detener algunas partes de tu actividad sexual?
13. ¿Te has sentido degradado por tus comportamientos sexuales?
14. ¿Te sientes deprimido despues de tener sexo?
15. ¿Te sientes controlado por tu deseo sexual?
16. ¿Has descuidado partes importantes de tu vida (trabajo, familia, amigos, actividades de ocio) por dedicar demasiado tiempo al sexo?
17. ¿Alguna vez has pensado que tu deseo sexual es más fuerte que tú?
18. ¿Es el sexo lo único en lo que piensas?
19. Ha sido el sexo (o las fantasías románticas) una forma de escapar de los problemas?

---

[5] Patricio J. Carnes. © 2008, P. J. Carnes, Prueba de detección de adicción sexual – Revisada. Información de prueba y puntuación utilizada con permiso.

20. ¿Se ha convertido el sexo en lo más importante de tu vida? ☐
21. ¿Estás en crisis por cuestiones sexuales? ☐
22. Internet te ha creado problemas sexuales. ☐
23. Pasas demasiado tiempo en Internet con fines sexuales. ☐
24. Has comprado servicios en línea con fines eróticos (sitios para citas). ☐
25. Has establecido conexiones románticas o eróticas con personas en línea. ☐
26. La gente de mi vida se ha molestado por mis actividades sexuales en línea. ☐
27. He intentado detener mis comportamientos sexuales en línea. ☐
28. Me he suscrito o he comprado o alquilado regularmente material sexualmente explícito ,(revistas, videos, libros o pornografía en línea). ☐
29. He tenido relaciones sexuales con menores. ☐
30. He gastado mucho tiempo y dinero en clubes de striptease, librerías para adultos y cines. ☐
31. He contratado prostitutas y acompañantes para satisfacer mis necesidades sexuales. ☐
32. He pasado mucho tiempo navegando por la pornografía en línea. ☐
33. He consumido revistas, videos o pornografía en línea incluso cuando existía un riesgo considerable de ser descubierto por miembros de la familia que se molestarían por mi comportamiento. ☐
34. He comprado regularmente novelas románticas o revistas sexualmente explícitas. ☐
35. He permanecido en relaciones románticas después de que se volvieran emocionalmente abusivas. ☐
36. He intercambiado sexo por dinero o regalos. ☐
37. He tenido múltiples relaciones románticas o sexuales al mismo tiempo ☐
38. Después de actuar sexualmente, a veces me abstengo de todo tipo de sexo durante un período significativo. ☐
39. He tenido regularmente comportamientos sadomasoquistas. ☐
40. Visito casas de baños sexuales, clubes de sexo o videoclubs como parte de mi actividad sexual habitual. ☐
41. He mantenido relaciones sexuales inseguras o ¨de riesgo¨ aun sabiendo que podían causarme daño. ☐
42. He recorrido baños públicos, áreas de descanso o parques para tener sexo con extraños. ☐
43. Creo que el sexo casual o anónimo me ha impedido tener relaciones íntimas más duraderas. ☐
44. Mi comportamiento sexual me ha puesto en riesgo de ser arrestado por conducta lasciva o indecencia pública. ☐
45. Me han pagado por sexo. ☐

PUNTUACIÓN DEL SAST (TEST DE DETECCIÓN DE ADICCIONES SEXUALES)

ESCALAS	ITEM	LÍMITE	MI PUNTUACIÓN
Escala de Elementos Básicos	1-20	6 o más	
Artículos de Internet	22-27	3 o más	
Artículos para Hombres	28-33	2 o más	
Artículos de Mujer	34-39	2 o más	
Hombres Homosexuales	40-45	3 o más	
Preocupación	3, 18, 19, 20	2 o más	
Pérdida de Control	10, 12, 15, 17	2 o más	
Alteración de la Relación	6, 8, 16, 26	2 o más	
Afectar a la Perturbación	4, 5, 11, 13, 14	2 o más	

DISTRIBUCIONES RELATIVAS DE LAS PUNTUACIONES SAST DE ADICTOS Y NO ADICTOS

Este instrumento se ha basado en la evaluación de decenas de miles de personas. Esta versión en particular es una revisión en fase de desarrollo del instrumento, por lo que la puntuación puede ajustarse con más investigación. Ten en cuenta que las decisiones clínicas deben tomarse de forma condicional, ya que los protocolos de puntuación finales pueden variar.

Una puntuación de 6 o más en la Escala de Elementos Básicos suele indicar que un individuo tiene una adicción, pero esto debe ser confirmado por un profesional capacitado para un diagnóstico oficial.

Si tus totales superaron los puntajes de corte en algún momento, este pasaje de las Escrituras puede sonar y sentirse familiar.

> *6-12 Desde la ventana de mi casa miré a través de la celosía. Vi a los inexpertos, y, entre los jóvenes, observé a uno de ellos falto de juicio. Cruzó la calle, llegó a la esquina y se encaminó hacia la casa de esa mujer. Caía la tarde. Llegaba el día a su fin. Avanzaban las sombras de la noche. De pronto la mujer salió a su encuentro, con toda la apariencia de una prostituta y con solapadas*

intenciones. Ella es escandalosa y descarada; sus pies nunca hallan reposo en su casa. Unas veces por las calles, otras veces por las plazas, siempre está al acecho en cada esquina.

13-20 Se prendió de su cuello, lo besó y, con todo descaro, dijo: "Tengo en mi casa sacrificios de comunión, pues hoy he cumplido mis promesas. Por eso he venido a tu encuentro; te buscaba, ¡y ya te he encontrado!

Sobre la cama he tendido linos egipcios multicolores. He perfumado mi lecho con aroma de mirra, áloe y canela. Ven, bebamos hasta el fondo la copa del amor; ¡disfrutemos del amor hasta el amanecer! Mi esposo no está en casa, pues ha emprendido un largo viaje. Se ha llevado consigo la bolsa del dinero y no regresará hasta el día de luna llena".

21-23 Con palabras persuasivas lo convenció; con halagos de sus labios lo sedujo. Y él enseguida fue tras ella, como el buey que va camino al matadero; como el ciervo que cae en la trampa, hasta que una flecha le abre las entrañas; como el ave que se lanza contra la red, sin saber que en ello le va la vida.

24-27 Así que, hijo mío, escúchame; presta atención a mis palabras. No desvíes tu corazón hacia sus sendas ni te extravíes por sus caminos, pues muchos han muerto por su causa; sus víctimas han sido innumerables. Su casa lleva derecho al sepulcro; conduce a las habitaciones de la muerte.

PROVERBIOS 7:6-27 (NVI)

Hemos descubierto **que nuestra dirección en la vida determinará nuestro destino**¡El joven descrito en Proverbios 7 se dirige por la carretera de la negación y de ser deshonesto consigo mismo, lo que siempre le llevará a un precipicio emocional y moral!

La escena de Proverbios 7 la describe el hombre más sabio de su tiempo. Salomón está mirando por la ventana y ve a un joven que se pavonea por la calle con testosterona saliendo a chorros por ambas orejas. El tipo es un objetivo sexual en movimiento. Y la mujer, el sitio porno, el club de striptease y las prostitutas son irresistibles para él. Y ellas lo saben

Es un blanco fácil. Mientras Salomón observa, puede ver claramente lo que se avecina. De hecho, todos los que rodean al joven ven claramente lo que se avecina.

Recuerdo estar sentado en el tráfico en dirección al norte mientras esperaba que el semáforo cambiara. Todo el mundo a mi alrededor se estaba impacientando debido a la congestión. Con el rabillo del ojo vi un Camaro nuevo en la estación de servicio de la esquina. El brillante color burdeos de la pintura personalizada aún se me queda grabado en la mente. Era un clásico. El conductor intentaba atravesar dos carriles de tráfico atascado y luego cruzar un carril de giro y dirigirse hacia el sur. Una vez que se puso delante de mí, los coches de delante le impidieron ver el tráfico que venía en sentido contrario al que intentaba incorporarse. Miré hacia arriba y me di cuenta de que ese camión bajaba a toda velocidad por la colina, dirigiéndose directamente hacia nosotrosInstintivamente, le grité al conductor del Camaro que se DETUVIERA. No se detuvo, sino que se puso directamente en la trayectoria del camión que iba a toda velocidad. El sonido de mi grito desvanecido pronto fue ahogado por los sonidos de la fibra de vidrio que se rompía, el metal que chirriaba y los cristales que explotaban. El Camaro estaba destrozado.

El tipo que conducía el Camaro estaba **tan cegado por lo inmediato que no pudo** ver o percibir lo evidente. Todos hemos pasado por eso. Parece que a veces forma parte de ser un hombre. Incluso Salomón, el más sabio de los hombres, terminó con 700 esposas y 300 "puercoespines" o concubinas. ¡Eso es una locura total! ¡No sólo tendría que recordar dos aniversarios cada día, sino que tendría que lidiar con 700 suegras! ¡El hombre estaba fuera de sí! Como he dicho, todos hemos estado allí. La testosterona puede hacer eso.

Hace años, Scott Peck pronunció una frase clásica a la que vuelvo una y otra vez en la oficina de consejería:

La salud mental es un compromiso real a toda costa.[6]

Las adicciones y ataduras sexuales son enfermedades de escape. Al igual que el conductor del Camaro que quería escapar de los confines de la congestión del tráfico, podemos intentar escapar del dolor o la soledad de nuestras vidas con un subidón sexual. Por eso, la parte más difícil del proceso de sanidad es reconocer el hecho de que tenemos un problema. **Nuestras luchas con los problemas sexuales han cegado nuestra capacidad de reconocer lo que es real en la vida.** Una vez que salió del accidente, el conductor del Camaro culpó a gritos al conductor del camión por el problema.

Nuestras ataduras sexuales suelen empezar porque la realidad es demasiado difícil de soportar. Al conductor del Camaro le resultaba intolerable tener que esperar. Estaba desesperado por escapar de la realidad a la que se enfrentaba. En la vida, cuando escapamos de la realidad durante los momentos más breves puede suponer una sensación de alivio. Pero el problema es que puede convertirse en algo habitual o en un estilo de vida. Es entonces cuando la adicción se convierte en nuestra amiga mortal, llevándonos por la autopista de la negación.

Una severa evasión de la realidad suele comenzar en los primeros años de vida. A menudo comienza en nuestra familia de origen. No se trata de culpar a nuestros

---

[6] M. Scott Peck, *El camino menos transitado: Una nueva psicología del amor, los valores tradicionales y el crecimiento espiritual* (New York: Simon & Schuster, 1978).

padres de nuestros problemas, pero **si nunca entendemos los defectos del "software" que se descargó en nuestros cerebros, nunca tendremos una oportunidad de ganar la batalla.** Más de la mitad de los adictos sexuales provienen de hogares rígidos y desvinculados.[7] Y algunos de los hogares más rígidos y desvinculados que he visto son hogares "cristianos" que se centran en el rendimiento y no en el pecado. La vida es siempre blanca y negra para ellos. Las reglas superan con creces cualquier forma de relación. Sólo hay una manera de hacer las cosas: la manera correcta.

Una vez que el niño entra en los tiempos turbulentos de la adolescencia hay esencialmente dos opciones para lidiar con el dolor interior: la rebelión abierta y la reaccións o la conformidad silenciosa con una vida secreta que acecha detrás de las escenas. Cualquiera de estos caminos puede convertirse en un entorno mortal en el que las ataduras sexuales pueden explotar en la vida de la persona. Esto crea un profundo conflicto interno porque él hizo un compromiso con Cristo en algún momento y ahora se encuentra violando las creencias más profundas de su vida. Bienvenido a la locura del tipo más doloroso.

Sólo hay una salida. **Debes ser honesto contigo mismo.** La dirección de tu vida determinará dónde acabarás en la vida, por mucho que quieras negar la realidad. ¿Notaste la falta total de honestidad en Proverbios 7?

> **¿Qué observaciones has hecho sobre Proverbios 7, mientras meditabas en Él esta semana? ¿En qué punto de Proverbios 7 te encuentras?**

_____
_____
_____
_____

> **¿Cuándo has estado ciego a la realidad en tu vida como el joven? Comparte con el grupo uno de tus momentos de "punto ciego" en la vida.**

_____
_____
_____
_____

[7] Manual de Formación Intensiva para la Certificación CSAT, Semana Uno, día uno, página 4 de 15.

¿Notaste la profundidad de la "irrealidad" que se encuentra en Proverbios 7, especialmente en el versículo 15? El joven pensaba para sí mismo: "Soy tan especial. Soy el hombre de sus sueños. Esto es increíble; ¡ella salió a buscarme!".

En el proceso de certificación como terapeuta de la adicción sexual, tuve la oportunidad de entrevistar a una bailarina exótica. Ella admitió fácilmente que utilizaba exactamente el mismo enfoque que la mujer de Proverbios 7. Ella tenía "clientes especiales", un ENORME número de ellos. Hombres a los que ella les decía que eran especiales. Estos eran los tipos que hacían posible su lujoso estilo de vida.

Los hombres compran sexo por dos razones diferentes. Una es la cuestión del poder.[8] Las prostitutas en Estados Unidos están sometidas a un alto nivel de violencia. La segunda es por la pseudointimidad. La prostituta ofrece una relación que no es exigente ni demandante. En otras palabras, no es una relación honesta. No es real. Proporcionan relaciones sexuales sin la amenaza de una intimidad real a cambio de un precio.

La mujer de Proverbios 7, ya sea en la carne o en el sitio porno XXX de hoy, te llevará por la carretera del infierno. Y pagarás un precio infernal. Fíjate en cómo Salomón trata de romper la negación del joven. El chico se dice a sí mismo que es una estrella de rock y que esta mujer no se cansa de él. Esto es lo mejor que le ha pasado. Y Salomón está gritando: "¡No, no, no, sé realista! Eres un trozo de carne que va a la carnicería. Esta cosa te destrozará. Eres un ciervo orgulloso atrapado en una trampa y cuanto más intentas escapar, peor se pone. Entonces miras hacia arriba y los cazadores del infierno te rodean con flechas dirigidas a tu corazón. Esto te va a herir profundamente. Como un pájaro atrapado en una red que se da cuenta de que el vuelo se ha acabado, tus sueños están muriendo".

Ahora, algunos de los que leen estas palabras pueden sentir una creciente sensación de dolor y vergüenza por lo que ha sucedido en sus vidas. Puede que se pregunten: "¡Cómo he podido ser tan estúpido!". Pues estás en una sala con un grupo de personas que han cometido errores similares. No dejes que la pena y la vergüenza controlen tu vida en este momento.

Más adelante nos ocuparemos de esos adversarios, pero **ahora tu trabajo es asegurarte de no repetir los errores del pasado**. Esto significa que tenemos que romper las estructuras de negación de nuestro cerebro. Los hombres que están luchando con problemas sexuales en sus vidas han desarrollado una increíble habilidad para inventar excusas para su comportamiento tales como:

+ "Mi esposa no es lo suficientemente sexual".
+ "Tengo un gran deseo sexual". (En otras palabras, "soy especial o único").

---

[8] Nikolas Westerhoff, "¿Por qué los hombres compran sexo?" Mente científica americana 19, no. 6 (diciembre de 2008): 62-67.

- "Mi mujer no me entiende".
- "Trabajo duro como profesor, pastor, contable, vendedor o _____; me merezco esta liberación".
- "No lo hago siempre".
- "No puedo evitarlo"

¿CUÁLES SON LAS EXCUSAS QUE HAS UTILIZADO?

- Enumera todas las excusas que has utilizado, las razones por las que creías o sigues creyendo que no perteneces a un grupo de *Deseo Puro*.
- Entonces, ¡haz la parte difícil! Rompe la negación enumerando la dolorosa verdad sobre tus excusas y tu comportamiento.
- Utiliza la tabla proporcionada.

TABLA DE EXCUSAS/VERDADES

ESTRUCTURA DE EXCUSA - NEGACIÓN	LA VERDAD SOBRE ESA EXCUSA Y TU CONDUCTA
1.	
2.	
3.	
4.	
5.	
6.	

Prepárate para compartir tu tabla de Excusas/Verdades con el grupo.

ASIGNACIONES ANTES DE LA REUNIÓN

1. Sigue meditando en Proverbios 7.
2. Lee el capítulo 1 de *Deseo Puro*.
3. **¡Muy importante!** Lee "Un cerebro sexy" en el Apéndice. Prepárate para compartir tu experiencia con el ejercicio de la Mesa Familiar.

LECCIÓN DOS

PUNTOS DE IMPOTENCIA

 Ve el Video del Pilar Uno: Lección Dos.

> *Así que, hijo mío, escúchame;*
> *presta atención a mis palabras.*
> *No desvíes tu corazón hacia sus sendas*
> *ni te extravíes por sus caminos,*
> *pues muchos han muerto por su causa;*
> *sus víctimas han sido innumerables.*
> *Su casa lleva derecho al sepulcro;*
> *conduce a las habitaciones de la muerte.*
>
> PROVERBIOS 7:24-27 (NVI)

 Comienza esta lección leyendo en voz alta Proverbios 7:24-27.

¿Has estado alguna vez en las garras de algo que no podías controlar? Recuerdo estar atrapado en un giro invertido en un avión de combate. De repente, el avión se salió (la jerga de los pilotos significa "ya no tiene control") y se puso boca abajo. Me estrellé contra la cabina. A pesar de que me había atado firmemente al avión, ahora estaba colgando boca abajo a varios centímetros del asiento de eyección en el que había estado tan firmemente sentado hace unos segundos. Si me eyectaba, me rompería la espalda.

El avión giraba como un patinador sobre hielo de competición, pero totalmente fuera de control. La severa carga G negativa me dificultaba la visión, pero podía discernir que el altímetro se desenvolvía como un gato asustado. Intenté todos los trucos que se me ocurrieron... controles cruzados... palanca completa hacia adelante... palanca completa hacia atrás... entrada completa del timón. Todos mis esfuerzos sólo parecían hacer que el giro fuera más fuerte.

Entonces llegó el momento mágico... solté el mando y de repente el avión salió del giro. Esa experiencia me hizo lucir unos ojos inyectados en sangre.

La carga G negativa había roto varios vasos sanguíneos de mis ojos. Pero se convirtió en un increíble aprendizaje para mí. Tras el vuelo, conseguí de algún modo que no me temblaran las piernas y volví con calma a la sala de espera.

Mi copiloto y yo estábamos tratando de desarrollar una maniobra para contrarrestar un tipo particular de avión soviético al que teníamos que enfrentarnos. Lo único que sabíamos del avión que volábamos era que tenía una velocidad de giro impresionante. Podía superar cualquier cosa en el cielo. Ese día, estaba experimentando con altas tasas de balanceo a altas velocidades y actitudes extremas de la nariz. Así que subí el morro rápidamente hasta una actitud severa y luego hice rodar el avión violentamente. Fue entonces cuando "se me fue al garete". En la sala de espera abrimos el Manual NATOPS,[9] que es la "biblia" de cómo volar el avión. Después de sólo unos minutos de lectura encontramos la siguiente advertencia de seguridad.

ADVERTENCIA

La aeronave se volverá inestable en ángulos de ataque elevados a alta velocidad cuando se produzca una entrada violenta de los alerones. Bajo ninguna circunstancia se debe colocar la aeronave en actitudes tan severas que se produzca un giro invertido y el piloto no pueda recuperarse.

Allí estaba escrito en blanco y negro militar para quien se tomara el tiempo de leerlo. Fue un momento de Homero Simpson. Mi testosterona había vuelto a sacar lo mejor de mí.

El joven de Proverbios está en un giro plano del que nunca se recuperará. Y muchos hombres, jóvenes y viejos, han entrado en el mismo giro sexualmente. Las palabras de Salomón en Proverbios son tan contundentes y claras, como la advertencia que no me molesté en leer: *"Ella ha hecho morir a muchos"*.

Te crees único, especial o con derecho. Pero despierta, chico; te diriges por una autopista de ocho carriles por la que han pasado millones de chicos antes que tú. Directamente a un precipicio. Es importante entender que Salomón no está castigando a las mujeres. Está creando una personificación de la adicción sexual a través de la mujer de Proverbios 7.

Después de aconsejar durante casi tres décadas, he perdido la cuenta del número de veces que he dicho a alguien: "Apuesto a que cuando eso ocurrió ella dijo esto... Y entonces probablemente tú dijiste eso y ella explotó". El tipo me mirará asombrado y dirá: "Sí, lo hizo. ¿Cómo lo sabes?". Es entonces cuando normalmente me inclino

---

[9] Estandarización de los Procedimientos Operativos y de Entrenamiento Aéreo Naval (NATOPS).

y le digo la verdad obvia que no puede ver. "No eres el primero en viajar por esta carretera, amigo mío. La adicción sexual es un camino muy trillado. Millones de hombres se han descontrolado como tú".

La razón por la que podemos estar tan ciegos ante la autopista en la que estamos es que hay algo en esa "autopista" que tiene un profundo atractivo emocional para nosotros: el subidón de dopamina de la masturbación, el zumbido de otra conquista o la emoción de hacer algo que sabes que está mal o es peligroso. Se trata de medicar el dolor interior. Estamos tan obsesionados con el dolor profundo que ni siquiera sabemos que estamos en la autopista. En algún momento tienes que pulsar el botón de "pausa" y hacerte la pregunta. "¿Es este el camino que realmente quiero seguir en la vida? El camino en el que me encuentro determinará dónde acabaré en mi vida. ¿Es este el camino que realmente quiero seguir?". Son preguntas difíciles de hacer porque podemos quedar atrapados en el aquí y el ahora.

> TU GRUPO DE DESEO PURO SERÁ TU SALVAVIDAS HACIA LA CORDURA. La nueva información por sí sola no ayudará sin una nueva comunidad que te saque de la autopista de la locura en la que te encuentras. Sólo los amigos que están luchando la misma batalla pueden ayudarte a salir de ese camino destructivo.

Entonces, ¿cómo salimos de esta autopista al infierno?

En primer lugar, subrayamos el hecho de que **la negación tiene que parar**. ¿Y cómo se hace eso? Gran pregunta. Comienza con admitir que eres impotente para detener tu comportamiento. Para la mayoría de los hombres se necesita una situación totalmente fuera de control para que finalmente admitan que son impotentes sobre esta esclavitud sexual. La razón por la que esto es tan difícil es que, a diferencia del joven de Proverbios 7, ves claramente que te diriges a la carnicería del infierno. Pero no puedes evitarlo. Tus intenciones son grandes. Has orado para que Dios te ayude. Has leído la Biblia. Puede que te hayas unido a un grupo de hombres para rendir cuentas. Pero sigues en la misma carretera.

Parte del problema es que la mayoría de las iglesias definen un grupo de responsabilidad de tal manera que es esencialmente un grupo de rendimiento El grupo vigila a los demás si se han masturbado o han visto porno o "lo que sea". Cuando te pillan, te arrepientes y oras más y el ciclo se repite. Esencialmente se convierte en una hermandad de atracones y purgas.

Un verdadero grupo de rendición de cuentas no se centra en tu rendimiento. En cambio, cuando metes la pata, te ayudan a encontrar los recursos para sanar la brecha que se ha revelado a través de la recaída. Es una experiencia de GRACIA y VERDAD.

Pero el primer paso para dejar de negarlo es contrario a la intuición. Tuve que hacer lo único que no podía hacer... admitir que era impotente. Tuve que soltar el palo y dejar de intentar controlar la situación. Hacer eso cuando mi sistema límbico me gritaba, fue DURO. Pero si no hubiera hecho eso, todavía estarían recogiendo pedazos de mí de un cráter humeante. **Y lo mismo ocurre contigo espiritual y emocionalmente, a menos que te enfrentes a los lugares de tu impotencia.**

Puntos y lugares de tu impotencia. Aquí hay algunos ejemplos de lo que otros hombres me han dicho en el pasado:

- *Termino en un salón de masajes cuando me prometí que no lo haría.*
- *No puedo cumplir mi compromiso matrimonial debido a mi actividad en Internet.*
- *Me masturbo en el trabajo y no hago el trabajo que tengo que hacer.*
- *Siempre que estoy solo me siento obligado a ser sexual.*
- *Sexualizo a los clientes en el trabajo.*
- *Robaba ropa de mujer para travestirme.*
- *Me arriesgo con las prostitutas.*
- *No puedo rechazar el sexo con las mujeres.*

Enumera tus puntos de impotencia en el siguiente cuadro. Prepárate para compartirlos con el grupo en la próxima reunión.

PUNTOS DE IMPOTENCIA

MIS PUNTOS Y LUGARES DE IMPOTENCIA	FORMAS EN LAS QUE HE INTENTADO PARAR	CÓMO ME HACE SENTIR CUANDO VUELVO A ACTUAR
1.		
2.		
3.		
4.		

Ahora vamos a profundizar. Tuve que hacer algo más sobre esa experiencia cercana a la muerte en la que volé. Tenía que decírselo a mis compañeros de escuadrón. Ellos estaban luchando con el mismo desafío enemigo que yo estaba enfrentando y podrían cometer el mismo error. **A un nivel más profundo, necesitaba ser honesto sobre lo que había hecho, porque la excelencia se encuentra en la franqueza, no en la bravuconería.**

He conocido a varios pilotos arrogantes, pero nunca he conocido a un gran piloto que no fuera honesto sobre los errores que había cometido. Tu honestidad revela un profundo compromiso con el aprendizaje continuo. Para pilotear el avión hasta el límite de tus capacidades había que estar constantemente en modo de aprendizaje. La excelencia exige una honestidad y una apertura en sus niveles más altos, junto con una tenacidad que sale de las entrañas.

Ya sabes a dónde quiero llegar con esto. La excelencia en tu vida funciona de la misma manera. No puede haber **secretos** en tu alma si vas a vivir la vida al máximo. No estoy sugiriendo que vayas a casa hoy y descargues sobre tu esposa todos los secretos sexuales que has guardado dentro de ti durante años. Llegaremos al tema de la revelación con respecto a tu esposa en el Pilar Siete.

Para que haya verdadera intimidad en tu matrimonio, o si eres soltero en tu futuro matrimonio, no puede haber secretos. Pero llegar a ello es una tarea delicada. Los primeros pasos tienen que tener lugar en tu grupo de Deseo Puro. En algún momento, tienes que encontrar a un hombre en el que confíes y dar el valiente paso de compartir tus secretos.

El valor no es un rasgo natural, sino que se aprende, se desarrolla y se disciplina en tu alma.

Pocos hombres nacen valientes;

muchos llegan a serlo, mediante el entrenamiento y la fuerza de la disciplina.

FLAVIUS VEGETIUS RENATUS, INSTITUCIONES MILITARES DEL IMPERIO ROMANO, 378 AD

Los secretos en sí mismos, se convierten en problemas. En primer lugar, está la presión de intentar recordar a quién le has contado qué para que no te descubran. Añade a esto el miedo constante a ser descubierto y la culpa y la vergüenza interior de saber que estás siendo deshonesto. Puedes ver por qué los secretos se convierten en una de las fuerzas más mortales que el infierno utiliza contra ti. Estás tan enfermo como tus secretos porque pronto crees las historias que has contado a los demás. La realidad se distorsiona y empiezas a vivir la mentira. El valor sólo puede basarse en la realidad. Debes comenzar con la realidad y los secretos deben ser revelados.

 Enumera los secretos de tu vida, utilizando el cuadro que sigue.

Algunos pueden no ser sexuales, pero pueden alimentar tu comportamiento sexual. Los secretos pueden ser hábilmente disfrazados a través de omisiones - lo que elegiste omitir de la historia. Es hora de empezar a desarrollar el valor de la honestidad real.

Delinear los problemas que esos secretos están creando. La falta de intimidad con tu esposa, la falta de valor moral y el miedo a exponerse, etc.

A continuación, identifica a las personas a las que has ocultado estos secretos en tu vida.
+ Trae tu cuadro completo a tu próxima reunión y prepárate para compartir los resultados con uno o más miembros del grupo.

SECRETOS

EL SECRETO	EL PROBLEMA QUE CREA EL SECRETO	LA(S) PERSONA(S) A LA(S) QUE SE LO ESTOY OCULTANDO

1.

2.

3.

4.

 Completa las tablas de la segunda lección y prepárate para discutir tus respuestas en grupo.

ASIGNACIONES ANTES DE LA REUNIÓN

1. Lee el capítulo 2 de *Deseo Puro* (lee y relee la parábola del dragón).
2. **Muy importante**. Lee "¡Ayuda! Alguien me ha secuestrado el cerebro" en el Apéndice. Prepárate para compartir el dibujo de tus sueños.

SALIR DE LA AUTOPISTA DE LA NEGACIÓN

 Ve el Video del Pilar Uno: Lección Tres.

11 Un hombre tenía dos hijos —continuó Jesús—. 12 El menor de ellos dijo a su padre: "Papá, dame lo que me toca de la herencia". Así que el padre repartió sus bienes entre los dos.

13 Poco después el hijo menor juntó todo lo que tenía y se fue a un país lejano; allí vivió desenfrenadamente y derrochó su herencia. 14 Cuando ya lo había gastado todo, sobrevino una gran escasez en la región y él comenzó a pasar necesidad. 15 Así que fue y consiguió empleo con un ciudadano de aquel país, quien lo mandó a sus campos a cuidar cerdos. 16 Tanta hambre tenía que hubiera querido llenarse el estómago con la comida que daban a los cerdos, pero aun así nadie le daba nada.

17 Por fin recapacitó y se dijo: "¡Cuántos jornaleros de mi padre tienen comida de sobra y yo aquí me muero de hambre! 18 Me levantaré e iré a mi padre y le diré: Papá, he pecado contra el cielo y contra ti. 19 Ya no merezco que se me llame tu hijo; trátame como si fuera uno de tus jornaleros".

20 Así que emprendió el viaje y se fue a su padre. Todavía estaba lejos cuando su padre lo vio y se compadeció de él; salió corriendo a su encuentro, lo abrazó y lo besó.

21 El joven le dijo: "Papá, he pecado contra el cielo y contra ti. Ya no merezco que se me llame tu hijo".

22 Pero el padre ordenó a sus siervos: "¡Pronto! Traigan la mejor ropa para vestirlo. Pónganle también un anillo en el dedo y sandalias en los pies. 23 Traigan el ternero más gordo y mátenlo para celebrar un banquete. 24 Porque este hijo mío estaba muerto, pero ahora ha vuelto a la vida; se había perdido, pero ha sido hallado". Así que empezaron a hacer fiesta.

25 Mientras tanto, el hijo mayor estaba en el campo. Al volver, cuando se acercó a la casa, oyó que había música y danza.

26 Entonces

llamó a uno de los siervos y le preguntó qué pasaba.

²⁷ "Tu hermano ha llegado —le respondió—, y tu papá ha matado el ternero más gordo porque lo ha recobrado sano y salvo".

²⁸ Indignado, el hermano mayor se negó a entrar. Así que su padre salió a suplicarle que lo hiciera. ²⁹ Pero él contestó: "¡Fíjate cuántos años te he servido sin desobedecer jamás tus órdenes y ni un cabrito me has dado para celebrar una fiesta con mis amigos! ³⁰ ¡Pero ahora llega ese hijo tuyo, que ha despilfarrado tu fortuna con prostitutas, y tú mandas matar en su honor el ternero más gordo!".

³¹ "Hijo mío —le dijo su padre—, tú siempre estás conmigo y todo lo que tengo es tuyo. ³² Pero teníamos que hacer fiesta y alegrarnos, porque este hermano tuyo estaba muerto, pero ahora ha vuelto a la vida; se había perdido, pero ya lo hemos encontrado".

LUCAS 15:11-32 (NVI)

Pocas historias contadas por Jesús se han hecho más populares y han tocado tan profundamente el corazón humano. El lenguaje es vívido, las emociones crudas y las imágenes son inolvidables.

Al leer y releer esta historia esta semana, ¿qué has observado en **tu vida**?

 Con tu grupo, comparte cómo la historia es un espejo de tu vida.

No es el momento de hablar de conocimientos teológicos o de verdades doctrinales.
- Concede de 3 a 4 minutos por persona, con la participación de cada uno, para resumir lo que el Espíritu Santo le ha revelado sobre tu propia historia como resultado de la reflexión sobre esta historia.

Te encontrarás cada vez más a gusto contando tu historia. De hecho, se convertirá en una parte importante de tu experiencia de sanidad. Por eso, deshacerse de tus secretos es una puerta de entrada tan importante a la libertad. El resultado significativo de contar tu historia en un grupo de Deseo Puro es admitir que tienes un problema y los oyentes te afirman reconociendo que han tenido la misma experiencia de alguna manera. Este proceso reduce la vergüenza de todos los implicados y capacita a todos para comprometerse con la pureza a un nivel más profundo.

Antes me preguntaba por qué Jesús contaba tantas historias, pero recientes descubrimientos de la neurociencia revelan la genialidad de su enfoque. La investigación ha descubierto el hecho de que las narraciones requieren la participación de múltiples estructuras en todo el cerebro. Requieren que reunamos de forma consciente nuestros conocimientos, sensaciones, sentimientos y comportamientos.

En este proceso, se reúnen múltiples funciones de diversas redes neuronales que proporcionan a nuestro cerebro una herramienta de integración tanto emocional como neuronal.[10]

Traducción: Contar tu **historia con sinceridad** en un **entorno seguro** te sana. Contar historias es increíblemente poderoso. Cuando le lees un cuento a uno de tus hijos, ¿te has dado cuenta de que no dejan que te saltes ninguna parte de la historia? Quieren escucharlo una y otra vez porque la narración de cuentos no consiste en transmitir información nueva, sino en crear un vínculo. El niño se siente vinculado porque forma parte de la historia. Y la lectura de cuentos a tus hijos siempre funciona mejor cuando los abrazas o te sientas cerca de ellos.

Esto es algo que me oirás decir numerosas veces mientras recorremos juntos este libro: la adicción sexual tiene que ver con un trastorno del apego o una deficiencia de la intimidad. **Un grupo de Deseo Puro, si se hace bien, es un lugar donde se inicia un proceso de vinculación que compensa los déficits del pasado.**

Cuando Amnistía Internacional comenzó a ayudar a las víctimas de la tortura, apenas obtuvo resultados positivos, si es que los obtuvo.[11] Las víctimas se resistían a recibir ayuda a todos los niveles, a pesar de que se sentían miserables. Entonces la organización descubrió que si las víctimas de la tortura podían contar su dolorosa historia en una sala llena de personas que también eran víctimas de la tortura, finalmente se abrían y recibían sanidad.

Si has obtenido una puntuación de 6 o más en el SAST-R, lo más probable es que hayas experimentado un trauma en algún momento de tu vida. He aprendido una verdad sanadora a través de los años. Si conoces la historia del trauma del hombre, entonces conoces su historia de adicción. No tenía ni idea de que había experimentado algún trauma real en mi vida. Quiero decir, ya que soy un tipo de piloto de combate, "¡Deja de quejarte y sigue con tu vida!" Pero tu cerebro lleva la cuenta y la herida suele ser infligida al principio de la vida, antes de que consigas tu dura apariencia. Debajo de toda esa musculatura y bravuconería puede haber un verdadero dolor que has estado medicando durante años.

Contar tu historia no es sólo contar lo mal que están las cosas. Por lo general, ese es el punto de partida si has estado conduciendo por la autopista de la negación durante un tiempo. Tienes que empezar con lo desesperadas que están las cosas realmente. Tienes que soltar los controles de tu vida o te quedarás atascado en un giro plano de dolor, justo en el suelo.

Pero una vez que los secretos son finalmente sacados de los armarios, puedes empezar a contar tu historia de cómo pueden ser las cosas. Contar tu historia no

---

[10] Louis Cozolino, La neurociencia de las relaciones humanas: Apego y el cerebro social en desarrollo (Nueva York: W.W. Norton & Company, 2006), 304.

[11] Patrick Carnes, Enfrentándose a la sombra (Carefree: Gentle Path Press, 2005), 91.

es sólo ensayar lo mal que están las cosas, sino contar cómo serán con la ayuda y el poder de Dios. Contar la historia bajo la gracia de Dios tiene que ver con el cambio. No se trata de una negación religiosa o de una ignorancia cristiana, sino de mirar con una honestidad brutal tu condición actual y, al mismo tiempo, ver el poder del Espíritu Santo actuando en tu vida.

Estamos hablando de una aplicación realista de Santiago 5:16, como se presenta aquí en la traducción de la Palabra de Dios:

> *Así pues, admitan sus pecados unos a otros, y oren unos por otros para que sean sanados. Las oraciones ofrecidas por quienes tienen la aprobación de Dios son eficaces.*

Una vez que salgas de la autopista de la negación, podrás recibir emocionalmente la aprobación que Dios el Padre nos ha dado en su Hijo. También fluirá hacia tus hijos. La bendición de la honestidad ante Dios fluirá hacia tus hijos y nietos. De hecho, la Escritura declara que fluirá hasta la milésima generación (Deuteronomio 5:8-10).

La Dra. Mary Main descubrió el fenómeno de la "narrativa coherente"[12] Quédate conmigo en esto. Tiene enormes implicaciones para tu familia. La Dra. Main y sus colaboradores idearon un instrumento llamado Entrevista del Apego Adulto para hacer preguntas a los padres sobre su infancia. Esta es la parte más sorprendente. La forma en que los padres contaban su historia, en otras palabras, cómo daban o no sentido a sus vidas pasadas, era el indicador más poderoso de si sus hijos crecerían o no con un sentido de apego o seguridad en sus vidas.

Si el padre o la madre podían compartir una narración coherente, reflexiva y emocionalmente comprometida sobre su infancia, era más probable que los niños tuvieran una buena relación con ellos. El siguiente descubrimiento que hicieron es enorme. No importaba lo inadecuada o abusiva que hubiera sido la familia de origen del progenitor. No importaba lo que les hubiera pasado. El factor determinante era cómo daban sentido a lo que les había sucedido. Este fue el factor significativo en cuanto a la salud emocional que tuvieron y el tipo de padres en que se convirtieron.

Esto nos dice que **si puedes dar sentido a tu historia, puedes cambiar su impacto en tu vida**. No tiene que controlarte. Tu destino no está determinado por tu pasado. Tu destino está determinado por la forma en que ves la mano soberana de Dios actuando en toda tu vida. Tu pasado puede haber sido horrible como el mío, pero una vez que el Espíritu Santo eleva tu visión para ver a un Padre santo y bondadoso trabajando en tu vida, literalmente todo cambia, ¡incluyendo tu cerebro!

La antigua tradición de la iglesia de que alguien se levantara y compartiera su

---

[12] Wylie, María Sykes. "Visión mental". Psychotherapy Networker, 5 de diciembre de 2022. https://www.psychotherapynetworker.org/article/mindsight/.

"testimonio" era increíblemente sabia. Cuando describían el pozo del que podían venir y luego comenzaban a declarar a dónde los había llevado el Espíritu Santo hoy, estaban literalmente renovando sus mentes de acuerdo con la advertencia de Pablo en Romanos 12:2 (NVI):

> *No se amolden al mundo actual, sino sean transformados mediante la renovación de su mente. Así podrán comprobar cómo es la voluntad de Dios: buena, agradable y perfecta.*

Uno de los indicadores más claros de un individuo que ha sufrido un trauma en la vida es su incapacidad para presentar una historia coherente de su pasado. Pedirles que describan lo que les ocurrió de niños puede ser un reto para ellos. Pueden mostrarse especialmente malhumorados, enfadados o incoherentes, y/o incapaces de recordar acontecimientos importantes de su pasado. Su sistema límbico profundo ha sido traumatizado en el pasado. (Consulta los capítulos introductorios sobre el cerebro.) El trauma ha desactivado su hipocampo. Las sensaciones y experiencias dolorosas inundaron la amígdala y se registraron como recuerdos implícitos, impidiendo que se convirtieran en recuerdos explícitos[13] Esta es precisamente la razón por la que un hombre puede explotar de ira en el aquí y ahora; lo que está sucediendo en el presente está desencadenando heridas de su pasado. Sin embargo, no es capaz de recordar lo que realmente ocurrió en el pasado. En lugar de ello, sólo reacciona en el presente y NO PUEDE DESCUBRIR EL PORQUÉ.

Lo más común es que el hombre tenga un profundo sentimiento de inutilidad que nunca puede precisar. Es como una música de fondo que suena en su cabeza: "¡Soy un perdedor!". La gran mayoría de los hombres a los que he aconsejado a lo largo de los años tienen ese tipo de música de fondo sonando en su alma. Esto se encuentra en el núcleo del dolor que han estado medicando con el sexo desde la adolescencia.

Aquí están las buenas noticias. **Dios, el Espíritu Santo, puede darnos una nueva perspectiva en nuestras vidas a pesar del dolor y los problemas de nuestro pasado si aprendemos a caminar en la fe**. En otras palabras, no tenemos que dejar que las emociones de nuestras heridas pasadas controlen nuestra mente y nos provoquen a actuar. Es entonces cuando descubriremos que un Dios soberano ha estado actuando a lo largo de nuestras vidas. Me encantan las palabras de Dios a un joven confundido que estaba luchando profundamente con el dolor en su vida:

---

[13] Daniel Siegel, La mente en desarrollo: cómo interactúan las relaciones y el cerebro para dar forma a quiénes somos (Nueva York: Guilford Press, 1999), 50-69.

> *«Antes de formarte en el vientre, ya te había elegido;*
> *antes de que nacieras, ya te había apartado;*
> *te había nombrado profeta para las naciones».*
> JEREMÍAS 1:5 (NVI)

Ahora, por favor, no te digas a ti mismo que Jeremías era un profeta, así que esa palabra no se aplica a ti. La verdad es que tienes promesas aún mayores sobre tu vida. El Espíritu Santo no descansa sobre ti como un profeta del Antiguo Testamento. Eres un creyente del Nuevo Testamento. ¡El Espíritu Santo **vive dentro de ti!** Efesios nos dice que hemos sido elegidos por Dios antes de la creación del mundo, apartados para sus propósitos (Efesios 1:4-5).

A medida que comienzas a salir de la autopista sin salida de la negación, permite que Dios el Espíritu Santo te revele lo que Él ha planeado para ti desde antes del comienzo del tiempo. A medida que te das cuenta de que las heridas de tu pasado, especialmente si vienen de tu propia familia, son el resultado de que otros respondan a las heridas de sus pasados, puedes detener la locura y la maldición generacional se detiene contigo. ¿Por qué? Empezando a entender la historia de gracia que Dios quiere escribir con tu vida. Y Él puede escribir con algunos de los bolígrafos más golpeados y torcidos que jamás hayas visto. De hecho, esos son los mismos instrumentos con los que Él escribe sus mejores historias. A medida que llegas al lugar de poder contar una historia coherente y sin negaciones de tu vida, tus hijos podrán caminar en la bendición de Dios. Con tus hijos seguros del amor de Dios y de tu amor por ellos, dejarás un legado que marcará la diferencia en sus vidas. Precisamente por eso esta batalla es tan importante y vale la pena el precio que pueda implicar. **Tienes que salir de la autopista de la negación sin importar el precio.**

El punto de inflexión en la parábola que Jesús contó en Lucas 15 es el versículo 17, "Cuando finalmente entró en razón". En otras palabras, el tipo empezó a salir de la autopista de la negación. Le tomó un tiempo porque se había ido a una "tierra lejana". Las ataduras sexuales son siempre una tierra lejana. Por lo tanto, a ti también te tomará un tiempo llegar a casa.

El tiempo medio de recuperación es de dos a cinco años.[14] No se trata de una solución rápida. Se trata de llegar finalmente a casa con el Dios Padre. Por eso, éste será uno de los procesos de transformación más profundos de tu vida. El hijo pródigo se dirige a casa -y por favor no te pierdas esto- sus motivos son mixtos en el mejor de los casos. Él está esencialmente tropezando con su casa para sobrevivir y ahí puedes estar tú. No dejes que la confusión de tus motivos te distraiga. Al igual que el pródigo, sigue poniendo un pie delante del otro y la gracia de Dios te llevará allí.

---

[14] Patrick Carnes y Kenneth Adams, Gestión clínica de la adicción al sexo (Nueva York: Brunner-Routledge, 2002), 14-18

En el camino, el pródigo da un paso crítico. Empieza a enfrentarse a la cuestión de la restitución emocional: "Padre, he pecado contra ti".

¿Quiénes se han visto perjudicados por su comportamiento? ¿De qué manera se han visto perjudicados? Sé que esto va a ser difícil. Pero nunca saldrás de la pocilga de la esclavitud sexual hasta que te hagas a la idea de que la adicción sexual **nunca es un acto sin víctimas**.

En el cuadro que sigue, anota las personas a las que has herido y traicionado, y las formas en que les has herido o mentido.

VÍCTIMAS DE MI ADICCIÓN SEXUAL

EL INDIVIDUO AL QUE HERÍ Y/O TRAICIONÉ	LAS FORMAS EN QUE HERÍ A LA PERSONA Y/O LE HE MENTIDO
Ejemplo: + *Mi esposa* + *Amigo (nombre)-si soy soltero*	+ *Constantemente trataba de confundirla y explicarle las cosas* + *La hice sentir responsable de mi mal humor* + *Todo el tiempo estaba viendo porno... o coqueteando con otras mujeres... o visitando clubes de striptease*

1.

2.

3.

4.

5.

Si estás casado, vamos a profundizar en ello. El pródigo dijo que también había pecado contra el cielo. En otras palabras, Dios había creado al padre del pródigo de cierta manera y el pródigo se aprovechó de él. Enumera a continuación los dones que Dios le dio a tu pareja y cómo utilizaste sus dones en su contra para justificar o alimentar tu adicción.

EL TALENTO DE LA ESPOSA	SU MAL USO DE ESOS DONES
Ejemplo: + *Tu amor confiado en mí...creíste en mí*	*Ejemplo:* + *Utilicé tu confianza en mí para ocultar mi comportamiento... y mi ira por mi vergüenza para culparte con frecuencia*
Ejemplo: + *Su capacidad financiera para ahorrar dinero.*	*Ejemplo:* + *Usé nuestros ahorros para satisfacer mis necesidades sexuales.*

1.

2.

3.

 Prepárate para compartir tus respuestas a los cuadros de esta lección con tu grupo.

LECCIÓN CUATRO

EL CAMINO DE LA RECUPERACIÓN

 Ve el Video del Pilar Uno: Lección Cuatro.

20 Así que emprendió el viaje y se fue a su padre. Todavía estaba lejos cuando su padre lo vio y se compadeció de él; salió corriendo a su encuentro, lo abrazó y lo besó. 21 El joven le dijo: "Papá, he pecado contra el cielo y contra ti. Ya no merezco que se me llame tu hijo". 22 Pero el padre ordenó a sus siervos: "¡Pronto! Traigan la mejor ropa para vestirlo. Pónganle también un anillo en el dedo y sandalias en los pies.

23 Traigan el ternero más gordo y mátenlo para celebrar un banquete. 24 Porque este hijo mío estaba muerto, pero ahora ha vuelto a la vida; se había perdido, pero ha sido hallado". Así que empezaron a hacer fiesta.

25 Mientras tanto, el hijo mayor estaba en el campo. Al volver, cuando se acercó a la casa, oyó que había música y danza. 26 Entonces llamó a uno de los siervos y le preguntó qué pasaba. 27 "Tu hermano ha llegado —le respondió—, y tu papá ha matado el ternero más gordo porque lo ha recobrado sano y salvo". 28 Indignado, el hermano mayor se negó a entrar. Así que su padre salió a suplicarle que lo hiciera. 29 Pero él contestó: "¡Fíjate cuántos años te he servido sin desobedecer jamás tus órdenes y ni un cabrito me has dado para celebrar una fiesta con mis amigos! 30 ¡Pero ahora llega ese hijo tuyo, que ha despilfarrado tu fortuna con prostitutas, y tú mandas matar en su honor el ternero más gordo!". 31 "Hijo mío —le dijo su padre—, tú siempre estás conmigo y todo lo que tengo es tuyo. 32 Pero teníamos que hacer fiesta y alegrarnos, porque este hermano tuyo estaba muerto, pero ahora ha vuelto a la vida; se había perdido, pero ya lo hemos encontrado".

LUCAS 15:20-32 (NVI)

No puedes leer esta parábola sólo con tu cabeza; tienes que "verla" con tu corazón. Tienes que escucharla con tu cerebro derecho. Numerosas investigaciones han documentado la especialización de las funciones en los dos hemisferios del cerebro. Algunas modas de la psicología pop han sacado conclusiones absurdas de la investigación. Sin embargo, este hecho es indiscutible.

Si vas a experimentar una "renovación" de tu mente como Pablo te desafía a caminar en Romanos 12, ambos lados de tu cerebro necesitan involucrarse en el proceso. El lado izquierdo de tu cerebro es la sede de la lógica, el lenguaje, el análisis y las matemáticas. Es la parte analítica de tu cerebro. Las preguntas que hemos planteado en las lecciones hasta este momento han requerido, en su mayoría, el uso del lado izquierdo del cerebro.

En esta lección accederemos al lado derecho del cerebro. El lado derecho del cerebro es la sede de los procesos no verbales, el reconocimiento de patrones visuales, la discriminación auditiva y las habilidades espaciales. El cerebro izquierdo se utiliza más cuando se examinan los detalles, mientras que el derecho se utiliza cuando se considera el panorama general.[15]

 Haz que alguien lea Lucas 15:20-32 en voz alta mientras todos cierran los ojos e intentan visualizar lo que la persona está leyendo.

¡Relájate! Esto no es un ejercicio de la Nueva Era. Simplemente estamos tratando de hacer que el lado derecho de nuestro cerebro participe en el proceso de sanidad. Por ejemplo, si has estado viendo porno, tienes miles de imágenes incrustadas en el lado derecho de tu cerebro que pueden superar los argumentos lógicos cuando esas imágenes se activan. En este ejercicio estamos intentando implantar algunas imágenes sanadoras sobrenaturales en el lado derecho de tu cerebro.

Lo primero que debería captar tu imaginación es la imagen de este increíble padre. Es rico. Tiene tierras, sirvientes, anillos y terneros cebados. Hoy diríamos que es multimillonario. Pero es rico de una manera mucho más profunda. Es emocional y espiritualmente grande e increíblemente lleno de gracia. Una de las transiciones más significativas que atravesamos en la vida es darnos cuenta de que nuestro padre físico puede ser grande, pero hay algunas cosas que no puede manejar. Es un hombre con limitaciones y cuando éramos adolescentes no podíamos creer lo limitado que era. Pero eso es sólo la primera parte de la transición. La segunda parte es cuando salimos de la locura de nuestra adolescencia y juventud para descubrir lo limitados que éramos nosotros también. La mayoría de los hombres se atascan en la vida justo aquí. El dolor de su pasado y el dolor siempre presente de sus limitaciones actuales les frustran. Se enfadan o se aíslan. Se congelan en la inmadurez emocional, profundizando en el trastorno de la intimidad que se encuentra en el núcleo de la adicción sexual.

Con frecuencia me desafían con afirmaciones como: "Dr. Roberts no encuentro la adicción en la Biblia. Creo que es una creación de la psicología moderna". Yo sólo sonrío y digo: "Por lo visto nunca ha oído hablar de la parábola del hijo pródigo". El tipo es la imagen por excelencia de un adicto. En el espacio de unas pocas semanas o meses, el chico gastó cientos de miles de dólares, posiblemente millones. Recuerda

---

[15] Samuel Greenfield, El cerebro humano: una visita guiada (New York: Basic Books, 1996), 16-45.

que el increíblemente amable padre le dio la mitad de su riqueza. Estamos hablando de una cantidad insana de dinero. En un período de tiempo increíblemente corto, se gastó su herencia.

Todavía me sorprende la cantidad de dinero que un hombre puede gastar en su adicción sexual. Les pido a los hombres a los que aconsejo clínicamente que me den un registro financiero de cuánto dinero han gastado en alimentar su adicción. Un millón de dólares no es una cantidad inusual cuando empiezas a calcular el coste de un divorcio, la manutención de los hijos y/o la pérdida de un trabajo y una carrera.

Me encanta la imagen que me viene a la mente cuando leo el versículo 20: *"Mientras el hijo estaba lejos, el padre lo vio y tuvo compasión de él"*. Hubo varias cosas que este padre no hizo. Primero, no fue a sacar al niño de la pocilga. El padre estaba bien conectado. Podía haber descubierto dónde estaba el joven y conducir hasta allí y llevarlo a casa. No lo hizo porque sabía que al hijo sólo le quedaba una cosa crucial en su vida: la **dignidad de elegir**.

Deseo Puro y este libro de trabajo se basan en el hecho de que Dios Padre te ama tanto que te da la dignidad de elegir. El que creó todo el cosmos con sólo sus palabras te espera pacientemente. Fíjate que el padre no se lavó las manos. No declaró que había renunciado a su hijo porque éste había caído tan lejos del precipicio moralmente.

El infierno puede haber gritado en tu cabeza innumerables veces que tu pecado sexual te ha separado del amor de Dios. Esto es una mentira; ¡el diablo es un mentiroso! Anota esto... ¡grabátelo en tu cerebro hoy mismo! **Dios, tu Padre Celestial, nunca te abandonará**. De hecho, Él espera con ansias que vuelvas a casa. De eso trata precisamente todo este libro: ¡descubrirás lo escandalosamente amado que eres por Dios!

Tienes que preparar la escena. Tienes que imaginarte lo que está sucediendo. El hijo pródigo se vio obligado a caminar por los campos y el pueblo de las afueras para llegar a la casa de su padre. Se habría corrido la voz: "Este hijo inútil que ha traicionado a su padre vuelve a casa". Aquí sólo hay dos opciones. El padre puede dejar que su hijo atraviese el pueblo y la multitud de gente con la cabeza gacha y lleno de vergüenza, o puede correr hacia el hijo asumiendo esencialmente la vergüenza. Dios, nuestro Padre Celestial, se enfrenta a la misma decisión sobre nuestras vidas. Él podría decirnos: "Tú toma el camino de la vergüenza. Tú haces el gateo bajo religioso". Varias iglesias han adoptado ese enfoque hacia la inmoralidad sexual, pero nunca es la elección de Dios.

En cambio, el padre corrió hacia su hijo tomando la vergüenza sobre sí mismo. Hebreos 12 nos dice cómo nuestro Padre Celestial hizo exactamente lo mismo por nosotros a través del Hijo.

> *Fijemos la mirada en Jesús, el iniciador y perfeccionador de nuestra fe, quien por el gozo que le esperaba, soportó la cruz, menospreciando la vergüenza que ella significaba, y ahora está sentado a la derecha del trono de Dios.*
> HEBREOS 12:2 (NVI)

Dios se hizo hombre y no sólo fue crucificado por tus pecados; fue humillado públicamente, escupido y brutalmente burlado. Alguna vez te has hecho la pregunta: ¿Por qué Jesús tuvo que pasar por tal vergüenza? Quiero decir ¿No podría sólo haber muerto en una cruz para expiar sus pecados?

¿Por qué tuvo que hacer el "paseo de la vergüenza"? La respuesta es asombrosa: ¡para que no tengas que hacerlo!

El perdón se nos da incluso antes de que nos arrepintamos perfectamente. El pródigo está de pie frente a su padre dando su discurso ensayado acerca de estar arrepentido con motivos totalmente mezclados. Pero tan pronto como las palabras salen de su boca, el padre libera la bendición sobre el hijo. Cuando pensamos o sentimos que tenemos que hacer este proceso de arrepentimiento y recuperación perfectamente antes de ser perdonados, seguiremos escondiéndonos y viviendo en la negación.

En algún momento, para que dejes totalmente la negación en tu vida tienes que darte cuenta...

> EL ARREPENTIMIENTO NO ES ALGO QUE HACEMOS PARA GANAR EL PERDÓN.
> POR EL CONTRARIO, ES ALGO QUE HACEMOS CUANDO NOS DAMOS CUENTA DE QUE SOMOS PERDONADOS.

El líder de la iglesia puede gritar: "¡Pero con esa definición de arrepentimiento, los hombres simplemente saldrán a pecar y se dirán a sí mismos que está bien porque Dios los perdonará!" He estado aconsejando a hombres que luchan por más de veinte años y nada podría estar más lejos de la verdad. Una vez que un hombre se encuentra verdaderamente con la gracia de Dios el Padre, siempre termina en un lugar: de bruces en adoración, perdido en la maravilla de la gracia de Dios hacia él.

Un joven se acercó después de mi tiempo de compartir en una conferencia de hombres. Me dijo que me había escuchado compartir el concepto del perdón de Dios antes, pero que no podía entenderlo. Eso fue hasta que algo sucedió en su vida. Estaba en la computadora de su casa haciendo un trabajo para su negocio. De repente, los viejos impulsos volvieron con una intensidad feroz. Había luchado contra una adicción al porno en Internet durante varios años. No pasó mucho tiempo antes de que se encontrara de nuevo en los viejos sitios XXX y buscando otros aún más obscenos. Sabía que aparecería en la lectura de su compañero de responsabilidad, pero no le importaba porque estaba perdido en el subidón neuroquímico del momento. Mientras se encontraba recorriendo el viejo camino de la esclavitud que tan bien conocía, de repente sucedió.

En ese momento, los ojos se le llenaron de lágrimas mientras me contaba la historia. "Dr. Roberts, justo en el momento en que estaba totalmente fuera de control, sentí esos brazos que me rodeaban mientras estaba sentado mirando esas imágenes. Me di cuenta de que era Dios el Padre que me abrazaba incluso cuando estaba cayendo de nuevo en el pecado que odiaba tan profundamente. Ese momento cambió completamente mi vida. Desde entonces estoy limpio. Eso fue hace más de un año y ahora estoy ayudando a otros hombres a liberarse. Todavía hay momentos ocasionales de lucha, pero no tienen el poder mental que solían tener en mi vida".

Nunca he escuchado una ilustración más clara del poder de involucrar el lado derecho de tu cerebro en esta batalla. Ese joven vio y sintió la gracia de Dios. No se trataba de que entendiera la teología del perdón. Se trataba de experimentar el perdón de Dios. No fue una experiencia analítica, sino una experiencia holística.

No tenemos que esperar un encuentro sobrenatural en nuestras vidas para tener ese tipo de experiencia. **Dios Padre nos ha dado la dignidad de elegir. Podemos elegir involucrar el lado derecho de nuestro cerebro en el proceso de sanidad y recuperación ahora mismo.** Mi camino hacia la adicción

 **En el espacio que sigue, haz un dibujo detallado de tu camino hacia la "tierra lejana" que recorrió el pródigo. ¿Cómo fue tu camino hacia la adicción sexual?**

Tómate un tiempo y piensa en lo que ha ocurrido a lo largo de tu viaje. ¿A qué luchas significativas te enfrentaste? Cuando tu adicción estaba fuera de control, ¿cómo te hacía sentir? ¿Cuál fue el momento o los momentos cruciales de tu viaje? Visualízate a ti mismo y cómo navegabas por el camino de la adicción. A continuación, haz dibujos, símbolos o imágenes que representen tu lucha. Utiliza el lado derecho de tu cerebro.

Prepárate para compartirlo con tu grupo. Asegúrate de escuchar las historias de los otros hombres de tu grupo. Cuando el proceso de la adicción se expresa gráficamente, se pueden abrir puertas de comprensión totalmente nuevas.

Ahora veamos el **camino de la recuperación**. En el espacio que sigue describe el camino que estás recorriendo actualmente: los desafíos que enfrentas, los amigos que te acompañan y las alegrías que tienes por delante. Puede que haya un poco del hermano mayor en ti que ha mirado por encima del hombro a la gente que lucha contra la conducta adictiva.

 ¿Cómo ha cambiado el panorama una vez que te has enfrentado a la negación en tu interior?

Prepárate para compartir tus dos dibujos con el grupo.

ASIGNACIONES ANTES DE LA REUNIÓN

1. Lee el capítulo 3 de *Deseo Puro*.

¿NECESITO CONSEJERÍA?

Al trabajar estrechamente con grupos de Deseo Puro en todo el país y en todo el mundo, nos damos cuenta de que aproximadamente el 20-30% de los miembros del grupo se beneficiarían de una atención y una asistencia clínica específica.

A la luz de esto, Deseo Puro tiene un equipo de consejeros especializados, entrenados y certificados en adicción sexual y trauma por traición.* Nuestro personal de consejería está equipado de manera única para asistir a individuos que necesitan ayuda más allá de la capacidad del grupo.

Ten en cuenta las siguientes pautas para ayudar a determinar cuándo puede ser apropiado recomendar el consejería personal a un miembro del grupo:

- Cuando el individuo (hombre o mujer) continúa recayendo durante un período de tiempo (5-8 veces en un período de 10 semanas) a pesar de sus mejores esfuerzos.
- Cuando sus puntuaciones del PTSI (Índice de Estrés Postraumático) revelan un abuso/trauma grave.
- Cuando la puntuación del SAST (Prueba de detección de adicciones sexuales) del individuo es de 15 o más.
- Cuando el individuo presenta síntomas de depresión mayor o trastorno de ansiedad (ataques de pánico, miedo constante, agorafobia, etc.).
- Cuando hay múltiples adicciones (alcohol, drogas, juego, alimentación, etc.).
- Si una persona está tan traumatizada que tiene depresión grave, trastorno de ansiedad o síntomas de PTSD y no puede controlar sus estados de ánimo o sentimientos.
- Si el individuo interrumpe constantemente el grupo y no completa los deberes de forma sistemática, se le debe animar a que se tome un tiempo fuera del grupo y/o busque consejería clínico.

Uno de estos criterios por sí solo no debería desencadenar automáticamente una referencia, pero sí debería suscitar preocupación. Por encima de todo, hay que tratar a cada persona del grupo con amabilidad, y a veces lo mejor es animarles a buscar ayuda de un profesional.[16]

---

[16] El equipo de consejería de Deseo Puro está certificado por el Instituto Internacional de Profesionales del Trauma y la Adicción (IITAP) Son Terapeutas Certificados en Adicción al sexo (CSATs) o Profesionales en Adicción al sexo (PSAPs).

Las sesiones de consejería de Deseo Puro se pueden llevar a cabo a través de video online en Zoom. Todo lo que necesitas es un dispositivo que se conecte a Internet (tableta, portátil u ordenador) con un micrófono y una cámara web. Puedes estar en cualquier parte del mundo y recibir consejería de Deseo Puro!

COMPROMISO DEL PRIMER PILAR

El objetivo en este viaje de Restauración no es simplemente recorrer un libro, sino que la transformación tenga lugar en nuestras vidas. Al final de cada uno de los Siete Pilares se te retará a que firmes el hecho de que no sólo has completado fielmente los ejercicios, sino que te comprometes a integrar estas verdades en tu vida.

Y como vivimos nuestra vida en comunidad, dos personas tendrán que firmar el hecho de que este proceso se está llevando a cabo. Nos hirieron en la relación, por lo general, en una etapa anterior de la vida, y nos sanamos en la relación. Es imposible eliminar la negación de nuestras vidas sin la ayuda de otros. Los dos testigos que firman el **Compromiso del Pilar de libertad uno** están afirmando el hecho de tu progreso hacia la salud y la integridad. **Nota:** *No le pidas a tu esposa que firme como uno de los testigos de afirmación.*

He completado, en la medida de mis posibilidades, todos los ejercicios que se encuentran en el Primer Pilar. Por la gracia de Dios, haré todo lo que pueda para vivir estas verdades en mi vida diariamente. ¡La negación se ha detenido en mi vida!

Mi nombre _____

Firma _____ Fecha _____

TESTIGOS AFIRMANTES

Afirmo el hecho de que _____ ha crecido en integridad y honestidad en su vida por la gracia de Dios. La negación ya no forma parte de su vida.

Nombre _____

Firma _____ Fecha _____

Nombre _____

Firma _____ Fecha _____

COMPRENDER LA NATURALEZA DE LA ADICCION SEXUAL

LECCIÓN UNO

ESPERANZA EN MEDIO DE LA DESESPERANZA

Por Harry Flanagan

 Mira la Introducción al Pilar Dos y los Videos del Pilar Dos: Lección Uno.

¿Cuántas veces te has dicho a ti mismo con respecto a tu comportamiento adictivo? "Esta es la última vez, nunca lo volveré a hacer". Sé honesto: todos los que luchamos contra la adicción sexual hemos hecho esta promesa sólo para romperla una y otra vez. Entendemos el deseo del comportamiento adictivo, pero no entendemos los procesos internos de la adicción. Pero el apóstol Pablo entendía el tormento:

> *No entiendo lo que me pasa,*
> *pues no hago lo que quiero, sino lo que aborrezco.*
> ROMANOS 7:15 (NVI)

Sí, Pablo habla del problema. La adicción sexual te perjudicará a ti y a toda persona que esté significativamente conectada a ti. Tú y yo queremos hacer lo que es correcto; amamos a Dios y queremos amar a los que nos rodean, especialmente a los más cercanos. Pero al final nos encontramos haciendo la misma cosa que sabemos que dañará a todos los que nos aman. Esta es mi historia.

Herí a todas las personas que me amaban y/o confiaban en mí. Viví la vida del hipócrita. El daño de mi adicción fue nada menos que horrible. Herí a todos los miembros de la iglesia que pastoreaba, a mi esposa e hijos, a mis amigos y compañeros de pastoral, a mi familia de origen. Y lo peor de todo es que intenté durante una década dejar la adicción, todo en vano porque intenté dejarla en mis términos. Estaba al límite de mis fuerzas y no tenía ninguna esperanza de liberarme. Estaba atrapado en la adicción y llevaba una vida secreta (muy parecida a la del príncipe de la parábola del dragón en el capítulo 2 que comienza en la página 29 de la tercera edición /2014 de *Deseo Puro* de Ted Roberts).

Tuve tres aventuras de larga duración con mujeres de la iglesia, y también leía ocasionalmente novelas pornográficas y miraba revistas pornográficas; tenía una vida de fantasía activa. Sin embargo, seguía amando a Dios. Estaba muy confundido. ¿Cómo podía amar verdaderamente a Dios y estar involucrado en un comportamiento tan horrible? Temía, por encima de todo, a ser expuesto. Así que guardé el secreto. El control se convirtió en mi tabla de salvación. "Si pudiera mantener el secreto, tal vez podría resolver esto por mi cuenta", pensé.

Esto se prolongó durante años, y la verdad, que es tan obvia ahora, era que estaba perdiendo a mi familia por la muerte lenta de la intimidad en mi matrimonio y con mis hijos. No tenía amigos con los que compartir mis secretos. Me sentía condenado. Temía que un día el secreto saliera a la luz. El miedo y el temor se convirtieron en los motores emocionales de mi vida. Hacía más por existir que por vivir, y sin embargo me ponía la máscara de ser el cariñoso y atento pastor principal en el trabajo, y un esposo y padre cariñoso. Qué vergüenza, y qué vida tan vergonzosa que hería a las personas que amaba.

Estaba solo. Sentía que Dios estaba a un millón de kilómetros de distancia. No me había hecho la pregunta crítica: "¿Quién se ha movido?". Pensaba que Dios, en el mejor de los casos, me toleraba y en el peor, me odiaba. Estaba atascado y temía el contacto con todo el mundo. No quería contestar al teléfono, ni siquiera a la puerta. Me convertí en un adicto al sofá y en un miembro emocionalmente ausente de la familia. La vida se convirtió en una pesadez. La verdad era que no confiaba en Dios, así que era yo quien había creado esta isla de aislamiento y me había alejado de Dios y de los seres queridos. Pensé que podría tener un ataque de nervios o volverme loco; no sabía cuánto tiempo más podría seguir. Algo tenía que ceder y lo hizo.

La fecha está grabada en mi mente: El lunes 20 de septiembre de 1993. Fue un día muy doloroso, pero fue el día que me inició en el camino de la libertad, el camino que me traería mi libertad. Era el día en que mi hijo se iba a la universidad. A última hora de la mañana, escuchó una conversación con una de las mujeres y se dio cuenta de que yo había tenido una aventura. Poco después se fue al colegio, pero se pasó por el negocio donde trabajaba mi mujer y le contó fielmente lo que había escuchado. Mi mujer se enfadó y se sintió humillada con razón. Pronto se divorció de mí, vendió nuestra casa y ella y los niños se mudaron a una comunidad en la que se sentía segura.

Llamé por teléfono a mis padres les confesé y pregunté si eventualmente podría volver a vivir con ellos. Tenía 43 años. Qué humillante era estar tan necesitado como para tener que volver a vivir con papá y mamá. La autocompasión, la vergüenza y el abatimiento describían con precisión mi estado de ánimo.

Durante una llamada telefónica que cambió mi vida con mi amigo y mentor, Morris, que también era pastor, confesé mi pecado y básicamente sólo lloré. Pero Morris tenía algunas cosas sorprendentes que decirme. En primer lugar, me dijo: "Harry, estás en un lugar infernal ahora mismo, pero no has estado en un lugar tan bueno en mucho tiempo". Me dijo que tres días antes (17 de septiembre de 1993) estaba en oración de intercesión por una lista de personas, y yo estaba en esa lista; cuando llegó a mi nombre y empezó a orar por mí, Dios interrumpió sus oraciones. Dios le dijo que yo estaba atrapado en el pecado, que no podía encontrar la salida y que ya no podía manejarlo. Dios también dijo: "Voy a desenmascararlo y cuando lo haga, te llamará". Morris se quedó junto a un teléfono durante tres días, hasta la noche del 20 de septiembre, esperando mi llamada. Hablemos de un amigo leal.

Me llevó varios días asimilar esa llamada telefónica. De hecho, cuanto más pensaba en ello, empecé a darme cuenta de que Dios, por alguna razón, estaba trabajando en mi Restauración incluso **antes** que yo. ¡Todavía tenía algún tipo de amor o valor para mí! ¡Qué sorpresa! Fue mi primer rayo de esperanza. Había una posibilidad de sobrevivir a esto. Me he aferrado a esa llamada telefónica con Morris a lo largo de mi viaje por el camino de sanidad que Dios me ha dado. He aprendido a confiar en su amor por mí. Citando a uno de mis jóvenes amigos GIGATT (traducido significa: **D**ios es **B**ueno **T**odo el **T**iempo).

Dios ya está trabajando en tu Restauración; lo sé porque si no, no estarías leyendo esto. Puede que no seas consciente de ello, pero es la verdad y por lo tanto hay esperanza. Él promete que no descansará hasta que haya terminado lo que comenzó en nosotros. En nuestra vergüenza y dolor nos engañamos a nosotros mismos. Decimos mentiras de comisión y también hemos dicho mentiras de omisión, todo para proteger el estilo de vida adictivo secreto, pero Dios está en el negocio de la Restauración. ¡Su deseo es que seas liberado!

> *Estoy convencido de esto: el que comenzó tan buena obra en ustedes la irá perfeccionando hasta el día de Cristo Jesús.*
> FILIPENSES 1:6 (NVI)

Es hora de dejar a un lado tus mentiras y engaños y comenzar a contar la verdadera historia de quién eres; comenzar el proceso de descubrir cómo todo esto llegó a pasar en tu vida. Sólo recuerda: Él está de tu lado y quiere asociarse contigo en tu sanidad. Pero eso no puede ocurrir plenamente hasta que seas dueño de tu **verdadera** historia.

 Tu primera tarea en esta lección es hacer una lista sencilla, pero completa, de elementos significativos de tu vida secreta.

He aquí algunos ejemplos de mi vida:
- Me hice adicto a las novelas pornográficas a los 9 años.
- También he mirado cientos de fotos pornográficas.
- Tuve una aventura con _____ que duró tres años.

Enumera los elementos significativos de tu vida adictiva.

 **Escribe un primer borrador de tu historia adictiva, incluyendo los elementos significativos de tu vida adictiva que se han enumerado anteriormente.**

+ *Nota: A medida que vayas ganando en salud, tu historia testimonial irá creciendo en detalles y en conocimiento de ti mismo, pero esta tarea es un buen punto de partida.*

_____
_____
_____
_____
_____
_____
_____
_____
_____
_____
_____
_____
_____
_____
_____
_____
_____
_____
_____
_____

ASIGNACIONES ANTES DE LA REUNIÓN

Lee el capítulo 4 de Deseo Puro.

LECCIÓN DOS

SECRETO
Por Harry Flanagan

 Ve el video del Segundo Pilar: Lección Dos.

En el Pilar Dos: Lección Uno, comenzamos el proceso de abrirnos y contar nuestras historias. Esto es muy importante porque todos los adictos tienden a guardar secretos. Cuando buscamos proteger los secretos establecemos un patrón de vida. ¿El resultado? Proteger esos secretos se convierte en un señor para nosotros. (Ver el capítulo 6 de Deseo Ser Puro titulado "Cuando el sexo se convierte en un señorío") Uno de los vínculos más fuertes e insanos que resulta de este "señorío" se crea a través de la protección del secreto.

La mentira que nos creemos es que tenemos la capacidad de guardar el secreto. Pensamos algo así como: "Nadie lo sabrá nunca". Puede que lancemos una oración como: "Nunca volveré a hacer esto, Señor, por favor no dejes que me descubran". ¿Te suena esto? Seguro que sí, de mi pasado. Pero las cartas de amor de Dios hablan claramente sobre este asunto.

> *Así que todo lo que ustedes han dicho en la oscuridad se dará a conocer a plena luz y lo que han susurrado a puerta cerrada se proclamará desde las azoteas.*
> LUCAS 12:3 (NVI)

> *No tengan nada que ver con las obras infructuosas de la oscuridad, sino más bien denúncienlas, porque da vergüenza aun mencionar lo que los desobedientes hacen en secreto. Pero todo lo que la luz pone al descubierto se hace visible*
> EFESIOS 5:11-13 (NVI)

> *Por lo tanto, no juzguen nada antes de tiempo; esperen hasta que venga el Señor. Él sacará a la luz lo que está oculto en la oscuridad y pondrá al descubierto las intenciones de cada corazón. Entonces cada uno recibirá de Dios la alabanza que le corresponda.*
> 1 CORINTIOS 4:5 (NVI)

Sí, nos engañamos a nosotros mismos si creemos que nuestros secretos no van a ser expuestos a las mismas personas de las que intentamos ocultarlos. Eres tú contra la Mano de Dios, y tengo la sospecha de que no tienes ninguna posibilidad.

Lo sé por mi propia experiencia descrita en el Pilar Dos: Lección Uno. Mantuve el secreto de mi adicción desde que era un niño hasta que se expuso mi vida secreta, especialmente los últimos 10 años cuando tuve las aventuras. La miseria de mantener el secreto superó con creces el supuesto beneficio de mantenerlo. Mi vida, y la tuya, se vuelve tortuosa y debilitante. La vida pierde su propósito y nos sentimos atascados. ¿Has pasado por eso? Para muchos de ustedes esta ha sido su vida durante mucho tiempo.

Me pregunto sobre el rey David cuando pecó tan vilmente con Urías y Betsabé. Ciertamente estaba tratando de mantener sus secretos, no queriendo que la gente supiera que arregló el asesinato de Urías y que había tenido relaciones sexuales con la esposa de Urías. Tal vez David pensó que, por ser rey, podía salirse con la suya. Pero, ¿cuánto temía la exposición? Independientemente de lo que ocurriera internamente, su día de ajuste de cuentas llegó cuando el profeta Natán lo confrontó con un "¡Tú eres el hombre!" (2 Samuel 12:1-9). Natán lo hizo delante de la corte real del rey David. No fue una intervención privada, sino muy pública. Qué momento tan humillante y doloroso para el rey David.

Puedo identificarme con David. Sé lo que se siente; apuesto a que tú tuviste una experiencia similar cuando fuiste expuesto. Ya sabes, esa sensación en lo más profundo de tus entrañas cuando el miedo a las consecuencias se apodera de ti. Es una sensación que no quieres volver a tener. Es ese miedo y esa vergüenza lo que te lleva a hacer la promesa a tu familia, a tus amigos y quizá a tu jefe: "No volveré a hacer esto". Pero sabes la verdad: a menos que algo cambie, va a volver a suceder.

Así que aquí estás, en el lugar al que te prometiste que nunca volverías, pero aquí estás. ¿Qué puedes hacer? ¿Cómo puedes superar esta maraña en la que te sientes atrapado? Si guardar el secreto no funciona, ¿qué puede funcionar?

La sanidad comienza por comprender la naturaleza de la adicción. En su esencia, la adicción sexual es un comportamiento de autocontrol. En otras palabras, cuando sientes estrés, ansiedad, miedo o dolor, recurres a tu adicción para afrontarlo. Como aprendiste en la Introducción, los neurotransmisores del cerebro son muy poderosos. Por ejemplo, cuando el neurotransmisor dopamina se libera durante la excitación, actúa como un euforizante y disminuye temporalmente el dolor, el estrés, la ansiedad y el miedo. A través de la dopamina te concentras en la experiencia adictiva y los pensamientos y sentimientos no deseados se apartan de tu mente durante un breve periodo de tiempo. Durante ese tiempo te sientes mejor, pero tú y yo sabemos que después tienes que seguir enfrentándote al problema, y a los miedos y sentimientos que están asociados a ellos. Por lo tanto, a corto plazo funciona, pero a largo plazo su adicción no funciona; de hecho, complica todo el asunto, empeorando todo.

"Vale, entiendo lo que dices, Harry, pero ¿qué es lo que funciona?"

La respuesta es muy básica en concepto, pero mucho más difícil de llevar a cabo. En lugar de evitar tus problemas, tendrás que aprender a enfrentarlos, pero no solo. Debes permitir que quienes te quieren y se preocupan por ti estén a tu lado. Algunos amigos y compañeros te ofrecerán apoyo emocional; otros se convertirán en mentores o maestros. Estos mentores son personas que ya han recorrido este camino; tienen conocimientos y experiencia para enseñarte y guiarte. La esperanza que te dan te resultará muy alentadora.

El Dr. Ted ha declarado, **"Nos hacen daño en las relaciones y el único lugar para sanar es en el contexto de las relaciones"**. Dentro de tu grupo de Deseo Puro puedes encontrar amigos que te apoyen, te animen y te sirvan de mentores mientras caminas por los Pilares de Libertad. Tu sanidad sucederá con el tiempo mientras te comprometes con el camino que te llevará hacia la integridad, la honestidad y la pureza sexual.

 Escribe las respuestas a las cuatro preguntas; prepárate para el debate con tu grupo:

1. Enumera los amigos y compañeros que te han aportado esperanza y ánimo recientemente o en el pasado. Si la familia te lo ha proporcionado, no olvides incluirlos. Junto a cada nombre, escribe una breve descripción de cómo te ha apoyado esa persona.

2. ¿Quiénes son las personas que han sido los mentores o maestros más influyentes en tu vida? Describe brevemente cómo ha influido cada uno en tu vida.

3. ¿Cuáles de estos amigos, compañeros, mentores y profesores están actualmente disponibles para ti? Por favor, enuméralos.

4. Al desarrollar tu plan de prevención de recaídas, ¿cómo puedes involucrar a estas personas en el proceso de sanidad y como compañeros de responsabilidad?

ASIGNACIONES ANTES DE LA REUNIÓN

Lee el capítulo 5 de Deseo Puro.

LECCIÓN TRES

AISLAMIENTO

Por Harry Flanagan

 Ve el video del Segundo Pilar: Lección Tres.

¡Esta lección es enorme! Si no se sale del aislamiento, no hay casi ninguna posibilidad de sanarse. Personalmente pongo las probabilidades en 1 en 100 billones. Sé que es solo una suposicion educada, pero después de estar en este ministerio por un número de años y trabajar con hombres a través de los Estados Unidos, todavía no he visto a nadie en aislamiento recibir sanidad.

El aislamiento es el primer signo conductual de una personalidad adictiva y tiene un lugar fundamental en la protección del secreto. El aislamiento tiene muchas formas, pero todas tienen algo en común: **Todas las formas de aislamiento de la personalidad adictiva están presentes para proteger el comportamiento secreto y la vida mental del pensamiento de ser descubierto.** De hecho, la mayoría de los adictos se sienten muy cómodos en el aislamiento y piensan que es normal. Se trata de sentirse seguro.

El aislamiento crea una falsa sensación de seguridad. Cada adicto quiere evitar la vergüenza y la humillación de que su adicción quede al descubierto. Al principio, el dolor de la exposición parece ser mayor que el dolor de vivir una mentira.

Otros dos patrones de comportamiento, la pasividad y la procrastinación, están fuertemente relacionados con la personalidad adictiva. Mencionaré los tres y luego los relacionaré:

+ **Aislamiento:** cualquiera que proteja un secreto (pensamiento, sentimiento o comportamiento) de las personas significativas en su vida está aislado. No puede existir una verdadera responsabilidad cuando alguien se aísla. **Mentirás por comisión u omisión. El aislamiento consiste en evitar la exposición.**

+ **Pasividad** (a veces pasivo-agresivo, que es una forma de ira). La pasividad ayuda a la personalidad adictiva a evitar e incluso a abdicar de sus responsabilidades. Por lo general, están cansados de fracasar, así que le pasan la pelota a otra persona. Entonces, si algo va mal, pueden señalar a otro con el dedo. La pasividad les permite evitar el conflicto que puede dar lugar a la exposición de la adicción.

- **Procrastinación** consiste en *evitar* tareas o proyectos dolorosos o no deseados. Las personas que procrastinan normalmente se inclinan por comportamientos que les proporcionen alguna gratificación positiva e inmediata. La personalidad adictiva desea una gratificación inmediata y, por lo tanto, evitará los comportamientos que puedan provocar dolor o incluso malestar cotidiano.

Estas tres características tienen que ver con la evitación. **El aislamiento consiste en evitar la intimidad relacional.** Si alguien se acerca demasiado, el adicto teme exponerse. **La intimidad y el aislamiento no pueden coexistir.** Bíblicamente estamos llamados a la intimidad, a conocer y ser conocidos. La pasividad consiste en evitar las responsabilidades. La procrastinación consiste en evitar tareas y proyectos dolorosos o no deseados. El punto importante aquí es que el motivo principal de la personalidad adictiva es evitar cualquier forma de dolor como la ansiedad, el miedo, el estrés o el dolor físico y/o emocional.

Nuestra meta con los grupos de Deseo Puro no es sólo que alguien simplemente deje de tener comportamientos pecaminosos y pobres, sino también que cada persona tenga una intimidad saludable con su ser querido significativo y una verdadera intimidad con Dios. Las opciones de comportamiento saludable y la intimidad van de la mano.

Después de las grandes parábolas que Jesús contó en Mateo 25, habla de que la gente le tendió la mano para alimentarlo cuando tenía hambre, vestirlo cuando estaba desnudo, visitarlo cuando estaba en la cárcel, etc. La respuesta de la gente fue algo así como: "¿Cuándo hemos hecho estas cosas por ti, porque no nos acordamos de esto?". Cuando hablaba de la gente que no le tendía la mano, sus comentarios se salían de lo común y eran incómodos. Dijo: *Él responderá: "Les aseguro que todo lo que no hicieron por el más pequeño de mis hermanos, tampoco lo hicieron por mí"* (Mateo 25:45 NVI).

No puedes aislarte de la gente sin aislarte de Dios. ¿Puedes admitir que hay esos momentos dolorosos o vacíos en los que sientes la falta de la presencia de Dios? Puedes sentir que Él está muy lejos. No te das cuenta de que en medio de tu aislamiento estás tratando de mantener la distancia con Dios.

Las personas se aíslan de dos maneras importantes: interna y externamente. Ambas juegan un papel importante en el aislamiento adictivo. El aislamiento interno es casi invisible, por lo que comenzaremos examinando el aislamiento interno antes de ver el aislamiento externo (conductual).

Aislamiento interno se basa en una falta de autoconciencia: áreas de nuestra vida mental y emocional que no hemos querido examinar. El dolor emocional será el resultado si traemos esas áreas a nuestro proceso de pensamiento consciente; por lo tanto, "rellenamos" recuerdos o circunstancias no deseadas para evitar enfrentarnos a la realidad desagradable.

Permítanme darles un ejemplo de aislamiento interno. Era el 29 de septiembre de

1998. Mi padre acababa de celebrar su ochenta y cuatro cumpleaños y se estaba muriendo. Todo el mundo lo sabía, incluido mi padre. Él seguía con su rutina diaria. Cuando los amigos y la familia venían, se "despedían". Mi padre conoció a Jesús y estoy muy orgulloso de la forma en que atravesó los últimos momentos de esta vida. Aunque yo era su cuidador, me aparté y me limité a observar estas últimas y tiernas interacciones. Mi hermana acababa de llegar de la costa este y estaba desconsolada. Le di todo el tiempo posible con papá, ya que era su héroe. Pero había algo en mi interior que no capté hasta más tarde. Estaba reprimiendo mi propia pena y dolor por la inminente muerte de mi padre. Me encontré casi desvinculado de los acontecimientos que estaban ocurriendo, pero me dije a mí mismo que ya había pasado mucho tiempo con papá, y que ahora era el momento de que otros tuvieran sus momentos con él.

En la última noche de papá en la Tierra, mi hermana estaba en su habitación y pensé que le estaba dando espacio para estar con él. En medio de la noche, papá gritó: "¿Dónde está Harry?" y yo lo escuché. Entré para lo que resultó ser mi última conversación con mi padre. Le aseguré que estaba cerca y que estaba dando a Deb (mi hermana) y a los chicos la oportunidad de despedirse. Le dije que estaba aquí y que seguiría estando cerca. Físicamente era cierto, pero emocionalmente estaba apagado; simplemente no estaba allí. Empujé desesperadamente hacia abajo la pena y el dolor que trataban de expresar mi realidad emocional. Papá se durmió y yo me fui a la cama agradecido, no para descansar, sino con la esperanza de dormir para no tener que enfrentarme a esta dolorosa realidad. Papá nunca despertó; la madrugada del 30 de septiembre pasó a la eternidad con Cristo. Me mantuve ocupado cuidando de los arreglos y de los invitados que vinieron, pero de lo único que no me ocupé fue de mí. Me ocupé de mi cuerpo, pero ignoré la batalla que se libraba en mi interior. El dolor trataba de expresarse y yo intentaba mantenerlo alejado.

Pasaron varios meses antes de que reconociera emocionalmente mi dolor, y mientras escribo esto, hoy afloran las emociones que querían expresarse el 29 y 30 de septiembre de 1998. La diferencia hoy es que he aprendido a permitirme sentir el dolor y la pena. Es tan real como si volviera a vivir los últimos días de mi padre. Ahora, tengo la oportunidad de procesar esas emociones y no tengo miedo de enfrentarme a la muerte de un ser querido. En Cristo soy lo suficientemente fuerte como para mirar la muerte de un ser querido a la cara y no tratar de evitarla emocionalmente.

Con el aislamiento externo, encuentras formas de separarte de los demás. Esta separación puede adoptar muchas formas. Algunas personas se alejan literalmente. Mi hermana y mi madre se enfrentaron durante toda la juventud de mi hermana. Cuando mi hermana se mudó a Los Ángeles a los veinte años, descubrió que mil millas no eran suficientes, porque seguían discutiendo. ¿Cuál fue la respuesta de mi hermana? Se mudó a Nueva York y se alejó más de mamá; por arte de magia, mi hermana y mi madre tenían una relación casi sin conflictos (¡excepto cuando se visitaban!). Para mi hermana, el hecho de mudarse 3000 millas logró su Metas de aislamiento.

Para otros será diferente. Para algunos tomará la forma de trabajos que los alejan de los demás; algunos ejemplos serían los camioneros a campo traviesa, los vendedores ambulantes, los adictos al trabajo y las personas que trabajan en turnos de horas impares que los alejan de las relaciones profundas. Para otros puede ser vegetar frente a la televisión o la computadora. Seamos sinceros, muchos de nosotros nos hemos encontrado jugando a algún juego en la computadora y perdemos la noción del tiempo -¡a veces horas! En esos momentos nos aislamos.

¿Pero sabes cuál es la forma más eficaz de aislarse? Ser una persona enfadada. Todavía no he conocido a nadie a quien le guste salir con alguien enfadado o rabioso. La ira aleja a la gente y, por tanto, permite que la persona se aísle. La gente mantiene la distancia, caminando sobre cáscaras de huevo para evitar el conflicto. Sí, la ira es una gran opción para quienes desean aislarse.

En última instancia, el aislamiento nos aleja de Dios y de las personas importantes que Dios ha puesto en nuestras vidas. En el aislamiento, pasamos de vivir a una forma de mera existencia en la que nos limitamos a cumplir con los movimientos de la vida.

Mi amigo Michael Dye, creador del *Proceso de Génesis* (una de nuestras piezas curriculares), lo expresa de la siguiente manera: **"Lo correcto suele ser lo más difícil de hacer"**[17]. Para aquellos de nosotros que tenemos personalidades adictivas, romper el aislamiento, volvernos vulnerables a nuestros propios sentimientos, y vulnerables a las personas que Dios ha puesto amorosamente en nuestras vidas, es lo difícil, pero lo correcto.

> *Maestro, ¿cuál es el mandamiento más importante de la Ley? "Ama al Señor tu Dios con todo tu corazón, con toda tu alma y con toda tu mente"—respondió Jesús—. Este es el primero y el más importante de los mandamientos. El segundo se parece a este: "Ama a tu prójimo como a ti mismo". De estos dos mandamientos dependen toda la Ley y los Profetas.*
>
> MATEO 22:36-40 (NVI)

---

[17] Michael Dye and Patricia Fancher, El proceso de Génesis: A Relapse Prevention Workbook for Addictive/Compulsive Behaviors, (Auburn: Michael Dye, 2007), 160.

Escribe las respuestas a las preguntas y prepárate para el debate con tu grupo:

1. Enumera las formas en que te aíslas emocionalmente (aislamiento interno) de los sentimientos y pensamientos que no quieres afrontar.

2. Escribe un relato detallado de una de las veces que te has aislado de tus pensamientos y sentimientos no deseados.

3. Haz una lista de las formas en que te distancias físicamente (aislamiento externo) de la gente.

4. Ahora escribe un relato detallado de una de las veces que te has aislado físicamente de la gente.

5. ¿Cuál crees que es la consecuencia para ti cuando te aíslas?

6. ¿Cuál crees que es la consecuencia para los que te quieren y se preocupan por ti cuando te aíslas?

ASIGNACIONES ANTES DE LA REUNIÓN

Lee el capítulo 6 de *Deseo Puro*

LECCIÓN CUATRO

VERGÜENZA

Por Harry Flanagan

 Ve el Video del Segundo Pilar: Lección Cuatro.

> *Y Señor he llegado a conocer la debilidad que veo en mí*
>
> *será despojado por el poder de tu amor.*
>
> "EL PODER DE TU AMOR" DE HILLSONG

La canción *Power of Your Love* (El poder de tu amor) se convirtió en mi himno mientras caminaba a través de mi sanidad; fue un verdadero punto de ánimo cuando estaba luchando. Sorprendentemente, descubrí que no podía ganar mi batalla contra la adicción sexual, si no ganaba mi batalla contra la vergüenza.

Mi primer año en la Iglesia de East Hill en Gresham, Oregón, no fue tan bueno. Todavía estaba muy atascado en mi adicción y mis luchas, pero persistí en asistir a mi grupo pequeño de Deseo Puro. Durante una reunión, nuestro líder y mi consejero, Scot, trajo un capítulo del libro *Cansado de Intentar estar a la Altura*, de Jeff Van Vonderen.[18]

Por primera vez, sentí que alguien había estado en mi cabeza; ¡todo el capítulo estaba en la vergüenza y me describía a mí! Por fin las cosas encajaron. Llevaba casi toda mi vida dejándome llevar por la vergüenza y ni siquiera me había dado cuenta. Aquella noche surgió en mí una oleada de interés y franca excitación. Fue un momento orquestado por Dios, el punto de inflexión en mi sanidad. Sé que fue algo de Dios porque un año después volví a leer ese capítulo; estaba bien, pero no tenía la conexión o el poder que había experimentado antes.

Leí varios libros sobre el tema de la vergüenza y tomé una clase de posgrado sobre la vergüenza en un seminario local. Me convertí en una esponja sobre el tema. Por

---

[18] Jeff Van Vonderen, Cansado de intentar estar a la altura (Minneapolis: Bethany House Publishers, 1989).

fin pude empezar a despojarme de la cadena de vergüenza que tanto me había enredado y atrapado. Me sentí como un hombre nuevo.

Después de escribir un plan de estudios para una clase sobre la vergüenza, se lo di al pastor Scot, quien hizo algo muy sabio: se sentó sobre él. En realidad, aunque nunca lo ha tenido, ¡creo que lo utilizó como una ofrenda quemada! Estaba progresando, pero todavía necesitaba centrarme en mi sanidad en curso y no en dar clases. Fue otro momento de gracia extendida hacia mí, aunque no lo supiera en ese momento.

Que Scot eligiera sentarse sobre mi material fue un regalo increíble. Verás, la vergüenza que me había acompañado desde que era un niño pequeño me llevó a la conclusión de que no amaba ni valoraba lo que era. Me habían enseñado inadvertidamente que era inadecuado, y que si iba a tener valor, éste se basaría en lo que hiciera y no en lo que era. El hecho de que escribiera el plan de estudios, era otra forma de obtener valor basado en el rendimiento. (Hablaremos de esto un poco más adelante en la lección.) Al Scot no actuar sobre mi propuesta de plan de estudios, tuve que poner mi energía en mi sanidad y crecimiento continuos, en lugar de ganar validación en la iglesia a través de la enseñanza de una clase.

Un día, estaba leyendo el relato de Génesis 3 sobre la caída del hombre. Vi algo que me impactó. Pensé que la primera respuesta de Adán y Eva, cuando Dios se presentó en el jardín el día que habían comido el fruto prohibido, fue esconderse. Creo que la mayoría de la gente tiene esa percepción. Cuando viajo por el país, a menudo me hago esa pregunta mientras enseño. Sin excepción, lo que escucho de las congregaciones es: "Se escondieron". Suena bien, pero no es lo que Adán dijo mientras hablaba con Dios.

> *El hombre contestó:*
> *Escuché que andabas por el jardín y tuve miedo porque estoy desnudo. Por eso me escondí.*
> GÉNESIS 3:10 (NVI)

Antes de esconderse, Adán sintió miedo. Su primera respuesta fue el miedo. Algunas traducciones utilizan "avergonzado" en lugar de "miedo". Cualquiera de las dos traducciones es correcta, ya que la palabra en el idioma original significa el miedo a ser expuesto, que es también la definición clínica de vergüenza. Clínicamente, la vergüenza significa estar expuesto y sentirse disminuido por esa exposición. Adán se escondió porque no quería sentirse disminuido y expuesto en presencia de Dios.

Por primera vez, vi "eso" mientras meditaba en Génesis 3. Era un patrón que no me resultaba familiar, pero que me miraba a la cara. Tenía mucho sentido.

El pecado, que no ha sido tratado, conduce a la vergüenza que nos lleva al secreto (a esconderse). La consecuencia de esta secuencia, es que el secreto siempre crea

aislamiento y el aislamiento siempre lleva a la separación. Creo que este es el patrón universal del pecado. La vergüenza es el pegamento que mantiene este patrón. La vergüenza te aleja de la resolución de tus elecciones pecaminosas y de las personas que Dios ha puesto en tu vida para ayudarte.

CICLO DE LA VERGÜENZA

CULPA/VERGÜENZA → SECRETO → AISLAMIENTO → SEPARACIÓN → PECADO → CULPA/VERGÜENZA

Seamos sinceros: todos nos hemos escondido alguna vez. La ocultación adopta muchas formas. Puede que ocultes tu realidad actual llevando una máscara que te permita tapar tus sentimientos. Esconderte puede significar para ti separarte físicamente de las personas que podrían descubrir tu verdad. La ira también te permite alejar a la gente. Estos son sólo algunos ejemplos de cómo podría ser el ocultarse.

El pecado ligado al poder de la vergüenza es tóxico. Estás envenenando el precioso regalo de la vida y las relaciones que Dios te ha dado tan gentilmente. ¿Por qué alguien haría esto? ¿Qué hay debajo de la vergüenza? Antes hice referencia a ello. ¿De dónde viene tu validación?

Dentro de tu humanidad crees que el valor debe ser ganado. Piensas: "Mi valor está determinado por mi rendimiento". Al vincular el rendimiento con el valor es donde cometemos nuestro error.

La Biblia sí enseña el rendimiento. En Juan 8, Jesús le dice a la mujer adúltera que se vaya y "no peque más". Más adelante en Juan, Jesús afirma que si lo amamos debemos guardar sus mandamientos. También enseña que tenemos valor. Juan 3:16

nos dice que somos tan amados que el Padre Dios dio la vida de su Hijo para que pudiéramos vivir. Así de valiosos somos para Dios.

Pero aquí es donde viene la diferencia: **Dios nunca relaciona el rendimiento con el valor.** Nuestro valor está determinado por lo que somos -hijos del Dios vivo- no por lo bien que actuamos. Él puede odiar algunos de nuestros comportamientos, pero no nos odia. Pensamos que, porque hay consecuencias por nuestro comportamiento, nuestro valor para Él ha disminuido. No es cierto.

> *...observé a gente que seguía las reglas y no veía a Dios, y a gente que rompieron las reglas y no vieron a Dios. Sin embargo, lo que me preocupa es ese grupo de personas que todavía creen que no vieron a Dios porque rompieron las reglas.*
>
> PHILLIP YANCEY [19]

No tenemos que sentir vergüenza porque seamos tentados. Hebreos 4:15 nos enseña que Jesús también fue tentado. La tentación en sí no es el problema; es nuestra reacción y respuesta a la tentación lo que puede convertirse en el problema.

VALOR POR RENDIMIENTO

La gente utiliza seis formas principales para establecer el valor basado en el rendimiento. Cada una de ellas puede sonar inicialmente bien, pero buscar la validación por cualquiera de estos medios te alejará de la verdadera validación y, de hecho, te llevará al agotamiento y a la tiranía de "¿Qué has hecho por mí últimamente?" Las personas atascadas en el rendimiento comienzan a resentirse con Dios a medida que su trabajo las lleva hacia la obligación y la amargura.

TÍTULO

Es entonces cuando encontramos la validación por tener un título. Una breve lista de títulos comunes incluye pastor, médico, propietario, misionero, supervisor, capitán, líder. La falsa creencia aquí es que tener el título hace a la persona más valiosa porque alguien tomó la decisión de poner a esa persona en la posición. Validación instantánea: ¡NO!

POSICIÓN

Esto es muy parecido al TÍTULO, pero con un giro. La POSICIÓN tiene que ver con la validación por formar parte de un equipo. Cuando se es miembro de un equipo famoso y/o exitoso, se supone que la asociación aporta validación. Ejemplos: un

---

[19] Philip Yancey, ¿Qué tiene de asombroso la gracia? (Grand Rapids: Zondervan, 1997), 209.

equipo deportivo, la empresa en la que trabajas, ser miembro de un comité o quizá formar parte del equipo de adoración de la iglesia. Aquí tratamos de obtener validación por asociación con este equipo famoso/exitoso.

POSESIONES

Todo el mundo conoce este tipo de validación por el rendimiento. Si conduzco un BMW nuevo, o si hago alarde de mi riqueza, tengo una casa cara, o tengo la ropa más nueva y elegante, entonces creo que tener estas posesiones me dará una forma de validación.

ASOCIACIÓN

¿Has experimentado alguna vez a un "conocedor de personas"? Esta persona quiere que pienses que es valiosa haciéndote saber que tiene una asociación con alguien que tiene éxito o es famoso. Pensamos que la asociación con esa otra persona hará que se valore más lo que somos. Yo solía inventarme historias sobre que mi padre conocía al general Eisenhower en la Segunda Guerra Mundial. En realidad era una mentira, pero lo hacía porque creía que la gente vería mi valor a través de esa asociación.

APARIENCIA

La validación se basa en llevar la ropa "adecuada", o en ir al gimnasio para conseguir la imagen corporal "adecuada", que aumentará el atractivo de uno y le dará un nuevo nivel de valor. Quizá conozcas otras variaciones de esta categoría de actuación. Ésta también funciona a la inversa. Si no llevo la ropa "adecuada" o no tengo la imagen corporal "adecuada", la percepción de nuestro valor disminuye.

HABILIDADES

Esto es especialmente cierto en nuestra cultura. Valoramos a los músicos, a los actores y a los deportistas por sus habilidades, y normalmente tienen poco que ver con el carácter. Creemos que si somos buenos o grandes en algo, eso aumenta nuestro valor. Como estamos en una cultura impulsada por las celebridades, buscaremos ganar el "gran premio" combinando la apariencia y las habilidades para poder ser el rey de la montaña. Este concepto de valor a través de las habilidades también puede ser una dinámica en la inteligencia o la dotación mental. "Si consiguiera que mi jefe viera que tengo mayores habilidades mentales e ideas entonces conseguiré un ascenso". Aquí es donde vive el perfeccionismo. Los errores no están bien porque revelan defectos y nos avergüenzan.

Todos estos seis intentos de ganar valor a través del rendimiento son atajos que finalmente no funcionan. Tu valor puede ser verdaderamente determinado por una sola cosa: que eres un hijo del Dios vivo. En el Pilar Dos: Lección Cinco, exploraremos las respuestas a nuestra identidad que se encuentran en lo que Dios dice que somos.

> *Por mi parte, muy poco me preocupa que me juzguen ustedes o cualquier tribunal humano; es más, ni siquiera me juzgo a mí mismo. Porque aunque la conciencia no me remuerde, no por eso quedo absuelto; el que me juzga es el Señor.*
> 1 CORINTIOS 4:3-4 (NVI)

Escribe las respuestas a las preguntas y prepárate para el debate con tu grupo:

La secuencia en el patrón universal del pecado:

PECADO → VERGÜENZA → SECRETO → SEPARACIÓN

1. Escribe un relato detallado de esta secuencia como resultado de una de tus circunstancias pasadas. Reconoce en el relato el papel que desempeñaste cada uno de estos cuatro pasos en la creación de una vida llena de vergüenza para ti.

_____
_____
_____
_____
_____
_____
_____
_____
_____
_____
_____
_____
_____
_____

2. El valor por rendimiento pone todo el peso de ganar o recibir valor en nosotros; la Biblia enseña que nuestro valor viene de lo que Dios dice que somos. A continuación, se presentan las seis formas principales en las que buscamos ganar valor a través del rendimiento, lo que en última instancia falla porque nunca estamos a la altura, y eso nos lleva a sentirnos vergonzosamente inadecuados.

    + Enumera en cada categoría las diferentes formas en que has buscado la validación mediante el rendimiento. Da al menos un ejemplo detallado de cada categoría.

Ejemplo:

TÍTULO - PASTOR, SUPERVISOR, LICENCIADO, PROPIETARIO.

Siempre me sentí mal moralmente por lo que era, así que traté de obtener la validación de los demás convirtiéndome en pastor. Me dije a mí mismo: "Si no puedo encontrar valor en lo que soy, entonces ¿por qué alguien más encontraría valor en mí?". Así que traté de ganar valor con lo que hacía. Como cristiano, pensé que convertirme en pastor me daría un valor añadido. Me equivoqué!

AHORA TE TOCA A TI:

TÍTULO

POSICIÓN

POSESIONES

ASOCIACIÓN

APARIENCIA

HABILIDADES

LECCIÓN CINCO

GUERRA

Por Harry Flanagan

 Ve el Video del Segundo Pilar: Lección Cinco.

> *Cuando un hombre está profundamente incrustado en la perversa red de la esclavitud sexual, en algún momento se sentirá abandonado por Dios. Esta es una estrategia clásica del infierno, diseñado para aumentar el nivel de vergüenza en nuestras vidas...*
>
> TED ROBERTS EN DESEO SER PURO [20]

Estamos tan rodeados de los productos del pecado y la disfunción que damos por sentada su presencia. "Así son las cosas en un mundo caído", he escuchado más de una vez en mi oficina de consejería. Hemos aprendido a dar por sentado este mal. Hemos aprendido a vivir junto a él con bastante comodidad. Esto está muy lejos del plan de Dios revelado en las Escrituras.

El apóstol Juan nos dice: **"El Hijo de Dios fue enviado precisamente para destruir las obras del diablo"** (1 Juan 3:8 NVI). No creo que Dios pueda ser más claro en al menos uno de los principales propósitos al enviar a Jesucristo a la tierra. De hecho, Satanás estaba cegado al plan de Dios. ¿Recuerda la declaración de Pablo en 1 Corintios 2:8 (NVI)? **"Ninguno de los gobernantes de este mundo la entendió, porque de haberla entendido no habrían crucificado al Señor de la gloria".**

Si Satanás hubiera descifrado el corazón y la mente de Dios, entonces habría hecho cualquier cosa para alejar a Cristo del Calvario. En cambio, Satanás se regodeó hasta que se encontró con el Cristo Victorioso. Al redimirnos de nuestros pecados a través

---

[20] Ted Roberts, *Deseo Ser Puro: Cómo el triunfo de un hombre puede ayudar a otros a liberarse de la tentación sexual Tentación* (Bloomington: Bethany House Publishers, 1999), 83.

de la cruz, Jesús destruyó el fundamento de las estrategias de Satanás.

> **La metodología de Satanás es de acusación, siempre para aumentar nuestro sentido de la vergüenza, lo que aumenta su control sobre nosotros.**
>
> TED ROBERTS EN DESEO SER PURO [21]

Las acusaciones de Satanás son contra nosotros, no sólo en el secreto de nuestra vida de pensamiento, sino también en la misma presencia de Dios. La gran noticia es que nuestra salvación se revelará cuando Dios derribe a Satanás. Apocalipsis 12:10 (NVI) dice:

> *Luego oí en el cielo un gran clamor:*
> *"Han llegado ya la salvación y el poder y el reino de nuestro Dios;*
> *ha llegado ya la autoridad de su Cristo.*
> *Porque ha sido expulsado*
> *el acusador de nuestros hermanos,*
> *el que los acusaba día y noche delante de nuestro Dios".*

Las acusaciones de Satanás, en la superficie, son todas sobre nuestros comportamientos y las consecuencias de esos comportamientos. Debido a que hemos abrazado el concepto de valor por desempeño, tendemos a creer las acusaciones, pero también creeremos los resultados feos que Satanás está susurrando en nuestros oídos. A corto plazo, las consecuencias que él está susurrando pueden ser ciertas, pero el resultado final será determinado por la gracia de Dios, no por el odio de Satanás.

> *...pero él me dijo: "Te basta con mi gracia, pues mi poder se perfecciona en la debilidad". Por lo tanto, gustosamente presumiré más bien de mis debilidades, para que permanezca sobre mí el poder de Cristo.*
>
> 2 CORINTIOS 12:9 (NVI)

La mira de ataque del enemigo está puesta en el objetivo principal, tu identidad. Amamos basándonos en lo que creemos que somos. Si el diablo puede influenciar quien tú percibes que eres, entonces él influenciará tus motivos, los cuales afectan tus respuestas de comportamiento a las circunstancias.

---

[21] Roberts, *Deseo Ser Puro*, 83.

Creo que fue a finales de los 80 o principios de los 90 cuando leí el libro de Chuck Colson: *Contra la noche: Vivir en la Nueva Edad Media*. Fue una revelación para mí, ya que explicaba que habíamos avanzado hacia la América posmoderna. Nombró los dos "ismos" que nos estaban llevando a la decadencia de nuestra cultura: el materialismo y el individualismo. El materialismo consiste simplemente en creer lo que se ve. Muchos estadounidenses piensan que el reino espiritual es ficticio o inexistente. Otro pensamiento actual que nos presentan los medios de comunicación es que el mal sobrenatural es mucho más poderoso que el bien. Esto niega la verdad de Isaías 54:17 (NVI):

> *No prevalecerá ninguna arma que se forje contra ti;*
> *toda lengua que te acuse tú la refutarás.*
> *Esta es la herencia de los siervos del Señor,*
> *la justicia que de mí procede», afirma el Señor.*

El segundo punto de Colson sobre los "ismos" fue el individualismo. Una de las definiciones de individualismo de Dictionary.com es "la búsqueda de intereses individuales en lugar de comunes o colectivos; egoísmo".[22] En los Estados Unidos del siglo XXI los medios de comunicación han sido los grandes defensores de que el individuo ponga sus necesidades por encima de todas las demás. ¿Has experimentado esto en tu propia vida? Yo sí.

Históricamente, el 4 de julio se considera el último día de la batalla de la Guerra Civil en Gettysburg. La primera vez que visité este gran campo de batalla estadounidense fue el 4 de julio. Estaba de pie en el borde del bosque en el lado oeste del campo de batalla a lo largo de la línea de la "Carga de Pickett". El 3 de julio de 1863, a primera hora de la tarde, entre 13.000 y 14.000 hombres se alinearon en filas de tres, cubriendo casi una milla. Eran tiempos desesperados. Los confederados acababan de realizar el mayor cañoneo de la historia de EE.UU., pero no consiguió lo que se necesitaba: esquivar al Ejército del Potomac o eliminar sus cañones. Eso significaba que cuando estos hombres salieran al campo abierto, donde la mayoría de ellos tenía que caminar más de una milla hasta su objetivo, estarían al alcance de los cañones de la Unión. Estos soldados del siglo XIX entraron en un baño de sangre, y esa sangre era la suya propia. Sabían que se avecinaba, pero fueron. Estaban dispuestos a morir por algo más grande que ellos mismos. Mientras miraba los campos de cereales, lloré. Lloré porque no sabía si habría tenido el valor de seguir adelante sabiendo que probablemente moriría o quedaría mutilado. La escena me recordó que, como cristiano, lucho por poner mis necesidades por encima de las de las personas más queridas de mi vida.

En Jueces 6, conocemos a un hombre que había perdido la identidad que Dios le había dado, al igual que nosotros. Su nombre era Gedeón. La historia comienza en

---

[22] Dictionary.com, s.v. " Individualismo ", 2009, http://dictionary.reference.com/browse/individualism.

Jueces 6:11 (NVI) con la inusual entrada de Gedeón. El ángel del Señor se presentó para hablar con Gedeón, que está batiendo trigo en un lagar porque se está escondiendo de los madianitas que habían invadido Israel. El ángel le dijo: "¡El Señor está contigo, valiente guerrero!" Aquí Gedeón comenzó a quejarse: ¿dónde está Dios? ¿Cómo es que no hemos visto milagros? Si Dios está con nosotros, ¿por qué estamos sufriendo? Bla, bla, bla.
Finalmente dijo algo así como: "No puedes elegirme a mí. Soy el más joven de mi familia; además, nuestra tribu y comunidad no son capaces de vencer a los madianitas". Ya conoces el resto de la historia.

No podemos olvidar que Gedeón se resistió a Dios porque se consideraba débil. No creía que él y su comunidad pudieran hacer frente al enemigo, al que percibía como invencible. Dios tuvo que entrenarlo en lo que realmente era, y Gedeón tuvo que darse cuenta de que Dios también es un guerrero valiente. Con la ayuda de Dios, Gedeón y su ejército de 300 personas finalmente derrotaron a los madianitas. La victoria de Gedeón comenzó cuando se dejó discipular por el Ángel. Obtuvo una nueva identidad con Dios y una nueva identidad dentro de sí mismo.

Nuestra guerra espiritual es en un frente similar. Debemos aprender quiénes somos en Cristo. En este momento estamos luchando las batallas equivocadas; debido a nuestros temores, nosotros, como Gedeón, estamos luchando la lucha de la supervivencia. Sobrevivir no es ganar. Ganar es conquistar. Leonard Ravenhill lo dijo mejor:

Muchos de nosotros cazamos ratones, mientras los leones devoran la tierra.[23]

Tenemos una batalla que librar, y vamos tras los leones. Pablo declara en Romanos 8:37 (NVI) que somos "más que vencedores". En el griego original, esta frase significaba que cuando terminemos la batalla, ¡será como si nuestros enemigos nunca hubieran existido! Tú, en Cristo, eres un guerrero así de poderoso. ¡Ve por ellos, tigre!

 Prepárate para compartir tus respuestas con tu grupo de Deseo Puro en la próxima reunión.

1. **¿Cómo te sientes con respecto a ti mismo?** Escribe varios párrafos.
    + No te escondas detrás de la teología; más bien, pon por escrito tus dudas, miedos y autojuicios que llevas contra ti mismo. Si no te enfrentas a estos sentimientos vas a seguir atrapado en tu adicción.

2. **Ahora echa un vistazo a Romanos 8:29-39**

---

[23] Cita de Leonard Ravenhill, 2009, http://dailychristianquote.com/dcqravenhill.html.

- Este pasaje impreso aquí es la NVI. Compáralo con otra traducción que valores.
- Tu tarea es **hacer una lista de pensamientos positivos relacionados con tu identidad y tu destino** que se encuentran en este pasaje.
- Descubrirás que eres un guerrero invencible en Cristo. Tu batalla comienza cuando redescubres quién eres en Cristo.

ROMANOS 8:29-39 (NVI) MI IDENTIDAD Y MI DESTINO

29 Porque a los que Dios conoció de antemano, también los predestinó a ser transformados según la imagen de su Hijo, para que él sea el primogénito entre muchos hermanos. 30 A los que predestinó, también los llamó; a los que llamó, también los justificó; y a los que justificó, también los glorificó.

31 ¿Qué diremos frente a esto? Si Dios está de nuestra parte, ¿quién puede estar en contra nuestra? 32 El que no escatimó ni a su propio Hijo, sino que lo entregó por todos nosotros, ¿cómo no habrá de darnos generosamente, junto con él, todas las cosas? 33 ¿Quién acusará a los que Dios ha escogido? Dios es el que justifica. 34 ¿Quién condenará? Cristo Jesús es el que murió e incluso resucitó y está a la derecha de Dios e intercede por nosotros.

35 ¿Quién nos apartará del amor de Cristo? ¿La tribulación o la angustia, la persecución, el hambre, la desnudez, el peligro o la espada? 36 Así está escrito: "Por tu causa siempre nos llevan a la muerte; ¡nos tratan como a ovejas para el matadero!". 37 Sin embargo, en todo esto somos más que vencedores por medio de aquel que nos amó.

38 Pues estoy convencido de que ni la muerte ni la vida, ni los ángeles ni los demonios, ni lo presente ni lo por venir, ni los poderes, 39 ni lo alto ni lo profundo, ni cosa alguna en toda la creación podrá apartarnos del amor que Dios nos ha manifestado en Cristo Jesús nuestro Señor.

ASIGNACIONES ANTES DE LA REUNIÓN

1. *Lee el capítulo 7 de Deseo Puro.*

COMPROMISO DEL SEGUNDO PILAR

El objetivo en este viaje de Restauración no es simplemente recorrer un libro, sino que la transformación tenga lugar en nuestras vidas. Por lo tanto, es de suma importancia que incorpores realmente en tu vida esta información que has estudiado.

Mi nombre _____

Firma _____ Fecha _____

TESTIGOS AFIRMANTES

Afirmo el hecho de que _____ ha enfrentado su mentalidad adictiva por la gracia de Dios. Veo que está luchando por desmantelar esa mentalidad adictiva.

Nombre _____

Firma _____ Fecha _____

Afirmo el hecho de que _____ ha enfrentado su mentalidad adictiva por la gracia de Dios. Veo que está luchando por desmantelar esa mentalidad adictiva.

Nombre _____

Firma _____ Fecha _____

RENDIRSE AL PROCESO

LECCIÓN UNO

APRENDER A AFRONTAR EL DOLOR

Por Harry Flanagan

 Mira la Introducción al Pilar Tres y los Videos del Pilar Tres: Lección Uno.

Este pilar crítico requerirá que te enfrentes a tus actitudes y comportamientos adictivos. Esto no puede ni debe hacerse solo. En el segundo pilar hablamos del papel perjudicial que tiene la elección del aislamiento. No es que no tengas tiempo para ti, sino que no puedes meterte en tu cueva y esperar que te arreglen.

En otros pilares hablaremos de algunos aspectos significativos de la participación en una comunidad de sanidad, pero ahora nos centraremos en el proceso práctico de dar los primeros pasos en el camino de la sanidad.

> *Ayúdense unos a otros a llevar sus cargas y así cumplirán la ley de Cristo... Que cada uno cargue con su propia responsabilidad.*
> GÁLATAS 6:2, 5 (NVI)

La sanidad que deseas llegará cuando participes en la comunidad de sanidad de Deseo Puro. Es aquí donde procesarás y enfrentarás tu dolor, y pondrás en práctica los Siete Pilares en tu vida. El apóstol Pablo tenía razón. En una comunidad de sanidad compartimos las luchas de los demás, pero en última instancia sólo nosotros somos responsables de nuestra propia conducta. Pablo, en Romanos 12:15, nos dice que lloremos con los que lloran y celebremos con los que celebran. En el proceso de sanidad estarás en ambos campos antes de terminar.

Debemos aprender que hay personas y circunstancias que no podemos controlar. También debemos aprender que dentro de nuestros detonantes adictivos hay lugares donde no tenemos la capacidad de detener los rituales en el momento. **Si no rompemos la mentalidad adictiva, estaremos condenados a un estilo de vida de adicción.**

El dolor es un gran ejemplo. Puedes tratar de reprimirlo, huir de él o abrazarlo con amargura. Pero está más allá de nuestra capacidad humana de control. No podemos decidir realmente el momento en que mueren los seres queridos, y no podemos controlar las acciones de otras personas en una multitud de formas. Las decisiones de otras personas tendrán un impacto en nuestras vidas, nos guste o no.

Permítanme contarles la historia de una persona que se encontró con un dolor horrible y cómo aprendió a lidiar con él. Su historia es extraordinaria y creo que podemos aprender de su experiencia.

Jerry Sittser y su familia volvían a casa de un viaje misionero en la primavera de 1996 cuando su coche fue golpeado de frente por un conductor ebrio. El accidente cambió la vida de Jerry. Perdió a su mujer, a su madre y a su hija. Estaba gravemente herido y seguía teniendo la responsabilidad de sus otros tres hijos.

Cuando volvió a casa del hospital, no le fue bien, aunque sabía que había vida antes del trauma y que habría vida después del trauma. Por favor, escuchen sus palabras:

> **Si la pérdida normal, natural y reversible es como un miembro roto, la pérdida catastrófica es como una amputación. Los resultados son permanentes, el impacto incalculable, las consecuencias se acumulan. Cada nuevo día le obliga a uno a enfrentarse a alguna dimensión devastadora de la pérdida. Crea un contexto totalmente nuevo para la propia vida.**
>
> JERRY SITTSER[24]

Jerry empezó a tener una pesadilla recurrente. En esta pesadilla, se encontraba en una playa interminable con el sol bajo en el cielo del atardecer. La oscuridad parecía acumularse en el cielo del este y él temía ser tragado por la oscuridad. Jerry comenzó a correr con todas sus fuerzas hacia el sol poniente con la esperanza de poder permanecer a la luz del día. Su pesadilla terminó con un terror absoluto justo cuando el sol se puso bajo el horizonte y se vio inmerso en la oscuridad. Jerry quedaba exhausto y empapado de sudor después de estas pesadillas porque realmente había sudado en la cama mientras "corría" hacia el sol poniente.

Tuvo este horrible sueño cada noche durante varias semanas. Esta pesadilla le consumía en casi todos los sentidos, tanto si estaba despierto como dormido. Después de varias semanas, Jerry tomó una gran decisión. Llamó a su hermana y le contó el sueño. Ella respondió con un comentario increíble y perspicaz. Le dijo a su hermano que nadie podía atrapar el sol poniente; le dijo que se diera la vuelta, que se enfrentara a la oscuridad, incluso que corriera hacia la oscuridad, porque al hacerlo

---

[24] Jerry Sittser, *Una gracia disfrazada: cómo crece el alma a través de la pérdida* (Grand Rapids: Zondervan, 2004), 32.

atraparía el sol naciente.

Jerry no habría roto el dominio de esta pesadilla si no la hubiera compartido con su hermana. Sus palabras proféticas se aplican a todos nosotros. **Debemos volvernos y enfrentarnos a lo que más tememos y correr hacia la oscuridad**.

(Nota: recomiendo encarecidamente la lectura del monumental libro de Jerry Sittser, *Una gracia disfrazada*).

¿Cómo es el trabajo a través del duelo y el dolor? El duelo tiene muchas etapas. Debemos aprender nuestra ubicación en el proceso y estar dispuestos a experimentar lo que no podemos controlar.

Michael Dye, en su Proceso de Génesis,[25] describe las cinco etapas del duelo. Para liberarse del dolor hay que dejar que el proceso siga su curso. La clave está en no abrazar ni negar el dolor, sino en permitir que el dolor te arrastre. Piensa en el dolor como en la marea del océano. No puedes controlar sus idas y venidas; es lo que es y cada ola que llega a la playa es única. Así, también, el duelo será único para cada uno de nosotros. El dolor puede venir con cualquier tipo de pérdida. Puede ser la muerte, como la que experimentó Jerry Sittser a causa de un trágico accidente de coche. O puede ser la pérdida de una relación, la pérdida de un trabajo, la pérdida de libertad o movilidad, o incluso la pérdida de autoestima.

ETAPAS DEL DUELO

SHOCK/NEGACIÓN
Entumecimiento, quedarse en blanco, evitar pensar en "eso".

IRA
Culpar a alguien o a algo, sentir injusticia y rabia.

NEGOCIACIÓN
Pensar "si sólo hubiera..." y lidiar con la culpa, los vanos remordimientos del pasado y el miedo del futuro.

DEPRESIÓN
Sentirse desesperanzado, impotente, decepcionado, aislado y solo. Incapacidad para disfrutar de nada.

ACEPTACIÓN
Aceptar la realidad, perdonar y seguir adelante, formar nuevas amistades confiando en Dios.

---

[25] Michael Dye y Patricia Fancher, El proceso de Génesis: un libro de trabajo para la prevención de recaídas en conductas adictivas/compulsivas, (Auburn: Michael Dye, 2007), 115.

Recuerda: A menos que permitas que el DOLOR Y EL DUELO trabajen a través de ti, terminarás atascado en cualquier parte del proceso de aflicción en la que TE ENCUENTRES. Esto es especialmente cierto con la negación y la ira. Si te quedas atascado en cualquiera de estas etapas, el dolor o el deseo de evitar el dolor te llevará de nuevo a las adicciones y a la amargura. Me resulta difícil pensar en un lugar peor en el que quedarse atascado.

- **Shock/Negación** consiste en evitar la realidad de la situación. Después de que un familiar sufriera un grave accidente que lo dejó paralizado, el médico vino y le dio la mala noticia; mi pariente se puso a dormir enseguida. Después de dormir durante casi un día, se despertó y le pregunté si recordaba lo que había dicho el médico. Su respuesta fue "no". Así que tuve que volver a contarle sus nuevas discapacidades.

Los adictos sexuales pueden vivir en esta fase, negando la gravedad de la adicción y cómo afecta a ellos mismos y a sus seres queridos.

- **La ira** es realmente el juego de la culpa. Tenemos que culpar a alguien por todo este dolor, y entonces encontramos el "chivo expiatorio" que puede ser un amigo o un enemigo, o puede ser Dios. Mientras te enfureces, tendrás un cóctel de adrenalina. Una de las propiedades de la adrenalina es su capacidad para adormecer o medicar el dolor. Si eres aficionado a los deportes, entenderás que la mayoría de los jugadores de fútbol americano juegan bajo una rabia controlada, especialmente los linieros. Pero míralos cuatro horas después del partido; ¡caminan como ancianos! La ira no es más que otra herramienta de evasión.

- **Negociar** es pasar a una habilidad de afrontamiento que nos ayuda a lidiar con la culpa del pasado. Es pensar: *"Si hubiera hecho ____, nunca habría ocurrido"*. Pero también es el comienzo de la sanidad, porque estás intentando admitir tus sentimientos -por muy negativos que sean- y estás intentando responsabilizarte del suceso.

A veces, tanto por culpa como por vergüenza, asumes una responsabilidad que no te corresponde. Después de la exposición de mi pecado, vi la dolorosa reacción de mi familia ante mi traición. Traté de asumir su dolor, con razón. Pero cuando ellos tomaron malas decisiones, yo asumí la responsabilidad de sus decisiones. Dios me habló en uno de mis momentos de oración y me dijo algo así: "Harry, tú y sólo tú eres responsable de herir a tu mujer y a tus hijos, pero ellos son responsables de cómo manejan sus heridas".**Tuve que encontrar ese límite saludable de no minimizar o negar mi pecado, pero dando a los demás la oportunidad de tomar sus propias decisiones, buenas o malas.**

- **Depresión.** Una vez que pasamos de la negociación, experimentamos la depresión. Es un territorio desconocido para algunos de nosotros. Empezamos a sentir dolor sin la ayuda de nuestras adicciones que lo medican. Es descorazonador y desalentador. Pero también es donde hay un rayo de luz cuando aprendemos a procesar el dolor. Empezamos a ver un aspecto diferente de la realidad, aunque no podemos disfrutar de casi nada. La depresión es como un regulador que limita lo que puedes sentir. No durará para siempre; hay esperanza.

+ **Aceptación.** Finalmente, atravesamos el duelo hasta su conclusión. Comenzamos a aceptar la nueva realidad con sus dolores y alegrías. Damos grandes pasos para volver a entablar viejas relaciones, así como otras nuevas.. **En la aceptación, aprendemos a aceptar la vida en los términos de Dios en lugar de los nuestros.**

El duelo es como una cebolla; cuando la cortas descubres que tiene muchas capas. El duelo también puede tener muchas capas. Cuando el duelo es especialmente intenso, es posible que pases por el ciclo de cinco etapas varias veces hasta que hayas aceptado plenamente la realidad de tus pérdidas. Recuerda que todo terminará. Pablo, una vez más, lo dice mejor:

> *Pues los sufrimientos ligeros y efímeros que ahora padecemos producen una gloria eterna que vale muchísimo más que todo sufrimiento. Así que no nos fijamos en lo visible, sino en lo invisible, ya que lo que se ve es pasajero, mientras que lo que no se ve es eterno.*
>
> 2 CORINTIOS 4:17-18 (NVI)

Puede que tu situación no parezca tan liviana, pero Pablo nos hace saber que si mantenemos el rumbo, las recompensas superarán con creces a los aspectos negativos. ¡Aguanta! Hay una verdadera esperanza para ti mientras trabajas en la pena.

Completa las asignaciones y prepárate para compartir tus resultados la próxima semana con tu grupo.

1. **Enumera los diez momentos más dolorosos de tu vida.** Clasifícalos, siendo el más doloroso el número 1.
2. A continuación, responde a las siguientes preguntas para cada uno de estos recuerdos dolorosos:
   + ¿De qué parte del dolor eres responsable, y qué parte del dolor necesitas soltar? Durante el debate en la próxima reunión de Deseo Puro, permite que los compañeros del grupo te llamen la atención, de forma cariñosa, si sienten que estás culpando a otros por tus decisiones.
   + ¿Cómo afectó este acontecimiento a las personas importantes de tu vida?
   + ¿Cómo ha afectado ese acontecimiento a tu vida actual?

Escribe tus respuestas en los siguientes espacios.

LOS 10 MOMENTOS/ACONTECIMIENTOS MÁS DOLOROSOS DE MI VIDA

Cuando hayas terminado de enumerar cada acontecimiento, clasifica estos acontecimientos desde el número 1, el más doloroso, hasta el número 10, el menos doloroso.

_____ (RANGO) EVENTO DOLOROSO _____

1. ¿De qué parte del dolor soy responsable, y qué parte debo soltar?

2. ¿Cómo afectó este acontecimiento a las personas importantes de mi vida?

3. ¿Cómo ha afectado este acontecimiento a mi vida actual?

_____ (RANGO) EVENTO DOLOROSO _____

1. ¿De qué parte del dolor soy responsable, y qué parte debo soltar?

2. ¿Cómo afectó este acontecimiento a las personas importantes de mi vida?

3. ¿Cómo ha afectado este acontecimiento a mi vida actual?

_____ (RANGO) EVENTO DOLOROSO _____

1. ¿De qué parte del dolor soy responsable, y qué parte debo soltar?

2. ¿Cómo afectó este acontecimiento a las personas importantes de mi vida?

3. ¿Cómo ha afectado este acontecimiento a mi vida actual?

_____ (RANGO) EVENTO DOLOROSO _____

1. ¿De qué parte del dolor soy responsable, y qué parte debo soltar?

2. ¿Cómo afectó este acontecimiento a las personas importantes de mi vida?

3. ¿Cómo ha afectado este acontecimiento a mi vida actual?

_____ (RANGO) EVENTO DOLOROSO _____

1. ¿De qué parte del dolor soy responsable, y qué parte debo soltar?

2. ¿Cómo afectó este acontecimiento a las personas importantes de mi vida?

3. ¿Cómo ha afectado este acontecimiento a mi vida actual?

_____ (RANGO) EVENTO DOLOROSO _____

1. ¿De qué parte del dolor soy responsable, y qué parte debo soltar?

2. ¿Cómo afectó este acontecimiento a las personas importantes de mi vida?

3. ¿Cómo ha afectado este acontecimiento a mi vida actual?

_____ (RANGO) EVENTO DOLOROSO _____

1. ¿De qué parte del dolor soy responsable, y qué parte debo soltar?

2. ¿Cómo afectó este acontecimiento a las personas importantes de mi vida?

3. ¿Cómo ha afectado este acontecimiento a mi vida actual?

_____ (RANGO) EVENTO DOLOROSO _____

1. ¿De qué parte del dolor soy responsable, y qué parte debo soltar?

2. ¿Cómo afectó este acontecimiento a las personas importantes de mi vida?

3. ¿Cómo ha afectado este acontecimiento a mi vida actual?

_____ (RANGO) EVENTO DOLOROSO _____

1. ¿De qué parte del dolor soy responsable, y qué parte debo soltar?

2. ¿Cómo afectó este acontecimiento a las personas importantes de mi vida?

3. ¿Cómo ha afectado este acontecimiento a mi vida actual?

_____ (RANGO) EVENTO DOLOROSO _____

1. ¿De qué parte del dolor soy responsable, y qué parte debo soltar?

2. ¿Cómo afectó este acontecimiento a las personas importantes de mi vida?

3. ¿Cómo ha afectado este acontecimiento a mi vida actual?

+ **¿Cuáles puntos comunes o temas ves en tus 10 eventos?**

¿Cuáles mensajes falsos o creencias fundamentales te ha creado tu dolor?

 ¿Cuáles pasos podrías dar para avanzar en el ciclo del duelo hacia la aceptación en estas áreas?

ASIGNACIONES ANTES DE LA REUNIÓN

Lee el capítulo 8 de *Deseo Puro*.

LECCIÓN DOS

SER TU VERDADERO YO
Por Harry Flanagan

 Ve el Video: Pilar Tres: Lección Dos.

> "Ama al Señor tu Dios con todo tu corazón, con toda tu alma y con toda tu mente" —respondió Jesús—. Este es el primero y el más importante de los mandamientos. El segundo se parece a este: "Ama a tu prójimo como a ti mismo". De estos dos mandamientos dependen toda la Ley y los Profetas.
> MATEO 22:37-40 (NLT)

Todas las personas del planeta han sido o serán heridas porque vivimos en un mundo caído y lleno de gente rota. No queremos que nos hieran o nos hagan vulnerables de nuevo. Es en este punto en el que nos movemos hacia la salud o entramos en alguna forma de aislamiento.

El aislamiento tiene dos propósitos: Primero, tu trabajo es proteger el secreto, ya sea que este sea sobre tu vida de pensamientos o comportamientos ocultos. La segunda razón del aislamiento es mantenerte alejado de la vulnerabilidad no deseada en las relaciones.

Esta es nuestra paradoja:

Estamos heridos en las relaciones,

pero sólo nos sanamos en el contexto de las relaciones.

DR. TED ROBERTS

La forma en que evitamos la verdadera vulnerabilidad en las relaciones es buscando controlar a las personas que potencialmente nos amenazan. El control tiene dos categorías principales: Control abierto (abiertamente agresivo) o control encubierto (pasivo o pasivo-agresivo). El control en cualquiera de las dos categorías tiene dos creencias principales. Cada creencia tiene que ver con la autoprotección y la seguridad.

La primera creencia central: Sólo me siento seguro cuando tengo el control (manifiesto). Si podemos controlar las circunstancias, protegemos nuestros secretos. Pero proteger los secretos significa que vemos a los demás como amenazas a nuestra seguridad. Esta creencia se manifiesta en tres subcategorías:

1. **Posición de poder y autoridad (Jefe, Sargento, Comandante, El Grande):** "Es a mi manera o nada", "Porque yo lo digo", "Yo soy el que toma las decisiones" o "Mi palabra es la última". Estas personas tienden a tomar decisiones por sí solas, con poca o ninguna aportación de los demás.

2. **El predicador persuasivo:** Hablar por encima de los demás o hablar más alto y estar convencidos de que tienen la razón moral. Literalmente, no hay lugar para el desacuerdo. A menudo citarán las Escrituras y/o reivindicarán la superioridad moral. "¿Cómo puedes estar en desacuerdo conmigo?"

3. **El ejecutor (ira, rabia o venganza calculada si alguien no está de acuerdo):** Elegir ser la autoridad final en las decisiones. Esta persona puede consultar con otros, pero en última instancia toma la decisión final aunque afecte a otras personas.

Otras personas se sentirán privadas de derechos, minimizadas, no escuchadas o no valoradas; sin embargo, el beneficio percibido es la seguridad para el adicto porque cree que tiene la capacidad de controlar las circunstancias y, por tanto, a otras personas.

 ¿Te suena alguna de esas subcategorías? ¿Hay momentos en los que te encuentras en alguno de esos roles? Explica:

La segunda creencia central tiene que ver con el miedo a fracasar, interpretado como control encubierto (pasividad o comportamientos pasivo-agresivos). Manipula silenciosamente a los demás para que sean los que tomen las decisiones, evitando así la responsabilidad. Basado en circunstancias dolorosas del pasado, su mensaje es: "No puedo volver a fracasar". En esta creencia central arraigada en la vergüenza, suponemos que nuestro valor se basa en lo bien que actuamos. Tememos fracasar, pero se trata de nuestra identidad en lugar de nuestros comportamientos. La vergüenza nos dice que si fracasamos en una tarea, entonces nos convertimos en el fracaso. Esta creencia también tiene tres subcategorías:

1. **Ruta de menor resistencia**, seguir la corriente y permitir que otros tomen la iniciativa. Ahora no serás responsable de ningún resultado: "Lo que tú quieras, cariño", o "Me da igual", o "¡Lo que sea!".
2. **"¡Te pillé!", también llamado: "La emboscada".** Esto es pasivo-agresivo y tienes datos que la otra persona o personas no conocen. Usarás esa ventaja revelando que sabes que lo que dicen es mentira o diciéndoles que ya sabes lo que han estado haciendo. En cualquier caso, pone a la persona en una posición de control
3. **Ruta del Silencio.** Esta puede ser pasiva y estar asociada a la Ruta de la Menor Resistencia o puede ser pasivo-agresiva al castigar a las personas por sus decisiones relacionadas contigo. Aquí dejas que otros tomen la decisión y luego eliges ser crítico con la decisión.

 ¿Te suena alguna de esas subcategorías? ¿Hay momentos en los que te encuentras en alguno de esos roles? Si es así, explícalo:

LAS MÁSCARAS QUE LLEVAMOS[26]

Numerosos subconjuntos de estas categorías de control, a veces llamados máscaras, describen las formas en que nos autoprotegemos. Michael Dye, en *El proceso de Génesis*, llama a estas máscaras "personalidades protectoras". Estas máscaras no son sólo una cubierta sobre el rostro; más bien, asumimos la personalidad relacionada con las máscaras. En lugar de ser tú mismo, te escondes detrás de estas máscaras que te protegen.

---

[26] Adaptado de Michael Dye, El proceso de la génesis (Auburn: Michael Dye, 2006). Usado con permiso.

PERSONALIDADES PROTECTORAS

- Payaso
- Actor
- Ira
- Espiritualista
- Fariseo
- Matón
- Gorila
- Héroe
- Bonito
- Confuso
- Desprecio
- Controlador
- Necesitados
- Odioso
- Imprudente
- Juez
- Rey del drama
- Reina del drama
- Cáustico
- Abrumado
- Vendedor de coches
- Rescatador
- Victimista
- Superdotado
- Poco cumplidor
- Tímido
- Complaciente
- Aspirante
- Gurú
- Profesor
- Anfitrión
- Protector
- Perfeccionista
- Trabajador duro
- Derecho
- Oveja negra
- Oveja perdida
- Crítico
- Caballero
- Dama
- Felpudo
- Víctima
- CEO
- Desenvuelto
- Perdedor perezoso
- Mártir
- Estoy bien
- Burócrata

1. Rodea con un círo o subraya las máscaras que has usado para autoprotegerte.
2. Nombra las tres máscaras más emocionales para ti:
   _____, _____,
   y _____.
3. ¿Cómo te protegen estas máscaras? ¿Qué pasaría si no pudieras llevarlas?

4. ¿Cómo y cuándo pasaron a formar parte de tu vida?

5. ¿Qué pasaría si no pudieras llevar tus máscaras? ¿Cómo resolverías tus problemas/temas?

La Asertividad puede definirse como la cualidad de ser seguro de sí mismo y confiado sin ser agresivo.[27] Queremos que los hombres aprendan el concepto de ser asertivos.

---

[27] Wikipedia, s.v. "Asertividad", Fundación Wikimedia, 03 de agosto de 2015, https://en.wikipedia.org/wiki/Assertiveness.

El control busca manipular las decisiones de otra persona. La asertividad simplemente permite que los demás escuchen tu punto de vista, mientras que ellos conservan el derecho a pensar o interpretar los hechos como mejor les parezca.

Ser asertivo en tus relaciones permite que las personas importantes en tu vida -como tus amigos, familia y/o compañeros de trabajo- conozcan tus necesidades, esperanzas y temores sin que tengan que hacer nada para resolver o completar ninguna tarea por ti.

Las luchas o el dolor de ser pasivo o pasivo-agresivo son muchos; pero las recompensas de ser asertivo merecen la pena. Cuando somos pasivos, a menudo permitimos que los demás lleven la iniciativa, pero sentimos resentimiento cuando no se tienen en cuenta nuestras necesidades, deseos y sentimientos no expresados. Esto puede llevar a un conflicto o a alguna forma de venganza. Cuando nos volvemos asertivos, los demás pueden tener en cuenta nuestros pensamientos, sentimientos y posiciones al tomar sus decisiones. Esto reducirá tanto los resentimientos como los conflictos en nuestras relaciones.

Ser pasivo o pasivo-agresivo puede hacer que las personas se sientan víctimas o mártires. Esto puede llevar a las personas a situaciones en las que asumen los roles poco saludables de víctima, salvador y fiscal, lo que puede crear una espiral descendente en sus relaciones. Ser asertivo te permite expresar tus sentimientos y permite a los demás responder libremente a tus necesidades y circunstancias, y te aleja del papel de víctima o de mártir.

Si te guardas tus esperanzas, miedos, necesidades y deseos para ti mismo, tenderás a aumentar el estrés, lo que afectará a tu salud emocional, física y espiritual. Ser capaz de comunicar las esperanzas, los miedos, los deseos y las necesidades te ayudará mucho a liberar el estrés y a participar con aquellos a los que quieres y valoras. Y este enfoque les da la libertad de apoyarte.

Robert Alberti y Michael Emmons, autores de Your Perfect Right (Tu derecho perfecto), ofrecen algunas preguntas que hay que tener en cuenta antes de elegir ser asertivo:[28]

- ¿Qué importancia tiene para ti?
- ¿Buscas un resultado concreto o simplemente expresarte?
- ¿Buscas un resultado positivo? ¿Podría empeorar las cosas el hecho de que te hagas valer?
- ¿Te darás una patada a ti mismo si no pasas a la acción?
- ¿Cuáles son las consecuencias probables y los riesgos realistas de tu posible afirmación?

---

[28] Robert Alberti y Michael Emmons, Tu derecho perfecto: asertividad e igualdad en tu vida (Newberg: Impact Publishers, 2008).

Ahora vamos a poner en práctica estas preguntas para que te plantees ser asertivo.

1. Nombra un conjunto de resentimientos presentes o pasados. ¿Con qué o con quién estás resentido? ¿Por qué crees que esta situación ha provocado sentimientos de resentimiento?

2. ¿Cuál será la consecuencia si decides no ser asertivo (guardando así tus resentimientos para ti)?

3. ¿Cuáles serán las posibles consecuencias si decides ser asertivo y permitir que la persona o personas adecuadas conozcan tus sentimientos y resentimientos?

4. ¿Cuáles son las esperanzas realistas de un resultado si eliges ser asertivo?

5. Comparte con tu grupo las dificultades y luchas para ser asertivo en esta situación. Permite que te apoyen en tu decisión.

ASIGNACIONES ANTES DE LA REUNIÓN

Revisa el Pacto para Sostener y prepara respuestas escritas a todos los ejercicios y preguntas incluidos en esta lección.

LECCION TRES

AMOR, ACEPTACIÓN Y PERDÓN
Por Harry Flanagan

 Ve el Video: Pilar Tres: Lección Tres.

¿Cómo estás aceptando el perdón de Dios? ¿Mantienes juicios contra ti mismo porque crees que son correctos? La sanidad de la adicción requiere algo más que dejar de tener comportamientos malos o difíciles. Más bien, requiere abrazar una nueva forma de vivir y redefinir quiénes somos realmente. Sé que luché contra la gracia porque creía que no merecía el perdón.

Pero, ¿qué es la gracia? Recuerdo que cuando era un joven cristiano escuché al muy citado Joseph Henry Thayer, quien publicó un monumental Léxico en 1885. Definió la palabra griega que se ha traducido a "gracia" como "favor inmerecido". Esta sigue siendo una definición popular de la gracia. Pero la palabra realmente significa mucho más que tú y yo recibiendo un favor inmerecido.

Varios años dentro de mi viaje de sanidad me encontré con el punto de vista de Larry Crabb sobre la gracia. Sigue siendo una de mis citas favoritas. Crabb es un consejero cristiano que ha publicado más de 40 libros y también tiene un doctorado en psicología. Esta es la cita que sacudió mi mundo y me llevó por el camino de abrazar verdaderamente Su gracia para mí.

> *Dios tampoco se ocupa de nuestra vieja naturaleza, el enmarañado sistema de pasiones que dudan de Dios, se protegen a sí mismas y niegan el dolor, que la Biblia llama nuestra carne. En lugar de entrar en los lugares oscuros de nuestras almas con una linterna y un bisturí, con la intención de reparar lo que está mal, entra con una linterna y una sonrisa, deseoso de dejarnos ver lo que siente por nosotros, incluso cuando estamos expuestos en su presencia... Nos mira con ojos de deleite, con ojos que ven una bondad debajo del desorden, con un corazón que late salvajemente con emoción por lo que somos y por lo que llegaremos a ser. Y a veces expone lo que estamos convencidos de que le haría*

apartarse con disgusto para asombrarnos con su gracia.[29]

Lo leí varias veces. Era como si leyera mi correo. Exponía mis miedos y preocupaciones, pero sobre todo presentaba el amor de Dios de forma proactiva. Tenía la intención de amarme. Vi a Dios bajo una nueva luz.

Así que, en términos prácticos, ¿cómo experimentamos la gracia de Dios? Pablo nos lleva a la respuesta. En 2 Corintios 12:9 (NVI), dice:

> *Pero él me dijo: "Te basta con mi gracia, pues mi poder se perfecciona en la debilidad". Por lo tanto, gustosamente presumiré más bien de mis debilidades, para que permanezca sobre mí el poder de Cristo.*

Vaya, qué verso sobre la gracia; Su gracia es proactiva y nos está diciendo que en los momentos débiles y rotos de nuestras vidas Su gracia es suficiente para nosotros. Él literalmente nos hace adecuados donde nos sentimos inadecuados. ¡A qué gran Dios servimos! Por eso el versículo termina con Pablo afirmando que incluso celebraría su debilidad porque Dios lo haría suficiente.

Así pues, debemos aprender a perdonarnos a nosotros mismos. Mientras te juzgues a ti mismo y a los demás, nunca experimentarás la verdadera libertad de tu adicción. Una forma perversa de arrogancia se asocia a los adictos: aunque Dios y a menudo los demás les han perdonado, se aferran a su falta de capacidad para aceptar el perdón. Siguen viviendo con sus juicios y su auto-abuso. La sanidad sólo puede llegar cuando permites que Dios, los demás y tú mismo te den un nuevo comienzo. ¡Esto siempre comienza con Dios!

Tómate unos minutos y haz una lista de los juicios que tienes contra ti mismo. No lo pienses demasiado. Simplemente haz una lista de las acciones y los atributos de ti mismo que mantienes en juicio o sin perdón.

---

[29] Larry Crabb, Conexión: sanándonos a nosotros mismos y nuestras relaciones (Nashville, W Publishing Group, 1997)

2 — **Ahora busca un asiento o una silla cómoda y asegúrate de que está en un lugar donde no te molesten durante los próximos minutos.**
Lee tu lista de juicios en voz alta y abre tus manos, con las palmas hacia arriba, para sostener todos estos juicios. Ahora, con los juicios en mente, entrega cada uno de ellos a Jesús. Asegúrate de decir cada juicio en voz alta. Luego permítete imaginar a Jesús recibiendo estos juicios y permitiéndote experimentar el perdón en su presencia. Si te sientes desafiado a recibir Su gracia, tómate un tiempo para releer Romanos 8:29-39, que se encuentra en el Pilar Dos, Lección Cuatro. Escribe tu experiencia de ser perdonado por Su gracia.

3 — **Escribe una breve oración sobre la creencia en Dios por su perdón; sé específico sobre los pecados por los que ahora estás recibiendo su perdón.**

PERDONANDO A LOS DEMÁS

> *Perdónanos nuestras ofensas, como también nosotros hemos perdonado a nuestros ofensores. "Porque si perdonan a otros sus ofensas, también los perdonará a ustedes su Padre celestial. Pero si no perdonan a otros sus ofensas, tampoco su Padre perdonará a ustedes las suyas.*
>
> MATEO 6:12, 14-15 (NVI)

Al mirar la cita en rojo de Mateo 6: 12, 14-15 en el Sermón del Monte, tenemos a Jesús hablándonos directamente del poder del perdón y de las horribles consecuencias si elegimos no perdonar. El cristianismo no nos da una licencia para no perdonar. No hay excepciones para perdonar. Se nos ofrece el perdón y se nos obliga a perdonar.

Entonces, ¿por qué es tan difícil perdonar? Pensemos en esto. Necesitamos explorar nuestras justificaciones para no perdonar a alguien que nos ha herido. Pero primero exploremos lo que significa realmente el perdón.

Una de las falsas creencias es: "Si perdono a alguien, debo reconciliarme con él". Esto no es cierto. El perdón y la reconciliación no son el mismo proceso. A veces puede parecer que son uno, pero incluso desde la cruz, Jesús perdonó a los soldados romanos que estaban apostando para ganar su ropa, donde no hubo reconciliación.

En **Lucas 23:34** (NVI), Jesús oró: —Padre —dijo Jesús—, perdónalos, porque no saben lo que hacen. Mientras tanto, echaban suertes para repartirse entre sí la ropa de Jesús.

El perdón te permite liberarte de una persona o personas que te han hecho daño. Te permite un nuevo nivel de libertad. Michael Dye, en su obra fundamental, *El proceso de Génesis para grupos de cambio*, que ha sido traducida a 14 idiomas, dice:

> *El perdón viene del perjudicado cancelando la DEUDA que se debe.*
>
> *No es necesaria la participación del agresor. La reconciliación llega*
>
> *del agresor pidiéndole perdón y disculpándose"*[30]

El arzobispo Desmond Tutu afirma: *"Sin perdón no hay futuro"*.[31] Continúa diciendo: *"Permanecer en el estado (de falta de perdón) te encierra en un estado de víctima, haciéndote casi dependiente del perpetrador"*.

Así que con todas estas citas de gente inteligente como Michael Dye y el arzobispo Tutu (por no mencionar a Jesús y al apóstol Pablo, por el amor de Dios), la pregunta sigue siendo: **¿por qué es tan difícil perdonar?** Tal vez la verdadera pregunta es: ¿por qué es tan fácil aferrarse a nuestros resentimientos y juicios de los demás? Una gran pregunta. Esto lo vemos en Mateo 18, donde un siervo fue asombrosamente bendecido al serle perdonada una deuda que iba más allá de lo que podría haber ganado en toda su vida. Era una deuda imposible de pagar, pero el milagro ocurrió: el Rey, en un momento de gracia, le perdonó toda la suma. ¡Qué regalo! Se le quitó el peso de encima. El siervo se vio realmente libre de la carga de esa deuda. Sin embargo, se da la vuelta y se niega a perdonar a un compañero que le debía muy

---

[30] Michael Dye, El proceso de Génesis: Para grupos de cambio, Libro 1 y 2, Libro de trabajo individual (Auburn, Michael Dye, 2012), 123.

[31] Desmond Tutu y Mpho Tutu, El libro del perdón: el cuádruple camino para curarnos a nosotros mismos y a nuestro mundo (Nueva York, HarperCollins, 2014).

poco. ¡Caramba! Yo he pasado por eso. Es feo. Pero la verdad es que todos hemos estado allí en un momento u otro.

Desmond Tutu hizo referencia a por qué no perdonamos. **Es porque hemos abrazado o nos hemos aferrado a la identidad de ser una víctima.**[32] Una cosa es reconocer que hemos sido heridos por otros, pero otra cosa es aferrarse a ser una víctima.

Recuerda que Michael Dye dice: *"Perdonas para liberarte de los que te hieren, haya o no reconciliación"*.[33] Puedes recuperar la propiedad de tu vida siendo responsable en la forma en que eliges responder de manera que coincida con tus valores. Recuperas la propiedad de tu vida siendo responsable de tus actitudes y acciones. Date la dignidad de elegir y libera a los que te han herido al juicio de Dios cancelando la deuda que crees que te deben.

HOJA DE TRABAJO PARA REDUCIR EL RESENTIMIENTO

Piensa en una persona o grupo con el que guardas resentimientos, juicios y/o ira. Asegúrate de que no te limitas a realizar el ejercicio, sino que aprendes de verdad a soltar las cadenas de la falta de perdón que te impiden acceder a lo mejor de Dios y a sus bendiciones.

1 Mantengo juicios, resentimientos y/o ira hacia:

2 Describe el suceso y lo que te ocurrió.

---

[32] Desmond Tutu y Mpho Tutu, El libro del perdón

[33] Michael Dye, El proceso de Génesis: para grupos de cambio, Libros 1 y 2, Libro de trabajo individual (Auburn, Michael Dye, 2012), 123.

3 **Lo que hicieron me afectó de las siguientes maneras:**
(Algunos ejemplos son: paz emocional, claridad mental, paz espiritual, salud física, salud sexual, estabilidad financiera, autoestima, orgullo/ dignidad, relaciones rotas, sueños perdidos o metas futuras).

4 **Probablemente lo hicieron "porque sí":**

5 **Mi parte en esto fue:** (Aunque sólo sea el 1%, asume toda la responsabilidad de tu rol).

6 **Lo que estoy aprendiendo ahora sobre mi carácter es:**

7 ¿Cuál es tu visión del futuro respecto a esta relación? ¿Cómo quieres que cambien las cosas?

8 Ahora lo más importante: elijo perdonar a _____ por lo que ha hecho.

9 Mi límite de seguridad con _____ será:

Utiliza esta plantilla para trabajar con otras heridas y juicios que lleves.

LECCIÓN CUATRO

AUTOCUIDADO

Por Harry Flanagan

 Ve el Video: Pilar Tres: Lección Cuatro.

Las personas con adicciones establecen personalidades protectoras. Estas personalidades actúan como máscaras o gestos defensivos. Se han vuelto vigilantes para mantener el secreto. Esta vigilancia dominará y controlará nuestras vidas.

Una de las víctimas de invertir en nuestras personalidades protectoras ha sido nuestra falta de autocuidado. Todavía no he conocido a una persona en situación de esclavitud o adicción que haya comenzado el proceso de sanidad con un claro sentido de autocuidado. Puede que hagan algo en una de las áreas, pero nunca he visto a nadie que abrace fácilmente el autocuidado, incluso después de años de intentar trabajar en su sanidad.

Esta es una batalla diaria para mí. Todavía tengo áreas en las que no soy naturalmente bueno con el autocuidado. Rara vez está en la cima de mi lista de prioridades, aunque debe estarlo. Dios nos ha llamado su templo. La palabra templo tiene dos opciones en el griego. Una se refiere a un edificio utilizado para funciones religiosas. La segunda es el lugar donde mora la presencia de Dios. Es la segunda definición la que Pablo pretendía en sus palabras a los cristianos de Corinto.

> *¿No saben que ustedes son templo de Dios y que el Espíritu de Dios habita en ustedes? Si alguno destruye el templo de Dios, él mismo será destruido por Dios; porque el templo de Dios es sagrado y ustedes son ese templo.*
>
> 1 CORINTIOS 3:16-17 (NVI)

Este versículo es a la vez reconfortante y condenatorio. Es reconfortante porque Dios está diciendo que tú y yo somos tan valiosos que "Si alguien te hace daño lo destruiré". Revela no sólo que tenemos valor para Él, sino también que desea protegernos. Para las personas que han vivido aisladas resulta incómodo que Dios sea tan cariñoso e íntimo con nosotros. Sin embargo, en el fondo de nuestro corazón, esto es lo que anhelamos.

1 Corintios 3:16-17 también es muy convincente. Pablo usa la frase "Si alguien" destruye el templo (nosotros), entonces Él destruirá a esa persona. Cuando miro hacia atrás en mi vida, o incluso la evalúo ahora, yo soy la persona que ha hecho más daño y negligencia al templo que es mi cuerpo.

Oops, ¡ahora lo he hecho! Dios quiere amarme y protegerme y yo lo estropeo; ahora en mi corazón, temo que estoy de nuevo en un lugar de oposición a Él. Incluso ahora, puedo escuchar al enemigo usando las Escrituras para acusarnos, así como usó las Escrituras para acusar a Jesús. Sí, casi puedo oír una voz audible que dice: " El que no está de mi parte está contra mí " (Mateo 12:30 NVI). La Nueva Traducción Viviente del versículo es aún más cruda en su comentario::

> *El que no está conmigo, a mí se opone, y el que no trabaja conmigo, en realidad, trabaja en mi contra.*
> MATEO 12:30 (NTV)

Tenemos que prestar atención a este versículo, pero no creo que nuestro Padre esté esperando que le fallemos para poder clavarnos. Él no es el mítico dios vikingo Thor, con su martillo y su rayo listo para eliminarnos porque somos sus enemigos. Somos sus hijos rotos y necesitados de su gracia y su poder. Me recuerda otro verso escrito por el apóstol Pablo:

> *...pero él me dijo: "Te basta con mi gracia, pues mi poder se perfecciona en la debilidad"*
> 2 CORINTIOS 12:9A (NVI)

Eso está suficientemente claro para mí. Sé que soy débil espiritualmente y creo que la gracia de Dios es, en última instancia, todo lo que necesito. Su fuerza se revelará en el reconocimiento de mi debilidad y mi dependencia de Él. Recuerda que estamos avanzando hacia la aceptación de la vida en sus términos. Por lo tanto, necesitamos arriesgarnos a aprender a apoyarnos en Él. Él no nos defraudará; somos sus hijos y Él es el Padre perfecto que está de nuestro lado.

EL RESTO DE ESTA LECCIÓN SE CENTRARÁ EN CUATRO ÁREAS DE AUTOCUIDADO:

+ Nutrirnos espiritualmente
+ Nutrirnos mentalmente
+ Nutrirnos físicamente
+ Nutrirnos relacionalmente

NUTRIRNOS ESPIRITUALMENTE

Aunque parezcamos ineptos en este terreno, somos seres profundamente espirituales. Pablo nos dice en 2 Corintios 5 que estar ausente del cuerpo es estar presente con Cristo. Piensa en eso; mi cuerpo es sólo un recipiente que me permite moverme por este mundo. Mi cuerpo es una parte de mi ser, pero no es la totalidad de lo que soy. De hecho, mi eternidad está ligada a mi espiritualidad, no a cuánto sé o cuánto hago. Es el estado de estar en relación con Él.

Durante casi todo mi caminar cristiano, me han sorprendido algunas cosas en Apocalipsis 2 donde Juan se convierte en el escriba de Jesús. Juan nos dice que Jesús no puede encontrar faltas en el comportamiento de la gente de la iglesia de Éfeso. Esto es increíble. El Rey de los Reyes no pudo encontrar ninguna falta en su comportamiento. ¡Qué iglesia tan maravillosa! Cuando era un joven cristiano, pensaba que podía entrar en cualquier iglesia y encontrar fallos en algo de lo que hacían. ¡No me di cuenta de que esto sólo señalaba mi propia batalla con la justicia propia!

Pero Jesús sí expone su área de necesidad. Le dice a la iglesia de Éfeso que han abandonado su primer amor. A menos que se arrepientan (se vuelvan) y hagan las cosas que hicieron al principio, esta iglesia perdería su autoridad e influencia dentro de la comunidad cristiana. Parafraseado, Jesús les estaba diciendo: "Han estado tan ocupados haciendo cosas para mí, que han dejado de pasar tiempo conmigo".

Esto me llama la atención. Sé que he sido culpable de esto periódicamente a través de mi caminar con Cristo. ¿Y tú? Supongo que muchos de ustedes, como yo, se ven atrapados en el ajetreo de la vida en general y de la vida en la iglesia. Nada de esto es malo, pero no es nuestra vocación final.

Marta se quejó de que María no ayudaba, y Jesús dijo: **"Marta, Marta —contestó el Señor—, estás inquieta y preocupada por muchas cosas, pero solo una es necesaria. María ha escogido la mejor y nadie se la quitará"** (Lucas 10:41-42 NVI). Lo bueno es pasar tiempo en la presencia de Dios. ¿Cómo te va con eso?

DOS SENCILLOS PASOS TE LLEVARÁN A LA INTIMIDAD CON DIOS.

En primer lugar, elige a propósito dedicar de 15 minutos a una hora, no a devocionales en el sentido clásico, sino a estar en silencio en Su presencia. Lee sólo cuando el Espíritu Santo te guíe; ten papel y bolígrafo cerca para que puedas anotar los impulsos que te llegan al estar en Su presencia.

El segundo paso es llevar un diario. Lo sé, lo sé. Todavía no he encontrado a nadie que haya abrazado fácilmente el diario. Pero, por favor, dame la oportunidad de exponer mi caso. En este mundo tan acelerado necesitamos algunos reguladores, algo que nos frene. Esa es la función del diario. Nos ralentiza, nos permite pensar y nos da la oportunidad de ser más conscientes de nosotros mismos. Las notas del diario trazan nuestro progreso a lo largo del tiempo y nos permiten tener un maravilloso mapa del viaje de la vida.

EJERCICIO SWORD: APRENDE A LLEVAR UN DIARIO EN RESPUESTA A LA PALABRA DE DIOS[34]

Practicar el ejercicio SWORD te ayudará a relacionar con las Escrituras las verdades que descubras. En otras palabras, serás tocado pero no cambiado si el diario de la Palabra de Dios no es parte de tu experiencia. Este proceso involucra una de las renovaciones más significativas de tu mente que jamás hayas experimentado y esto sólo sucede cuando encuentra el poder sobrenatural de la Palabra de Dios en tu corazón y no sólo en tu cabeza.

El término **SWORD (según sus siglas en inglés, Escritura. Esperar. Observar. Pedir. Dedicar)** puede ser útil en el proceso de escribir el diario. Nos recuerda que se trata de una guerra espiritual. No se trata de un proceso clínico, sino de una GUERRA. Debemos abordar cada día del resto de nuestras vidas con el arma de la Palabra de Dios en nuestros corazones y en nuestras bocas.

En el *Diario de los Siete Pilares de Libertad* se incluye más información sobre el uso del Ejercicio SWORD.

NUTRIRNOS MENTALMENTE

¿Cómo se piensa fuera de la caja? Los científicos nos dicen que la calidad de nuestra vida y la fortaleza de nuestro cerebro están parcialmente ligadas a mantenerlo estimulado con nuevas experiencias mentales.

El Dr. Ted me asombra; consume libros a un ritmo superior al de cualquier otro amigo o conocido. Le encanta el conocimiento y abraza los aspectos prácticos de la aplicación de los nuevos conocimientos en su vida.

¿Estás mentalmente en una rutina? ¿Estudias o tienes interés en sólo una o dos áreas? Incluso cuando se trata de leer mi Biblia, me encanta cambiar a otras traducciones con regularidad porque la nueva fraseología me permite una mirada fresca a los pasajes conocidos.

Me encanta leer. Leo muchos libros y artículos para mi trabajo en Pure Desire Ministries International. También me gusta la historia y siempre tengo a mano uno o dos libros de historia. De vez en cuando me gusta leer una novela o un libro de humor.

El autocuidado mental no se limita a los libros. Hay muchas otras opciones que también estimulan, como la visita a galerías de arte, museos y otros tipos de exposiciones. Mi mujer y yo exploramos algunas de ellas en nuestras noches de cita. Considera otras formas positivas de salir de tu rutina mental.

---

[34] Ted Roberts, Siete pilares de la libertad, SWORD Drill (Gresham: Pure Desire Ministries International, 2009), 310.

NUTRIRNOS FÍSICAMENTE

Nutrirnos físicamente no es sólo cuestión de ejercicio y dieta. Aunque desempeñan un papel importante, hay mucho más. ¿Acudes regularmente al médico y al dentista para revisiones preventivas y reparadoras? ¿Duermes regularmente lo suficiente por la noche? ¿Cómo resuelves el estrés de forma saludable?

El estrés está detrás de la gran mayoría de los obstáculos que impiden llevar una vida sana. El ajetreo de la vida también aumenta el estrés y tenemos que aprender a separar lo urgente de lo importante. Muchas cosas que parecen urgentes en el momento no son realmente muy importantes. Bajar el ritmo y aprender a relajarte en tu fe y estilo de vida te llevará a un lugar donde tienes la oportunidad de renovarte.

Cuando trabajaba en el negocio de las hipotecas, le decía a la gente: "Quieres ser dueño de la casa, y no dejar que la casa sea tu dueña". De la misma manera, Dios te ha dado la administración de tu vida. ¿La vida que vives es tu dueña o eres tú el dueño de la vida que estás viviendo?

Romper con el aislamiento, la pasividad y la procrastinación te liberará de que las circunstancias sean las dueñas de tu vida. En su lugar, puedes empezar a tomar posesión, con la guía de Dios, y empezar a vivir la vida de la manera que Él nos está enseñando. Si no asumes la responsabilidad, entonces siempre tendrás a esas personas alrededor que están más que felices de dirigir tu vida por ti. En ese caso, el autocuidado no tendrá ningún valor real para ti.

Esta área es la que me da más problemas. He estado tan consumido por mi sanidad de la adicción sexual que no he cuidado de todo mi ser. A medida que voy madurando, o como me gusta decir, me voy "extinguiendo" cada día más, voy encontrando limitaciones que han resultado de la falta de autocuidado en mi vida. Tengo sobrepeso y una diabetes de Tipo 2 directamente relacionada con una mala gestión del autocuidado. La buena noticia es que nunca es demasiado tarde para empezar. Me siento mejor con el autocuidado a medida que me vuelvo más disciplinado.

NUTRIRNOS RELACIONALMENTE

Durante la Segunda Guerra Mundial, cuando los nazis bombardearon Inglaterra, tanto los ancianos como los jóvenes tenían un alto índice de mortalidad, ya que las familias se veían destrozadas por la muerte y la guerra. Entonces alguien tuvo la gran idea de que los ancianos debían cuidar a los jóvenes. La gente empezó a ver un milagro, ya que los jóvenes sentían amor y cariño (no estaban abandonados y solos) y los ancianos se sentían valorados y útiles (tenían algo que aportar). La tasa de mortalidad en ambos grupos disminuyó rápida y significativamente.

Estamos hechos para las relaciones. Si no nos damos permiso para desarrollar grandes amistades, nos perdemos el sentido de pertenencia y de saber que somos realmente queridos. La vida se limitará a existir, que no es a lo que Dios nos ha llamado.

> *El ladrón no viene más que a robar, matar y destruir; yo he venido para que tengan vida y la tengan en abundancia.*
> JUAN 10:10 (NVI)

La palabra "abundantemente" en el idioma original del Nuevo Testamento es muy poderosa. Significa tanto cantidad como calidad. Ahora tome esa definición y póngala en el versículo. "*He venido para que tengáis la verdadera vida, y esa vida será a la vez abundante y la calidad de vuestra vida también será aumentada*".

Esta verdad me parece buena. ¿Y tú? ¿Cuál es tu prioridad para desarrollar amistades? Yo sé que si no fuera por los amigos que Dios envió a mi camino durante mi tiempo de sanidad en la Iglesia de East Hill, no lo habría logrado.

Mis amistades son una prioridad en mi vida. Tengo amigos con los que voy a los cafés y simplemente disfrutamos e invertimos el uno en el otro. Mi esposa, Debby, y yo tenemos un pequeño grupo al que asistimos semanalmente. Estas personas no son sólo miembros de la iglesia; son el núcleo y la pieza más importante de mi experiencia en la iglesia. Son amigos maravillosos y, a decir verdad, ¡son parte de mi clan!

Tu sanidad depende de lo bien que aceptes el autocuidado, que debe incorporarse a tu plan de prevención de recaídas. Si tienes amigos buenos y piadosos, asegúrate de mantenerlos durante el proceso de sanidad.

Metas de autocuidado. Escribe al menos un objetivo y uno o dos pasos de acción para cada una de las cuatro áreas de autocuidado: Espiritual, Mental, Físico y Relacional.

Metas de autocuidado espiritual:_____

Paso de acción:_____

Paso de acción:_____

Metas de autocuidado mental:_____

Paso de acción:_____

Paso de acción:_____

Metas de autocuidado físico:_____

Paso de acción:_____

Paso de acción:_____

Metas de autocuidado relacional:_____
Paso de acción:_____
Paso de acción:_____

ASIGNACIONES ANTES DE LA REUNIÓN

1. Prepárate para hablar de tus objetivos de autocuidado en tu próxima reunión de grupo.
2. **Revisa el Compromiso del Tercer Pilar y prepárate para firmarlo en la próxima reunión.** ¿Cuáles son algunas de tus conclusiones del Tercer Pilar?

_____
_____
_____
_____
_____
_____
_____
_____
_____
_____
_____
_____
_____
_____
_____
_____

3. Lee el capítulo 9 de *Deseo Puro*.

COMPROMISO DEL
TERCER PILAR

He completado, en la medida de mis posibilidades, todos los ejercicios que se encuentran en el Pilar de Libertad Tres. Por la gracia de Dios, haré todo lo que pueda para vivir estas verdades en mi vida diariamente. Sé que la sanidad no llega mientras estoy solo. Elijo rendirme al proceso participando en la vida de esta comunidad de sanidad tal y como se ha esbozado en el Pilar Tres.

Mi nombre _____

Firma _____Fecha _____

TESTIGOS AFIRMANTES

Afirmo el hecho de que _____ ha cumplido con el Tercer Pilar utilizando las herramientas presentadas, y participando en la vida del grupo como se indica en el Tercer Pilar.

Mi nombre _____

Firma _____ Fecha _____

Afirmo el hecho de que _____ ha cumplido con el Tercer Pilar utilizando las herramientas presentadas, y participando en la vida del grupo como se indica en el Tercer Pilar.

Mi nombre _____

Firma _____Fecha _____

LIMITAR LOS PERJUICIOS

LECCIÓN UNO

NECESITAS UN PLAN DE CONTROL DE DAÑOS

 Mire la Introducción al Pilar Cuatro y los Videos del Pilar Cuatro: Lección Uno.

Es increíble cómo los alumnos pilotos pueden meterse en situaciones tan difíciles. Como instructor de vuelo en el ejército, tuve alumnos que intentaban matarme de formas muy creativas. Pero cuando se les deja solos en el avión, ¡pueden ser realmente inventivos!

Recuerdo el increíble dilema de un alumno. En aquel momento, estábamos empujando a los pilotos a través del proceso de formación tan rápido como podíamos porque estábamos en medio de la guerra. Incluso utilizábamos aviones "recauchutados" de la flota. Eran tipos de aviones que no habían demostrado ser tan útiles debido a algunas limitaciones de diseño, pero que eran más que adecuados para el proceso de formación. Un modelo en particular era un placer de volar. Era un avión monoplaza de alto rendimiento que podía girar en una moneda de diez centavos. Un problema: era propenso a desarrollar corrosión en el entorno de agua salada de las operaciones de los portaaviones. Así que en lugar de gastar un asombroso número de horas de trabajo en mantenimiento preventivo para luchar contra la corrosión, el avión se enviaba de vuelta al comando de entrenamiento.

El joven piloto debió pensar que había "muerto e ido al cielo" al tener la oportunidad de volar un avión de tan alto rendimiento en las etapas finales del proceso de formación. Estaba en medio de la artillería aire-aire, volando lo que se llamaba el "patrón de jaula de ardilla". En este caso, cuatro aviones se turnan para hacer recorridos sobre una pancarta que está siendo remolcada por el aire por otra aeronave. Es una experiencia intensa, ya que los cuatro aviones giran en un patrón circular alrededor de la pancarta que se mueve rápidamente.

En la parte superior del patrón, el joven piloto rodó hacia el objetivo y simultáneamente miró hacia abajo en la cabina para cargar sus armas. Ahora este avión podía acelerar de verdad una vez que apuntaba su morro hacia la tierra. Comenzó a lanzarse hacia tierra firme a una velocidad aterradora. El alumno piloto levantó la cabeza de la cabina al ver que el suelo estallaba hacia él. En un estado total de pánico, tiró hacia atrás de la palanca con todo su valor. Recuerda que te dije que este avión tenía problemas de corrosión. Pues bien, en lo más profundo de la estructura del ala de ese pájaro había un grave deterioro.

¡Aquí es donde la historia comienza a ponerse *muy interesante*! La repentina y violenta carga del avión hizo que la sección exterior del **ala izquierda se rompiera!** El aterrorizado estudiante fue lanzado a un giro extremo a la izquierda mientras el ala derecha se elevaba. Entonces el ala izquierda cortada chocó con el ala derecha rompiéndola también. El avión caía ahora como un ladrillo con sólo dos trozos de alas. La cabina estaba tan adelantada y las alas estaban tan inclinadas hacia atrás que al piloto le resultaba difícil verlas. Este joven estaba asustadísimo. Estaba aplicando cada onza de acelerador que pudo encontrar. No tenía ni idea de lo que había pasado. Toda su atención se centraba en el control de daños y en seguir vivo. Apenas podía controlar la actitud de la aeronave y tenía que utilizar toda la potencia para mantenerse en el aire, pero pronto la potencia máxima significaría la ausencia de potencia... se quedaría sin combustible. Los aviones de combate son bestias notoriamente sedientas y, a esta potencia, su vida podría medirse en momentos, no en largos minutos.

Entonces tomó una sabia decisión. Cogió la radio y empezó a pedir ayuda. La política era tener siempre un instructor en la base de operaciones para que los alumnos pilotos en pánico pudieran llamar para pedir ayuda y consejo. Y este tipo estaba pidiendo ayuda a gritos. El instructor tardó un rato en conseguir que el joven se calmara y hablara con claridad.

Después de escuchar la frenética petición de ayuda del joven, el instructor le pidió que pasara por la torre para ver cuál era el problema. Era evidente que el chico había perdido la calma. Probablemente no era más que un problema menor. En la torre de control debió de producirse un silencio aturdidor cuando el joven aviador se acercó rugiendo con el avión en una actitud exageradamente alta. Estaba literalmente parado sobre el tubo de escape. No tenía ni idea de que estaba volando sobre nada más que los restos de lo que habían sido las alas. Algo conmocionado, la torre de control le sugirió al estudiante que volara a una zona cercana y deshabitada y saliera del aparato. Necesitaba un plan de control de daños que le salvara la vida.

Al igual que este piloto, tú también necesitas un plan de control de daños, amigo mío, porque la adicción sexual puede matarte. Necesitas afrontar el hecho de que tú elegiste tu comportamiento en el pasado, pero la realidad elige tus consecuencias en el presente. Has sembrado algunas malas hierbas en tu vida a través de tu comportamiento adictivo. Sí, acabas de completar los pilares dos y tres. Has llegado a comprender la naturaleza de la adicción y la esclavitud sexual. Y lo que es más importante: te has rendido al proceso. En otras palabras, ¡estás tomando grandes decisiones! Pero la cosecha de tus decisiones espinosas del pasado, puede que ahora esté dando sus frutos en tu vida. Eso puede ser una experiencia increíblemente frustrante. Estás haciendo todo lo correcto, sin embargo, nada más que cosas malas parecen estar golpeándote.

La realidad para la mayoría de los hombres es la ingobernabilidad de sus vidas. Puedes sentir que esto ha continuado mucho tiempo después de que hayas elegido confesarte y ponerte bien con Dios. No tienes ningún control sobre las consecuencias de las decisiones pasadas que pueden estar impactando tu vida ahora mismo. Eso puede hacer que te enfades y sientas que te han traicionado. En esta etapa del proceso es muy fácil decir: "¡Esto no funciona!". Puedes sentir que todo está girando fuera de control, especialmente cuando tu esposa está tan herida que ni siquiera puede hablarte y puedes estar experimentando profundos problemas financieros. Las cosas de tu pasado pueden atraer niveles extremos de interés compuesto en el presente. El enemigo de tu alma está haciendo todo lo que puede en este momento para desanimarte y hacerte volver a los viejos patrones de comportamiento.

Sin embargo, **las consecuencias negativas a las que puedes enfrentarte ahora mismo son regalos disfrazados.** Cuando eliges mantenerte firme y afrontar el dolor interior, en lugar de medicarlo, tu cerebro se reprograma literalmente. Te das cuenta de que realmente no hay secretos. Tarde o temprano la verdad siempre sale a la luz. Te enfrentaste honestamente al hecho de que eres impotente para cambiar tu comportamiento por ti mismo. Necesitas a los demás y empiezas a salir del aislamiento.

Una de las peores cosas de tu doble vida pasada es que funcionó durante un tiempo. En el actuar en público, el pecado estaba oculto a la vista y podías funcionar bastante bien. Tal vez incluso tuviste éxito en algunas áreas de tu vida. El problema es que terminaste pagando un precio horrible. Te preparó para ser grandioso en tu pensamiento, creyendo que de alguna manera podrías lograrlo. "Puedo volar esta cosa aunque me arranquen las dos alas". Todo el tiempo el caos se acercaba a ti. Te estabas quedando sin gasolina y sin opciones y Dios te amaba lo suficiente como para dejarte llegar hasta allí.

Para que la salud se arraigue verdaderamente en tu vida, debes desarrollar un plan de control de daños. Puede que no tengas problemas para arrancarte las alas ahora mismo, pero en los próximos días, esos momentos pueden venir por las graves dificultades en las relaciones o por la lucha contra la vergüenza pública de que se cuente tu verdadera historia a través del proceso de revelación. **Así que aférrate a la verdad de que tu adicción fue una forma de locura en la que te engañaste sobre la realidad.**

Por lo tanto, en el presente **debes perseguir la realidad a toda costa.** Y esto significa que debes lidiar con los problemas a los que te enfrentas actualmente. Puede que te sientas como si hubieras caído del cielo y apenas pudieras mantenerte en el aire, pero Dios tiene una respuesta para cada uno de tus problemas. Si los enfrentas con la ayuda de otros, entonces la cordura de la bendición de Dios en tu vida te dará nuevas alas.

*pero los que confían en el Señor renovarán sus fuerzas;
levantarán el vuelo como las águilas.*

ISAÍAS 40:31A (NVI)

 ¿Cuáles son los principales problemas a los que te enfrentas ahora y que son el resultado de decisiones pasadas?

+ Descríbelos detalladamente en los siguientes espacios y anota el origen del problema.
+ Puede que te lleve un tiempo ver la conexión. Tómate tu tiempo para pensar en ello.
+ Una vez que veas la conexión, tu nivel de ira se reducirá considerablemente.

UN PROBLEMA IMPORTANTE AL QUE ME ENFRENTO	EL ORIGEN DEL PROBLEMA LO HE CREADO YO O PERMITÍ QUE EXISTIERA
Ejemplo: *La ira de mi esposa hacia mí*	*Le mentí para encubrir el profundo sentimiento de incapacidad con el que lucho.*
1.	
2.	
3.	
4.	
5.	

2 El simple hecho de reconocer que se tiene un problema y de identificar el origen de ese problema no lo resuelve. La cuestión es: **¿Tienes un plan de control de daños? ¿Cuáles son las posibles soluciones al problema?**

+ Selecciona un problema importante de tu lista: _____
    + Asegúrate de obtener la opinión de los demás.
    + Sé creativo y haz que tu sistema de apoyo te ayude a "pensar fuera de la caja" del problema.

+ Posibles soluciones: ¡enumera todas las que se te ocurran!

+ ¿Cuáles podrían ser algunos resultados positivos de la mejor solución?

+ ¿Qué pasos tienes que dar para que esto ocurra?

1. _____
2. _____
3. _____
4. _____
5. _____

+ ¿Qué tipo de apoyo necesitas y de quién?

ASIGNACIONES ANTES DE LA REUNIÓN

1. Analiza al menos otros **dos** problemas significativos a los que te enfrentas en la vida utilizando el proceso descrito en esta lección. Prepárate para compartirlos con el grupo durante la próxima reunión.

2. Lee el capítulo 10 de *Deseo Puro*. Haz la **Prueba de Altitud Espiritual** que aparece al final del capítulo. Prepárate para compartir tu "altitud espiritual" con el grupo.

LECCIÓN DOS

LA MATRIZ DE LA ADICCIÓN

 Ve el Video: Pilar Cuatro: Lección Dos.

Al salir de mi oficina, oí ese sonido característico que nunca se olvida: el disparo de un asiento de eyección de un avión. A través de la ventana de mi oficina, que daba a la pista de aterrizaje, vi un avión a cientos de metros del suelo con el asiento de eyección del instructor saliendo disparado del avión siniestrado. Un microsegundo más tarde, el asiento del alumno también salió disparado de la cabina delantera. La pregunta: ¿Se abriría su paracaídas antes de impactar contra el suelo? Con sólo unos quince metros de sobra, el paracaídas del estudiante se infló y lo hizo caer al suelo. El avión, que se encontraba en estado de descomposición, continuó su trayectoria mortal y se estrelló contra el suelo en una bola abrasadora de combustible y restos voladores. Sorprendentemente, los aturdidos pilotos salieron totalmente ilesos al desconectarse de sus paracaídas.

El instructor era mi recién adquirido amigo, Chuck Scott. Tuve el placer de compartir a Cristo con él. Sin embargo, nuestro primer encuentro no fue muy alentador. Me había atacado abiertamente sobre mi fe delante de otros pilotos instructores. Después de que respondiera a Cristo, le pregunté: "Chuck, ¿por qué atacaste mi camino con Cristo cuando nos conocimos?". Nunca olvidaré su respuesta: "Ted, quería ver si vivías honestamente tu fe. Estaba buscando respuestas en mi vida". Me sentí muy agradecido de no haberle pegado una paliza al tipo cuando me atacó verbalmente.

El proceso de compartir mi fe con Chuck no fue fácil. Poco después de nuestra confrontación inicial, el Señor me dijo que pusiera un libro cristiano en su buzón del escuadrón. Le dije: "De ninguna manera, Señor. Ya viste cómo me degradó ese hombre". No sé por qué discuto con el Señor. Él es tan implacablemente bondadoso y siempre gana. Creo que Dios se divierte con todas mis protestas porque ambos sabemos que al final voy a hacer lo que Él dice. Así que, con el máximo sigilo, puse el libro en su buzón de forma silenciosa.

Al día siguiente, cuando entré en el escuadrón, Chuck me soltó una descarga verbal con ambos cañones. "Roberts, si vuelves a dejar basura cristiana como ésa en mi buzón, te arrancaré la &*#** cabeza". Eso lo resolvió. El tipo era un loco. No tendría nada que ver con él.

Por supuesto, ¡fue precisamente entonces cuando el Señor me dijo que devolviera el libro a su buzón! De ninguna manera iba a hacer eso. Sin embargo, una vez más, me encontré colocándolo clandestinamente en su buzón. Aquí es donde la historia se pone muy interesante. Al día siguiente, Chuck cogió su correo mientras salía corriendo hacia el portaaviones. Estábamos formando a los alumnos sobre las emocionantes y aterradoras complejidades del aterrizaje a bordo del portaaviones. Él formaba parte del grupo avanzado de este ciclo de formación. El portaaviones se llenó de niebla y él se quedó atrapado a bordo sin nada más que leer este libro que Dios me había pedido que pusiera en su buzón. Resultó ser exactamente lo que necesitaba. En los abarrotados confines de su oficina a bordo del portaaviones, abrió su corazón de par en par a un Salvador infinito y lleno de gracia.

Cuando regresó, compartió su nueva fe conmigo. Me quedé atónito, por no decir otra cosa. Es interesante cómo, a veces, puedo orar por milagros y cuando suceden me cuesta creerlos. No creo que sea el único que lucha contra lo bueno que es Dios con nosotros. Pronto comencé a ser mentor de mi nuevo amigo.

Le enseñé a leer la Palabra de Dios, no como un libro de texto teológico, sino a dejar que ella le leyera a él. En los ejercicios de meditación de este libro de trabajo aprenderás a hacer exactamente lo mismo. Chuck fue un estudiante entusiasta y pronto aprendió a escuchar a Dios hablándole personalmente a través de la Palabra.

En aquella época, habíamos perdido varios aviones y pilotos en accidentes. En la mayoría de ellos, el piloto esperaba demasiado tiempo antes de expulsarse cuando el avión estaba fuera de control o funcionaba mal.

Una mañana temprano, mientras Chuck leía la Biblia, sintió que el Señor le decía que consultara el manual NATOPS (Normalización de los procedimientos operativos y de formación de la aviación naval); esta es la biblia sobre cómo pilotear el avión. En concreto, el Señor le llevó a la sección que trata de la secuencia de eyección a baja altura. Pasó cerca de media hora averiguando a qué altitud tendría que tomar una decisión instantánea para salir del avión si éste tuviera problemas. Esos treinta minutos de inversión obediente salvarían no sólo su vida, sino también la de su alumno.

Se acercaba el final del vuelo y estaban en el patrón de aterrizaje. La alta velocidad de la aeronave estaba desafiando los tiempos de reacción del alumno. Estaba "detrás del avión". El avión de combate volaba más rápido de lo que él podía pensar, lo cual es algo común para un estudiante. Chuck ordenó al alumno que aplicara toda la potencia y diera la vuelta de nuevo para otra aproximación para el aterrizaje. Estaban a una altitud muy baja y, al aplicar la potencia, el avión empezó a subir. Entonces, de repente, todos los instrumentos se quedaron en blanco, se perdió la comunicación por radio y el avión empezó a flaquear. Sin que Chuck lo supiera, la repentina aceleración del motor desencadenó un fallo catastrófico de algunos de los álabes de la turbina. Se desintegraron, cortando la carcasa del motor, el cableado eléctrico y los conductos hidráulicos. El avión murió esencialmente en el aire y los dos pilotos estaban destinados a ser parte de la carnicería que pronto ocurriría abajo, a menos que alguien respondiera instantáneamente. El estudiante piloto no tenía ni idea. Todavía estaba tratando de ponerse el casco de vuelo y seguir apuntando en la dirección correcta. Sin embargo, la inversión matutina de Chuck en el Señor pagaría enormes dividendos al activar instintivamente la secuencia de eyección.

Formé parte del equipo de investigación del accidente. Una vez que pudimos determinar que la causa no era un error del piloto, sino unos álabes de turbina defectuosos, empezamos a comprobar otros aviones del escuadrón. Nos horrorizó descubrir que varios otros aviones estaban preparados para tener el mismo problema. Las palas de la turbina presentaban grietas finas. Cuando se fundieron inicialmente estas palas, se cometieron errores y, como resultado, varios de los motores eran bombas de relojería. Era sólo cuestión de tiempo que el desastre se repitiera. Al rastrear cuidadosamente los pasos hacia atrás, pudimos entender exactamente por qué se había producido el fallo.

A este punto me dirijo con esta historia. Es una parábola de tu vida sexual. Has chocado en tu vida sexualmente, de lo contrario no estarías interesado en este libro de trabajo. Puedes decirte a ti mismo cosas como:

- "¡Bueno, mi problema no es tan grave como el de ese tipo!"
- "Como no he actuado en seis meses, ¡debo estar sano!"
- "Puedo manejar el problema".
- "He orado y prometido a Dios, a mi mujer, a mí mismo o a quien sea que no lo volveré a hacer".

Pero si no entiendes lo que ha provocado el choque en primer lugar, estás destinado a repetirlo. ¡Y repetirlo! ¡Y repetirlo! Ya te haces una idea. Necesitas entender claramente la matriz del proceso adictivo en tu vida. El daño sólo se profundizará hasta que lo hagas.

Tu vergüenza y tu pudor tratarán de evitar que mires con atención la secuencia del choque. Pero si no lo haces, es sólo cuestión de tiempo que vuelvas a actuar. Como mínimo, llevarás una doble vida. Negar lo que causó el choque en el pasado te convertirá en un doble en el presente. No podrás entender cómo tu adversario espiritual está aprovechando tus debilidades en tu contra. Serás un extraño para ciertas partes de tu alma.

PERSONALIZAR LA MATRIZ DE LA ADICCIÓN

La mayor parte de los pensamientos adictivos que te llevan al suelo se producen en el nivel límbico. Tu corteza prefrontal o tu poder de razonamiento superior no están principalmente involucrados. Si cualquiera de ellos estuviera involucrado, habrías dejado tu comportamiento hace mucho tiempo debido a tu compromiso con Cristo. En cambio, estás reaccionando a un nivel instintivo. Si te quedas en blanco, pide al Espíritu Santo que te revele la secuencia.

Recuerda: Las recaídas no ocurren simplemente en tu vida; las recaídas siempre están precedidas por ciertos tipos de pensamientos y acciones. No he descrito la recaída como un progreso constante hacia abajo por la sencilla razón de que no se siente así. Si así fuera, no irías allí. Comienza sintiéndose bien, y de repente se curva hacia abajo. El rápido progreso hacia abajo se desencadena una vez que llegas al punto de "no retorno". Se trata de un punto de decisión límbico, por lo que a menudo ni siquiera eres consciente de que se ha producido una transición; de ahí la línea curva frente a un punto de inflexión brusco. Precisamente por eso es tan importante que dibujes varias de tus secuencias de adicción para que puedas entender tu proceso de pensamiento antes del choque. La comprensión de la secuencia te permitirá atraparte a ti mismo en el futuro y, con suerte, salir del apuro o evitar el choque.

He representado una matriz típica de adicción compilada a partir de lo que he escuchado de miles de hombres. El factor crítico al hacer este ejercicio es que los hombres escuchen lo que se dicen a sí mismos en el camino. Estas son las excusas que utilizamos, las racionalizaciones que nos decimos a nosotros mismos, para alimentar la adicción. Una vez que hemos actuado, las mentiras que nos hemos dicho a lo largo del camino parecen ridículas, pero entonces es demasiado tarde. Tenemos que aprender a captar las excusas durante el proceso y refutarlas.

> SI NO ENTIENDES LO QUE HA PROVOCADO EL CHOQUE EN PRIMER LUGAR, ESTÁS DESTINADO A REPETIRLO.

MATRIZ TÍPICA DE LA ADICCIÓN SEXUAL
A=Acción | E=Excusa

A: Navegar por internet.
E: Sólo estoy revisando mi correo electrónico.

A: Observo una imágen/sitio/pop-up sexual.
E: Es interesante.

A: Busco la página porno y siento excitación sexual.
E: Puedo manejarlo; puedo parar cuando quiera.

A: Mirar otras páginas y autoestimularme.
E: No hago daño a nadie.

A: Paso mucho tiempo en línea masturbándome.
E: Consumido por el placer, pero sintiendo una profunda culpa.

A: Sentimientos de profunda vergüenza y frustración.
E: Ocultar el comportamiento y/o rezar y prometer a Dios que dejaré de hacerlo.

En el espacio de la página siguiente, describe tu **"matriz de adicción"** o trayectoria de recaída. ¿Cuáles son tus **"pensamientos de hoja de turbina rota"** que te preceden a estrellarte sexualmente contra el suelo? Si nunca te has tomado el tiempo de hacer este tipo de ejercicio, *¡esto puede suponer un verdadero reto!*

MI MATRIZ DE ADICCIÓN

A=Acción | E=Excusa

A: _____
E: _____

A: _____			A: _____
E: _____			E: _____

A: _____			A: _____
E: _____			E: _____

A: _____
E: _____

> **+** Ahora vamos a profundizar. Recuerda la última vez que actuaste. ¿Cuáles fueron las condiciones previas? Identifica tus estados de ánimo o las cosas que habían ocurrido o no en tu vida ese día.

1. _____
2. _____
3. _____
4. _____
5. _____
6. _____

Si haces este ejercicio con detenimiento, probablemente descubrirás que hay algunas condiciones previas muy comunes. Tu adicción es principalmente un proceso por el que medicas tu dolor interior. Puede ser que algo en el presente te recuerde el dolor de algo de tu pasado. Puede ser el aburrimiento o una sensación de inutilidad que te persigue, a pesar de todos tus logros.

La secuencia casi siempre está desencadenada por algún malestar emocional interno. Una vez que te has "estrellado" sexualmente suficientes veces, tu cerebro cambia su forma de funcionar. Acaba operando con el "piloto automático" y te lleva al suelo una y otra vez. Este difícil ejercicio te ayuda a identificar finalmente el interruptor del piloto automático destructivo para que puedas empezar a apagarlo.

 Ahora identifica lo siguiente en tu vida:

1. Tus fantasías sexuales que forman parte de las condiciones previas.

2. Tus rituales que te preparan para la recaída (navegar por Internet, ver videos sexuales, coquetear en el trabajo, etc.)

3. Tus intentos de tratar de "mantener la tapa puesta" u ocultar el comportamiento incluyen:

4. Detente y repasa lo que has escrito. ¿Cuáles son tus observaciones sobre la batalla que has librado?

+ _____

+ _____

+ _____

+ _____

5. Prepárate para compartir con tu grupo todo lo que has descubierto sobre tu **Matriz de Adicción.**

LECCIÓN TRES

LA HISTORIA DE TU DOLOR

 Ve el Video: Pilar Cuatro: Lección Tres.

 Lee 2 Samuel 9:1-13 (NVI) en voz alta en la próxima reunión del grupo.

¹ El rey David averiguó si había alguien de la familia de Saúl a quien pudiera beneficiar en memoria de Jonatán

² y, como la familia de Saúl había tenido un administrador que se llamaba Siba, mandaron por él. Cuando Siba se presentó ante el rey David, este preguntó:—¿Tú eres Siba?

—A sus órdenes —respondió.

³ —¿No queda nadie de la familia de Saúl a quien yo pueda beneficiar en el nombre de Dios? —volvió a preguntar el rey.

—Sí, todavía le queda a Jonatán un hijo que está tullido de ambos pies —le respondió Siba al rey.

⁴ —¿Y dónde está?

—En Lo Debar; vive en casa de Maquir, hijo de Amiel.

⁵ Entonces el rey David mandó a buscarlo a casa de Maquir, hijo de Amiel, en Lo Debar.

⁶ Cuando Mefiboset, que era hijo de Jonatán y nieto de Saúl, estuvo en presencia de David, se inclinó ante él rostro en tierra.

—¿Tú eres Mefiboset? —preguntó David.

—A sus órdenes —respondió él.

⁷ —No temas, pues en memoria de tu padre Jonatán he decidido beneficiarte. Voy a devolverte todas las tierras que pertenecían a tu abuelo Saúl y de ahora en adelante te sentarás a mi mesa.

> *⁸ Mefiboset se postró y dijo:*
>
> *—¿Y quién es este siervo suyo para que usted se fije en él? ¡Si no valgo más que un perro muerto!*
>
> *⁹ Pero David llamó a Siba, el administrador de Saúl, y dijo:*
>
> *—Todo lo que pertenecía a tu amo Saúl y a su familia se lo entrego a su nieto Mefiboset. 10 Te ordeno que cultives para él la tierra y guardes la cosecha para el sustento de su casa. Que te ayuden tus quince hijos y tus veinte criados. En cuanto al nieto de tu amo, siempre comerá en mi mesa.*
>
> *¹¹ —Tu servidor hará todo lo que mi señor el rey me ordene —respondió Siba.*
>
> *A partir de ese día Mefiboset se sentó a la mesa de David[a] como uno más de los hijos del rey. ¹² Toda la familia de Siba estaba al servicio de Mefiboset, quien tenía un hijo pequeño llamado Micaías.*
>
> *¹³ Tullido de ambos pies, Mefiboset vivía en Jerusalén, pues siempre se sentaba a la mesa del rey.*

Había un hombre llamado Mefiboset que estaba en línea para ser el próximo rey de Israel. Su padre, Jonatán, murió en combate contra los filisteos y Dios hizo algo que sólo Dios podía hacer: pasó por encima de Mefiboset sin lastimarlo en el proceso y puso en el trono a un pariente desconocido.

No vemos a David como un desconocido, sino que su propio padre lo consideraba esencialmente inútil. Cuando el profeta Samuel observó detenidamente a los siete hijos que Isaí tenía alineados ante él para elegir, se quedó perplejo. El Señor no le permitió ungir a ninguno de ellos para que fuera rey. "¿Tienes otros hijos?" preguntó Samuel. Esta era una pregunta descabellada porque un padre hebreo obviamente presentaría a cada uno de sus hijos a Samuel para que los eligiera como rey. Pero, sorprendentemente, Jesé responde: "Sí, está el más joven". La NVI utiliza amablemente la palabra "más joven". El término hebreo es "kaw-tawn", que podría traducirse fácilmente como "el inútil".

David no era muy apreciado por su familia de origen. Esto me hace sospechar que, como yo, podría haber sido un hijo ilegítimo. No puedo probarlo, pero la conclusión es que no era un hijo favorecido. Sin embargo, fue favorecido a los ojos de Dios. Esto se ve en los comentarios del Señor a Samuel antes de enviarlo a la casa de Jesé.

> *El Señor dijo a Samuel: ¿Cuánto tiempo vas a quedarte llorando por Saúl, si ya lo he rechazado como rey de Israel? Mejor llena de aceite tu cuerno y ponte en camino. Voy a enviarte a Belén, a la casa de Isaí, pues he escogido como rey a uno de sus hijos.*
> 1 SAMUEL 16:1 (NVI)

Traducción: Samuel, he encontrado un hombre según mi corazón. He encontrado un pastorcillo en las montañas de Judea. Baila ante mí, me escribe canciones de amor y me sopla besos. Este es el hombre que haré el próximo rey de Israel.

Es fascinante ver cómo Dios llama a alguien que ni siquiera se supone que esté en una posición exaltada. Él puede tomarlos de la alcantarilla y llevarlos a un lugar de gracia y poder. Dios sacó a David de la alcantarilla a lo más alto.

Siempre se puede decir cuando un hombre se da cuenta de esta realidad en su vida. Su adoración no es plástica o mecánica, sino profundamente desde el alma. El primer libro que leí de la Biblia fue el de los Salmos. Solía llevar un pequeño Nuevo Testamento y los Salmos en el pantalón de mi traje de vuelo. Siempre que tenía un momento libre entre los vuelos como instructor, sacaba los Salmos y empezaba a leer. Me asombraba la pasión y el poder de David. Agarró la vida por el cuello y luchó profundamente con las vicisitudes de la existencia diaria en un mundo caído. Sin embargo, siempre parecía aferrarse al amor de Dios por él y a su amor por Dios. Sí, el tipo también era un adicto al sexo. David era una increíble amalgama de contradicciones, como muchos de nosotros.

David podía ser asombrosamente gentil y esto se ve en su pregunta: "¿Queda alguien de la casa de Saúl a quien pueda bendecir?" Es una pregunta alucinante porque Saúl lo había perseguido como un perro durante más de una década. El hombre buscó todos los medios posibles para matar a David. Sin embargo, David responde ahora con tanta gentileza al tratar de bendecir a alguien de la casa de Saúl. Qué poderosa imagen de un hombre que sabe que todo lo que tiene es un regalo de Dios. El sirviente, Siba, le informa que le queda un nieto. Mefiboset vive en Lo Debar. Me encanta la forma en que la versión King James expresó la respuesta de David.

> *Entonces el rey David mandó a buscarlo a casa de Maquir, hijo de Amiel, en Lo Debar.*
> 2 SAMUEL 9:5 (NVI)

Suena bastante extraño, ¿verdad? Sacar a alguien de un lugar. La antigua palabra inglesa se refiere a sacar a alguien de algo. Pero es una descripción gráfica de lo que la gracia de Dios ha hecho en tu vida, ¿no es así? Tal vez creciste en el hogar "cristiano perfecto" y le diste tu corazón a Cristo cuando eras un preescolar. Sin embargo, Dios te sacó del pozo del infierno. Para tipos como yo que no tienen un trasfondo como ese, "buscar" es un concepto fácil de entender. Conocí a Cristo en medio de tener que matar hombres a corta distancia.

Pero no importa si te encuentras con Cristo en medio de una guerra o en medio de una clase de escuela dominical; todos fuimos sacados del pozo por la gracia de Dios. No decidiste recibir a Cristo por ti mismo. Dios te dio la capacidad y el deseo de tomar esa decisión en primer lugar. Y Él te dará la gracia para vencer las ataduras sexuales que ahora plagan tu alma. Pero esto no ocurre sólo con más oración o esfuerzo de tu parte. Sólo ocurre cuando te enfrentas cara a cara con la profunda sanidad y Restauración que Dios quiere llevar a cabo en tu alma.

Mefiboset estaba en un lugar llamado Lo Debar, que significa "sin pastos", un lugar de desolación y soledad. El aislamiento es la base de la adicción sexual. Es un trastorno de la intimidad o del apego. Nunca he aconsejado a un hombre que luche con problemas sexuales en su vida que no haya pasado algún tiempo en Lo Debar. No es que quieran vivir en Lo Debar; el problema es que se quedaron atrapados allí como Mefiboset. Todos ellos tienen una historia de dolor.

¿QUÉ ES UNA HISTORIA DE DOLOR?

Es la historia que tenemos dentro de nuestra alma. Se trata de aquellos momentos en los que fuimos heridos y traicionados. Es un hilo oscuro de dolor que todos podemos tener dentro. Es el precio de crecer en un mundo caído. El problema es que la historia se suele establecer muy pronto en nuestra vida. Como David, podemos llevar heridas profundas de nuestra familia de origen. Las heridas han estado ahí tanto tiempo que ya no las notamos. Sin embargo, pueden controlar nuestros procesos de pensamiento a nivel límbico.

Eso no quiere decir que nuestras elecciones adictivas sean causadas por las acciones de otros. Nosotros tomamos las decisiones. **Pero si no entendemos el dolor de nuestro pasado, no podemos reclamar la bendición y el destino que Dios ha dispuesto para nosotros en el futuro.** Bendiciones que Dios ha ordenado para nosotros antes del principio de los tiempos. El enemigo de nuestra alma complica aún más el asunto asegurándose de reforzar el tema de nuestro dolor pasado, así el dolor comienza a acumularse en nuestra alma. Pronto el derecho puede convertirse en parte de nuestro proceso de pensamiento. Podemos decirnos tranquilamente: "Estoy muy dolido; por lo tanto, este tipo de actividad es una forma aceptable de medicar mi dolor interior".

Nuestra corteza prefrontal no nos dice esto, pero nuestro cerebro límbico grita ese estribillo en lo más profundo de nuestro ser cuando sentimos dolor. Pronto, para justificar las decisiones destructivas que estamos tomando, nos aliaremos con pensamientos autoengañosos. Encontraremos una manera de justificar nuestro comportamiento. Viviremos en la negación que vimos en el primer pilar.

Cuando Ziba llamó a la puerta de Mefiboset en Lo Debar, probablemente le dijo a Ziba que se fuera. Pero estoy seguro de que Siba siguió tocando hasta que Mefiboset escuchó el mensaje: "¡El Rey tiene necesidad de ti!". En ese momento, Mefiboset tuvo que lidiar con su historia de dolor. Podía continuar por el camino de la intimidad negativa volviendo a contarse a sí mismo la historia de cómo le fue mal en la vida. Si hubiera ensayado la historia una y otra vez, nunca habría salido de Lo Debar. En lugar de ello, y corriendo un gran riesgo personal, fue al palacio y descubrió la bondad de Dios de una forma que nunca había soñado.

EJERCICIO DE LA HISTORIA DEL DOLOR

El siguiente ejercicio te desafiará como la llegada de Ziba desafió a Mefiboset. Te sentirás arriesgado e incómodo al responder a las preguntas. Por favor, no te apresures a realizar este ejercicio. De hecho, podría funcionar mejor si al principio lees las preguntas y haces un primer intento de llenar los espacios en blanco. A continuación, déjalo a un lado, ora sobre tus respuestas y pide al Espíritu Santo que te permita ver hasta el fondo de tu alma. Observa los patrones de dolor; y lo que es más importante, descubre lo que Dios ha estado haciendo a lo largo de tu vida a pesar del dolor.

MI HISTORIA DE DOLOR

LISTA DE DOLOR	¿QUÉ HA PASADO?	¿QUÉ ES LO QUE QUE SENTÍAS?	AQUÍ HAY UNA HISTORIA.
¿Dónde y cuándo te han traicionado y herido en la vida? ¿Quién estuvo involucrado en la traición?	Describe el evento. ¿Qué ocurrió? ¿Quiénes fueron los implicados?	¿Cuáles eran tus emociones? ¿Qué pensabas y sentías? ¿Qué se decía de ti?	¿Cuáles son algunos elementos comunes en estos eventos?
El ejemplo de Ted: Madre alcohólica	*No está ahí para mí*	*Abandono y la rabia*	*Las figuras de autoridad te traicionarán*
El ejemplo de Ted: 7 padrastros	*Humillación y abuso*	*Miedo y rabia*	*Las figuras de autoridad te traicionarán*

1.

2.

3.

LISTA DE DOLOR	¿QUÉ HA PASADO?	¿QUÉ ES LO QUE SENTÍAS?	AQUÍ HAY UNA HISTORIA.
¿Dónde y cuándo te han traicionado y herido en la vida? ¿Quién estuvo involucrado en la traición?	Describe el evento. ¿Qué ocurrió? ¿Quiénes fueron los implicados?	¿Cuáles eran tus emociones? ¿Qué pensabas y sentías? ¿Qué se decía de ti?	¿Cuáles son algunos elementos comunes en estos eventos?

4.

5.

6.

7.

Ahora vamos a unir las piezas. Observa lo que has escrito en el cuadro y responde a las siguientes preguntas.

1. ¿Cuáles son las creencias centrales (límbicas) que se te comunicaron a través del dolor?

   + _____
   + _____
   + _____
   + _____
   + _____
   + _____
   + _____

Pilar Cuatro | Lección Tres

2. A la luz de este análisis, ¿con qué problemas de la vida luchas? ¿La ira? ¿Confiar en las figuras de autoridad? ¿Sentimiento de inutilidad? O _____ ?

   + _____
   + _____
   + _____
   + _____
   + _____
   + _____
   + _____

3. ¿Qué te está diciendo Dios a través de tu historia de dolor y de las luchas de tu vida? Dios siempre desea **reemplazar lo negativo con lo positivo.** Cuando miré de cerca mis creencias fundamentales y los problemas de la vida con los que lucho, se hizo evidente que en última instancia estaba luchando con una ¡ENORME HERIDA PATERNA!

Cuando por fin me di cuenta de ese hecho en mi vida, esperé en el Señor para ver qué me decía. Me quedé atónito con lo que escuché. El Espíritu Santo habló fuertemente a mi alma y declaró: "**¡Ted, te haré un padre para los huérfanos!**"

Tómate un tiempo y escucha lo que Dios te diría sobre tus heridas y luchas profundas. ¿Qué es lo positivo que Él hablaría sobre ti para redefinir los aspectos negativos más profundos que has experimentado en tu vida? Escribe lo que tu Padre Celestial habla sobre ti.

ASIGNACIONES ANTES DE LA REUNIÓN

1. Lee y relee 2 Samuel 9:1-13.

   + ¿Dónde estás en la historia?

   + ¿En qué te pareces a Mefiboset?

   + ¿En qué te diferencias de Mefiboset?

   + ¿Has encontrado ya tu lugar en la mesa de la vida?

2. Prepárate para compartir la visión que Dios te ha dado para el futuro. ¿Cuál es tu lugar en la mesa en los próximos días?

LECCIÓN CUATRO

IDENTIFICAR TU DISCAPACIDAD

 Ve el Video: Pilar Cuatro: Lección Cuatro.

Una cosa es luchar contra un avión lisiado, como hizo el alumno piloto en la primera lección de este Pilar. Otra cosa muy distinta es darse cuenta de que **uno** mismo es el lisiado. Esta fue precisamente la lucha de Mefiboset y también la tuya.

¿Cómo terminó lisiado?

> *Por otra parte, Jonatán, hijo de Saúl, tenía un hijo de cinco años, llamado Mefiboset, que estaba tullido. Resulta que, cuando de Jezrel llegó la noticia de la muerte de Saúl y Jonatán, su nodriza lo cargó para huir; pero con el apuro, se le cayó y por eso quedó cojo.*
>
> 2 SAMUEL 4:4 (NVI)

La noticia de que David se había convertido en el nuevo rey se extendió como una violenta onda expansiva por todo Israel. Fue una noticia aterradora para la casa de Saúl por esta razón: si uno se convertía en rey y su padre no había sido el rey antes que él, eso siempre conducía a grandes problemas. Era el "procedimiento operativo estándar" para un nuevo rey desconocido cazar y masacrar a todos los miembros de la familia del rey anterior. Si no lo hacía, podían levantarse contra él y reclamar el trono.

La nodriza de Mefiboset no conocía el corazón de David, así que corrió asustada para salvar su vida. En su prisa por salvarse dejó caer al niño y éste quedó lisiado de ambos pies. Por lo tanto, la razón por la que Mefiboset está luchando ahora es porque alguien lo dejó caer en el pasado.

Si luchas con problemas sexuales en tu vida y ha sido una batalla desde tu adolescencia, lo más probable es que alguien te haya dejado caer en el camino. Alguien con quien contabas, alguien que debería haber sido responsable o haberte apoyado.

Has sobrevivido. Has seguido con tu vida. Sin embargo, ha afectado tu "caminar". Dificulta tu forma de tratar con los demás. Afecta tu capacidad de amar, confiar y relacionarte. Recuerda que no estamos diciendo que los demás tengan la culpa de nuestros problemas. Eso es una pérdida total de tiempo. No estamos culpando, sino *reclamando!* **No puedes lidiar con el presente a menos que entiendas cómo te dejaron caer en el pasado.**

Mefiboset había sido entregado por la bondad de Dios al palacio de David. Ha sido liberado, pero está dañado. Le resulta difícil hacer cosas normales. Cuando te han dejado caer en la vida, alabas a Dios por cosas con las que otras personas no pueden ni siquiera relacionarse porque su normalidad es tu milagro.

Aquí es donde me dirijo. **Puedes identificar tu discapacidad cuando empiezas a ver tu "reactividad".** He utilizado la frase "empezar a ver" por una razón importante. Has cojeado durante tanto tiempo que te cuesta darte cuenta de que estás cojo. Crees que tu forma de andar en las relaciones es totalmente normal. El reto es que tu cojera es interna, no externa. Por lo tanto, puedes ser totalmente ajeno a ella. Esta es una de las razones por las que el matrimonio es un regalo para ti. (Quizá quieras abrocharte el cinturón de seguridad antes de leer la siguiente frase).

Tu mujer suele tener razón... razón sobre tus complejos y heridas. Ella ve tus heridas interiores como nadie más puede hacerlo.

El matrimonio es la relación más desafiante fuera de tu camino con Dios. Tu esposa puede desarrollar esta habilidad de leerte como un libro después de un par de años. Una vez que la bruma de la luna de miel desaparece y ella se da cuenta de que no puede cambiarte tan rápido como pensó inicialmente, ella puede realmente frustrarse. De la frustración surgen retos increíbles para ti. Ella señala incidentes que provocan una reacción exagerada por tu parte. Puedes ponerte a la defensiva porque lo que es obvio para ella no lo es para ti.

Claro, ella tiene sus propios problemas, pero el matrimonio está diseñado por Dios para sanar a ambos. Enfocarse en las cosas de ella como reacción a la verdad que ella está diciendo en tu vida, no los llevará a ambos a ninguna parte. Por supuesto, podría ponerlos en el camino del divorcio y frecuentemente lo hace. Pero eso no lleva a NINGUNA PARTE. ¡Sólo acabas pagando a un montón de abogados un montón de dinero!

Si estás soltero, la discapacidad es más difícil de ver, pero saldrá a la luz en las relaciones estresantes.

LA DISCAPACIDAD EN MI VIDA

¿En qué aspectos de tu vida estás notando algún tipo de discapacidad? Elige una o varias de las categorías siguientes y haz algunas observaciones sobre tus luchas.

| 1 | Conflictos y diferencias en las relaciones cercanas |

| 2 | Dinero y presupuesto dentro de las relaciones familiares |

| 3 | Niños y como disciplinarlos |

| 4 | Frustraciones y expectativas sexuales |

| 5 | Heridas personales en la relación |

Como crecí con profundas heridas internas, aprendí a vivir aislado a pesar de que era muy extrovertido y disfrutaba relacionándome con los demás. Sin embargo, mis relaciones eran superficiales y funcionales. Podía dirigirme y relacionarme con los demás para hacer el trabajo, pero no entendía realmente su mundo.

El matrimonio me obligó a enfrentarme a mi falta de profundidad y empatía. Mi mujer es la mejor solucionadora de problemas. Piensa constantemente en formas de resolver los problemas. Yo soy el visionario por excelencia. Estoy constantemente pensando en cómo podrían funcionar las cosas. Nuestros mundos no tardaron en chocar. Si a eso le añadimos las heridas de una madre alcohólica en mi vida, las cosas se volvieron muy explosivas.

El origen de mi frustración finalmente se esclareció un día en que mi mujer me hizo un millón de preguntas sobre cómo iba a funcionar algo que yo había soñado. Me di cuenta de que era como si ella señalara el hecho de que yo estaba lisiado de ambas piernas, mientras que yo gesticulaba frenéticamente hacia la cima de la montaña de la aventura que preveía para nosotros. Reaccioné con rabia y la herí profundamente. Pero finalmente "lo entendí". Ella sólo estaba siendo la solucionadora de problemas para la que Dios la diseñó y yo estaba siendo un imbécil.

Una vez que me enfrenté a mi "imbecilidad", me di cuenta de que estaba reaccionando desde el pasado. Cuando llegué a la adolescencia, mi madre alcohólica se aferró a mí para salvar mi vida mientras yo intentaba descubrir quién era como hombre joven. Con todos sus altibajos, ya que se casó y se divorció varias veces, me había convertido en un apoyo emocional para ella. Me había convertido en su razón de vivir, pero necesitaba alejarse. Me asfixió con un millón de preguntas por miedo. No la culpo por su respuesta. Estaba luchando contra la botella. Pero me hirió profundamente a un nivel que nunca había entendido hasta que me casé. Empecé a ver que cuando Diane me hacía una avalancha de preguntas, las reacciones límbicas de mi interior salían a la superficie. Sentí que me asfixiaba una vez más. Sentía que me cuestionaba como marido y como hombre.

Hubo otras reacciones que perturbaron mi alma en el matrimonio. Cuando llegaron los hijos, me asusté mucho ante la perspectiva de ser padre. Los únicos padres que había conocido eran furiosos y abusivos. Reaccioné de forma hiriente hacia mis hijos cuando sólo eran niños.

Fueron momentos de locura en mi vida, mientras luchaba contra mis reacciones exageradas. La agonía más profunda vino del hecho de que había dicho "Sí" a Cristo. Había sido liberado. ¿Por qué me sentía así? El hombre del domingo por la mañana hablaba de libertad y la victoria en Cristo y yo no lo estaba experimentando. Las instrucciones de ¨comó hacer algo¨, no parecían funcionar para mí; esforzarse más sólo empeoraba las cosas. Hay una soledad del alma que nace en esos momentos que hace que tu sentido de aislamiento crezca sólo más profundo. Me encontré poniéndome una máscara para que las cosas funcionaran. Gritaba: "¡Si alguna vez voy a experimentar la in-ti-mi-dad, entonces tiene que haber alguien que vea dentro¨ de mi!

Cuando Mefiboset se sentó en Lo Debar, estaba convencido de que nadie se dió cuenta de que estaba vivo, y mucho menos se preocupaba por él. Esta es siempre la mentira límbica que al infierno le encanta activar en nuestro cerebro. La verdad, sin embargo, era algo tan bueno, tan inconcebible que haría volar su mente y transformaría su discapacidad. El rey David le estaba preparando un lugar en su mesa. Permítanme señalar lo obvio.

> *¿les habría dicho yo a ustedes que voy a prepararles un lugar allí? Y si me voy y se lo preparo, vendré para llevármelos conmigo. Así ustedes estarán donde yo esté.*
> JUAN 14:2B-3 (NVI)

Jesucristo está preparando un lugar en la mesa sólo para ti. Recuerdo cuando leí por primera vez ese pasaje y escuché a alguien hablar de la fiesta de celebración. Un día, estaré con Cristo. Me imaginé esta mesa, de kilómetros de largo con todos estos lugares y el mío estaría en el extremo opuesto de la mesa de Cristo. Ya sabes, allá en los "asientos baratos". Entonces el Espíritu Santo susurró a mi alma: "No, es una mesa puesta sólo para ti y tu Salvador". Jesús es Dios Todopoderoso. Él es omnipresente. Por lo tanto, ¡Él tendrá una mesa puesta individualmente para cada uno de nosotros! Esta es una realidad difícil de entender cuando uno está luchando con su propia discapacidad. De hecho, si eres como la mayoría de los hombres, tendrás una reacción negativa hacia esta verdad.

Harry Flanagan, que escribió los Pilares Dos y Tres, se ha convertido en un amigo de gran confianza a lo largo de los años. Todavía recuerdo el día en que vi por primera vez a Harry sentado en la parte de atrás de la iglesia mientras yo hablaba adelante. Había sido apartado del pastorado por tener múltiples aventuras con mujeres de su iglesia. Estaba totalmente destrozado y lleno de vergüenza. Se sentaba en la parte de atrás y lloraba casi todos los servicios. Esperé hasta que el Señor me dio permiso para acercarme a él.

Finalmente, ese día llegó y me dirigí al fondo del santuario después del servicio. Tuve que moverme rápidamente antes de que Harry saliera corriendo por la puerta. Me las arreglé para que no pudiera escapar. Me acerqué a él, le tendí la mano y le dije: "¿Cómo está, pastor Harry?". Su cara palideció y me di cuenta de que estaba luchando. Más adelante, le pregunté qué sintió ese día. Me dijo: "Sentí como si me hubieras clavado un cuchillo cuando me llamaste pastor". La vergüenza era tan profunda en su alma que una bendición se sentía como una maldición para él. No podía creer que Dios no hubiera renunciado a él. Estaba convencido de que siempre sería inútil a los ojos de Dios. Pensó que nunca volvería a ser pastor. Sin embargo, ahora es pastor de muchos hombres heridos a través del Ministerio Deseo Puro.

Nosotros podemos tener la misma reacción cuando estamos luchando violentamente con nuestra discapacidad. Este pilar trata de aprender a controlar el daño que el infierno nos infligiría. Una de las habilidades más importantes es aprender a dejar de avergonzarse y atacarse a sí mismo. Es una habilidad muy difícil de desarrollar. Sin embargo, una vez que lo hagas, podrás finalmente echar esa difícil y larga mirada a tu interior y no sentirte abrumado por la vergüenza. Tienes que ver claramente los patrones internos, si alguna vez vas a cambiarlos.

Uno de los ejemplos clásicos de lo locos que podemos llegar a estar es la historia real de Bill Wilson. Fue el cofundador de Alcohólicos Anónimos. Luchó con problemas sexuales toda su vida. Nan Robertson describe su vida de esta manera:

"Bill Wilson era un mujeriego compulsivo. Sus coqueteos y su comportamiento adúltero le llenaban de culpa, según los veteranos cercanos a él, pero seguía desviándose de la reserva. Su última y más seria aventura amorosa, con una mujer en la sede de AA en Nueva York, comenzó cuando tenía más de sesenta años." [35]

Cuando no miramos en nuestro interior, acabamos con el problema que Santiago describió sin rodeos.

> *El que escucha la palabra, pero no la pone en práctica, es como el que se mira el rostro en un espejo y después de mirarse, se va y se olvida enseguida de cómo es. Pero quien se fija atentamente en la ley perfecta que da libertad y persevera en ella, no olvidando lo que ha oído, sino haciéndolo, recibirá bendición al practicarla.*
>
> SANTIAGO 1:23-25 (NVI)

Bill W. podría describir con detalle cómo ganó su batalla contra el alcohol, pero nunca miró lo suficientemente profundo para ver la realidad. Recuerda, **la madurez es un compromiso con la realidad a toda costa.** No podemos simplemente mirarnos en el espejo de la realidad. Tenemos que ver nuestras acciones desde la perspectiva de la vida de los demás.

Nuestra reacción inicial es alejarnos porque sentimos la culpa por lo que hemos hecho. Por eso la negación se convirtió en una parte tan importante de nuestras vidas. Sentimos la vergüenza de no ser perfectos y de no cumplir la Ley. Como Bill W., sentimos el dolor de no hacer lo correcto. Pero Santiago nos dice que sigamos mirando con firmeza la "ley que nos hace libres". La palabra real que usa Santiago es la palabra griega "eleutheria" que literalmente significa libertad.

Si miras honesta y profundamente tus comportamientos, aferrándote al hecho de que Cristo nunca te abandonará, entonces, en algún momento, te abrirás paso hacia la libertad. Por la gracia de Dios serás capaz de ver los patrones internos que han controlado tu vida durante años. Cuando esto ocurra, ENTONCES y sólo ENTONCES podrás alcanzar un punto de inflexión en el proceso de sanidad. **Es fundamental que te des cuenta de que nunca podrás ganar la batalla hasta que veas completamente el campo de batalla al que te enfrentas.**

En el espacio que sigue, haz una lista de tus comportamientos sexuales que han

---

[35] *Patrick Carnes, Frente a la sombra (Carefree: Gentle Path Press, 2005), 268.*

tenido un impacto directo en otros. Ve más allá de las personas que conoces directamente. Presta mucha atención a los comportamientos que inicialmente podrías considerar "sin víctimas". Podrías engañarte a ti mismo pensando que la pornografía y la prostitución son inofensivas, diciéndote a ti mismo que la chica recibió un pago por sus servicios. Pero como seguidor comprometido de Cristo sabes en tu corazón la verdad. Estabas apoyando la explotación de otra persona. El siguiente espacio te pide que te pongas al lado del espejo de tu vida y **observes** tus acciones. ¿Cómo describirían los demás tus acciones? En el último espacio enumera tus comportamientos no sexuales que han perjudicado a otros.

_____
_____
_____
_____
_____
_____
_____
_____

MI COMPORTAMIENTO SEXUAL Y SU IMPACTO EN LOS DEMÁS

+ Mis comportamientos sexuales que dañaron a otros

+ ¿Qué dirían los demás de mis acciones?

Como siempre digo: "Vamos a profundizar, mucho más". Mirémonos en el espejo de tus comportamientos no sexuales.

MIS COMPORTAMIENTOS NO SEXUALES QUE HAN PERJUDICADO A OTROS

+ Personas a las que he perjudicado con mi comportamiento y que conozco bien (Enumera la persona y el comportamiento) *Ejemplo: Esposa-Mentirle sobre el dinero*

+ Personas que no conozco bien y a las que he perjudicado con mi comportamiento (Enumere la persona y el comportamiento) *Compañeros de trabajo: dejar que asuman la culpa de un problema que he creado en el trabajo.*

Revisa detenidamente tus respuestas para ver con claridad el campo de batalla al que te enfrentas.

A continuación, identifica las pautas y los retos que observas.

MIS PATRONES Y DESAFÍOS

LOS PATRONES QUE VEO | LOS RETOS A LOS QUE ME ENFRENTO

Ejemplos:
Un patrón de deshonestidad
Incapacidad de ser vulnerable y abierto

Ejemplos:
Ser totalmente honesto sobre mi vida
Ser abierto y capaz de conectar profundamente
conectar con los demás

ASIGNACIONES ANTES DE LA REUNIÓN

1. Continúa meditando en 2 Samuel 9:1-13.
2. Prepárate para compartir lo que has aprendido sobre las pautas y los retos a los que te enfrentas.

LECCIÓN CINCO

LEVANTARSE DEL SUELO

 Ve el Video: Pilar Cuatro: Lección Cinco.

Puede que no lo sepamos en este momento, pero las decisiones que tomamos, incluso en medio de nuestras luchas, tienen un profundo efecto en nuestras vidas.

> *Tullido de ambos pies, Mefiboset vivía en Jerusalén, pues siempre se sentaba a la mesa del rey.*
> 2 SAMUEL 9:13 (NVI)

¿Cuál fue el mayor reto al que se enfrentó Mefiboset y cuál es el tuyo? Obviamente, es una pregunta intencionada. Espero que te des cuenta de que ambos se enfrentan al mismo reto.

¿Cuál es el reto? Ambos han experimentado un golpe dañino en la vida, ya sea por sus fallos morales o por la adicción que surgió de una respuesta instintiva para medicar el dolor interior. Puede que se diferencien en el hecho de que su discapacidad es interna, no externa. Pero no difieres en el hecho de que afecta a tu forma de actuar en la vida. **Tu relación con los demás, con tu mujer, incluso con tus hijos, se ve afectada por tu esclavitud sexual.** Y como Mefiboset, has sido levantado por la gracia de Dios y llevado a un lugar de bendición.

Mefiboset no merecía lo que recibió de David y tú tampoco mereces lo que has recibido de Dios. ¡Se llama **GRACIA**! Él te ha dado una segunda oportunidad, una tercera oportunidad y una cuarta millonésima oportunidad.

Tú estás leyendo este libro de trabajo y eres parte de este clan único de hombres en tu grupo de Deseo Puro gracias a la gracia de Dios. A veces mi vida es probablemente como la tuya, tan agitada que me cuesta incluso darme cuenta de todas las cosas que me impulsan. Y a pesar de mi locura, Dios es bueno conmigo.

Pero es en los momentos de silencio ante el Señor cuando me doy cuenta de que todos los miedos y la ansiedad que pueden impulsarme por la vida son una máscara. Y en presencia del amor de Cristo por mí, puedo soltar lentamente la máscara. He llegado a ver esas emociones destructivas que hierven en mí a veces como lo que son: manifestaciones de un falso yo. Pero esas emociones destructivas pierden su poder en el abrazo del amor de Dios.

Mis tiempos de silencio ante el Señor, que es una práctica que te reto a desarrollar en tus tiempos de meditación en la escritura, son momentos de conversión para mí. Poco a poco, el Espíritu Santo me lleva a ver quién es la persona que Dios ha hecho de mí. Es una experiencia de conversión para mí, no en el sentido de ser salvado, sino de ser liberado de la locura de mostrar a los demás lo que puedo hacer o lo que he hecho.

En cambio, estoy aprendiendo a levantar las manos abiertas y vacías hacia Dios en reconocimiento del hecho de que todo lo que tengo es un regalo gratuito de Él. Creo que es en el silencio donde nos encontramos no sólo con Dios, sino también con nuestro verdadero yo. De hecho, **estoy convencido de que sólo en esos momentos de meditación y silencio ante Dios podemos ocupar el lugar que nos corresponde en su mesa.** Llegamos a ver quiénes somos en realidad, con piernas lisiadas y todo. Sin embargo, hay una paradoja divina que se ve claramente en la vida de Mefiboset. En la paradoja descubres su mayor desafío y el tuyo también.

MEFIBOSET TIENE QUE LEVANTARSE DEL SUELO, Y TÚ TAMBIÉN.

No puedo expresar esa verdad con suficiente fuerza. Ahora escuchen con atención. No estoy hablando de esforzarte más por tu propia fuerza. Probablemente has intentado eso durante años y definitivamente no ha funcionado cuando se trata de lidiar con tu esclavitud sexual.

El cambio puede ocurrir, sin embargo, una vez que comienzas a entender cuán escandaloso es el amor de Dios por ti y que Él nunca se dará por vencido, a pesar de las veces que te hayas dado por vencido. La gracia de Dios puede darte el coraje de mirar a tu interior lisiado, lo que has hecho en varios de los ejercicios del libro de trabajo hasta ahora. ¡Es entonces cuando **puedes tener la valentía de LEVANTARTE DEL SUELO!**

Sí, va a ser difícil hacer lo que otras personas hacen con tanta facilidad debido a tu ruptura interior. No estás roto en todas partes, sólo en aquellos puntos estratégicos en los que el infierno lo utiliza contra ti sexualmente. Hace años, yo estaba profundamente preocupado por los chicos en el ministerio que tendrían una aversión absoluta a las tentaciones sexuales. Ellos se apartarían inmediatamente de las cosas de las que yo tendría que luchar para salir. No estaba molesto con ellos. Estaba molesto conmigo mismo. "¿Por qué me cuesta tanto esfuerzo andar limpio?" Me hacía constantemente esa pregunta.

Luego me di cuenta de que era una pérdida de tiempo seguir preguntando por qué tenía que luchar para mantenerme en pie todo el tiempo. "¡Deja de quejarte, Ted, y levántate del suelo!" Con el tiempo, llegué a ver que lo que antes parecía una batalla, pronto se convirtió en una respuesta natural.

La pureza se convirtió en una respuesta natural una vez que mi mente se renovó. El proceso de renovación no ocurre de la noche a la mañana. Para los numerosos hombres a los que he aconsejado a lo largo de los años, suele llevar de dos a cinco años con un milagro de Dios cada día. La investigación clínica ha verificado el hecho de que toma este tiempo.[36]

Dios no se limitará a sacarte el cerebro y ponerte uno nuevo cuando ores por la sanidad sexual. Él respeta tu libertad de elección; una relación de amor siempre se caracteriza por el compromiso de ambas partes. Incluso llegué a apreciar la batalla que tuve que librar porque me dio una tremenda empatía por los hombres que venían a mí con sus luchas sexuales. Sobre todo, la batalla profundizó mi sentido de gratitud hacia el Señor por su paciencia y gracia hacia mí. ¡PERO **TUVE QUE LEVANTARME DEL SUELO EN MI VIDA**!

Levantarse del suelo no es fácil, pero no puedes quedarte ahí abajo porque Dios tiene un lugar preparado para ti. Él tiene un lugar de bendición y destino en Su mesa. Por lo tanto, cueste lo que cueste, tienes que levantarte. Incluso si tienes que gatear por el suelo.. Estas asignaciones de lecciones, a veces, se sentirán como si estuvieras arrastrándote para llegar allí.

Una de las razones por las que esto puede ser una experiencia tan frustrante es un malentendido común del término "liberación". Muchos hombres oran para que Dios eche fuera de ellos cosas que no son demonios. Están tratando de sacar de ellos algo que, francamente, no está saliendo. Esa parte de su vida tiene que ser **disciplinada**, no liberada. La carne es la carne y la carne de ningún hombre es totalmente salva de este lado del cielo. Si tu cuerpo fuera totalmente salvo, no necesitarías desodorante y tu aliento no apestaría.

Mi punto: tarde o temprano cada hombre de Dios tiene que decidir convertirse en un discípulo. **Un discípulo es simplemente alguien con una vida disciplinada.** Dios no te quita la carne y no te librará de tu carne. Para que la libertad se apodere de tu vida tendrás que lidiar con tus propios demonios. **Tendrás que elegir renovar tu mente, para marinar tu mente en la verdad del amor de Dios y Su llamado en tu vida.**

Cuando estés casi en el lugar de libertad que Dios ha puesto para ti, te garantizo que algo sucederá. Cuando estás tan cerca de tu lugar en la mesa del banquete de Cristo, tan cerca que puedes oler la comida, es cuando el infierno desatará su ataque más devastador. Él sabe que estás "así de cerca" de un avance total y le aterra que te liberes. Esta es la razón por la que muchos hombres llegan justo a las puertas de la libertad y luego recaen violentamente en los viejos patrones de comportamiento. Discutiremos cómo evitar esa trampa en el quinto pilar. **Pero ningún plan de prevención de recaídas funcionará a menos que tomes la decisión antes de llegar a**

---

[36] Patrick Carnes, No lo llames amor (Nueva York: Bantam Books, 1992), 207.

la puerta de seguir avanzando sin importar lo que cueste.

Finalmente, tomarás tu lugar en la mesa de Cristo y te convencerás de su amor por ti y de tu valor personal. Cuando eso ocurra, mirarás hacia atrás en tu vida y te darás cuenta de algo que nunca antes habías entendido.

- *Deberías haber muerto en ese accidente de coche.*
- *Deberías haber perdido la cabeza en medio de esa crisis financiera.*
- *Podrías haberte vuelto totalmente cínico por esa traición.*

Para mí, sería, *Ese fuego antiaéreo debería haberme alcanzado. No hay manera de que yo haya pasado por todo eso.*

Una vez que nos sentamos en el lugar que Dios ha preparado para nosotros, nos damos cuenta de la impresionante soberanía de nuestro Dios. ¡Él ha estado trabajando durante toda tu vida! Y como Dios tiene un lugar para ti, no hay diablo en el infierno que pueda impedirte llegar a **él**, *¡si tan sólo te levantas del suelo!*

¿Puedes imaginarte a Mefiboset sentado a la mesa del rey con distinguidos invitados y gobernantes a su lado? Nunca se sabría que hay algo malo en él. Por supuesto, si retirasen el mantel, verían que sigue lisiado de ambos pies a pesar de todas las bendiciones que ahora disfruta. Está sentado a la mesa como si nunca le hubiera pasado nada. No finge ni niega su quebranto, sino que deja que el rey lo cubra y lo bendiga. A pesar de sus limitaciones, pertenece a ese lugar y lo sabe.

Tu milagro es que puedes sentarte a la mesa de la bendición de Dios ahora mismo como si nunca te hubieran dejado caer. Hay un lugar en la mesa para ti. Lo asombroso de caminar con Dios es que no importa quién seas o cómo te hayan dejado caer o cómo hayas metido la pata en la vida. Si te levantas del suelo y vienes completamente a Cristo sin máscaras o áreas ocultas en tu vida, Él te llevará de tal manera que te compensará y nunca, nunca te dejará caer.

A veces, es muy difícil para nosotros darnos cuenta de las áreas en las que nuestras vidas están lisiadas. Nos hemos vuelto tan buenos en esconder nuestras debilidades, cojeando efectivamente por la vida, que hemos perdido de vista nuestro quebrantamiento interior. Pero servimos a un Salvador bondadoso que puede llamar nuestra atención de manera espectacular.

Miré mi agenda de consejería y noté que (lo llamaré por su nombre) Joe estaba a las siete de la mañana. Estaba luchando contra la cocaína y no le iba bien. Suspiré, anticipando un diálogo difícil por delante. Cuando llegué a mi oficina, me di cuenta de que Joe ya estaba allí. Tenía una enorme sonrisa en la cara y declaró: "Dr. Roberts, estoy muy bien. No tengo ninguna pregunta; de hecho, he venido a bendecirle esta mañana."

Me pareció novedoso. "Entonces, ¿cómo quieres bendecirme, Joe?" Pregunté.

"Quiero lavarte los pies", respondió.

"Oh, vamos, Joe, vivimos en Oregón. Hace frío y llueve esta mañana".

"Lo sé pastor; he calentado el agua para usted", respondió.

Dentro de mi oficina, cuando Joe empezó a quitarme los zapatos y los calcetines, me sentí realmente incómodo. Me retorcía literalmente en la silla. El Señor me preguntó suavemente por qué estaba tan ansioso. El Señor nunca me hace una pregunta para obtener información. En cambio, espera que yo capte algo. Dudé y respondí tranquilamente: "Porque no tengo el control, Señor. Cuando estoy ministrando o aconsejando a otros tengo una sensación de control. Supongo que mis profundas heridas del pasado me han hecho muy protector en el presente".

Fue entonces cuando sentí que el Señor me pedía que me abriera y me dejara amar. Él quería que dejara caer mis muros pastorales protectores y que me sentara a su mesa mientras Joe me lavaba los pies. Fue entonces cuando Joe me miró y dijo: "Pastor, creo que he oído al Señor decir algo sobre lo que siente por usted".

"Adelante, Joe, me encantaría escucharlo", respondí con cautela.

"El Señor me dijo que te dijera que cuando estabas en el vientre de tu madre, vio cómo luchabas por la vida y le encantó tu corazón de guerrero".

Me perdí por completo. Me senté de verdad a la mesa del Señor. Tengo una cicatriz en el lado izquierdo de mi pecho causada por mi madre que se ató el estómago para que no se notara su embarazo. Yo era un hijo ilegítimo y a ella le aterraba el qué dirán. No había forma de que Joe supiera de esa cicatriz. Era una trampa de Dios. Me estaba diciendo que me levantara del suelo.

A veces pensamos que estamos de pie, pero en cambio estamos acurrucados en posición fetal protegiéndonos en la vida. No nos hemos parado con valentía en la plena "luz del Hijo" de la gracia de Dios. No hemos tomado nuestro lugar en la mesa de los propósitos divinos de Dios porque hemos estado ocultando tranquilamente nuestro quebrantamiento con una falsa bravuconería. ¡Incluso podemos hacerlo en el ministerio en nombre de Dios! ¡Imagínate!

¿EN QUÉ PARTE DE LA VIDA NECESITAS LEVANTARTE DEL SUELO?

Para responder a esa pregunta, empecemos por repasar los lugares pasados de las victorias en tu vida.

- Piensa en tu historia e identifica aquellos momentos en los que tomaste buenas decisiones, en los que te levantaste y te ayudaste por la gracia de Dios.
- ¿Recuerdas aquellos compromisos que hiciste y cumpliste y cómo afectaron a tu vida?
- Anota en el siguiente cuadro: la decisión; el momento o la circunstancia; los pasos de acción que tomaste; el resultado del cambio a largo plazo. Y lo más importante, anota lo que has descubierto o aprendido en el proceso.

VICTORIAS ANTERIORES DE 'LEVÁNTATE DEL SUELO' EN MI VIDA

"LEVÁNTATE DEL SUELO" DECISIONES	EL MOMENTO O LA CIRCUNSTANCIA	MEDIDAS CONCRETAS	CAMBIO RESULTANTE	LO QUE DESCUBRÍ O APRENDÍ
1.				
2.				
3.				
4.				
5.				

Ya sabes lo que hay que hacer. ¡Vamos a profundizar!

¿Dónde necesitas levantarte del suelo en tu vida ahora mismo? ¿Qué decisiones debes tomar hoy, este mes, este año? ¿Qué decisiones **debes tomar** para llegar al lugar que Dios ha reservado para ti?

Recordatorio: Hay un lugar en la mesa del banquete de Dios para ti.

1. Enumera las decisiones que debes tomar para levantarte del suelo y avanzar.
2. Enumera los pasos que debes dar para ponerte en marcha.
3. ¿Cuáles serán los resultados en tu vida si te levantas?
4. ¿Cuánta osadía (es decir, audacia o nervio) vas a necesitar? Utiliza una escala de puntuación del 1 (poco) al 10 (nervios de acero).
5. Por último, clasifica los lugares en los que necesitas levantarte del suelo. Utiliza una escala de valoración del 1 (no tan importante) al 10 (absolutamente necesario).

'LEVÁNTATE DEL SUELO' DECISIONES PARA MÍ EN ESTE MOMENTO

"LEVÁNTATE DEL SUELO" DECISIONES	PASOS QUE NECESITO TOMAR	LOS RESULTADOS ¿SI ME LEVANTO?	OSADÍA ¡FACTOR!	IMPORTANCIA DE LA DECISIÓN
1.				
2.				
3.				
4.				
5.				

1   **Ahora revisa tus respuestas en ambos cuadros.**

+ ¿Qué hay de cierto en TU relación contigo?

+ ¿Cómo tiendes a verte a ti mismo, especialmente bajo presión?

Pilar Cuatro | Lección Cinco | 173

2 — **Fíjate en los momentos del pasado en los que decidiste levantarte del suelo.**

+ ¿Llegaste más lejos de lo que creías posible?

+ ¿Te fue fiel Dios?

+ ¿Fue positivo el cambio?

+ ¿Qué te dice esto con respecto a las decisiones difíciles que enumeraste en el "ahora mismo" de levantarse del suelo, aquellas con altos factores de osadía e importancia?

3 — **¿Qué patrones ves en tu vida a partir de estos cuadros? Sé específico.**

+ _____
+ _____
+ _____
+ _____
+ _____
+ _____
+ _____

+ — **Completa todos los cuadros de esta lección y responde a las preguntas.**

+ Puede que se necesiten un par de reuniones para que todos los miembros del grupo respondan, pero se utilizará el tiempo del grupo para que cada persona pueda compartir las respuestas a los cuadros y los patrones de vida que surjan de los ejercicios de los cuadros.

> ¿Cómo se correlaciona tu mayor desafío con la visión que te ha dado Dios?

ASIGNACIONES ANTES DE LA REUNIÓN

1. Lee el capítulo 11 de *Deseo Puro*.
2. Revisar y firmar el Compromiso para el Cuarto Pilar.

COMPROMISO DEL CUARTO PILAR

He completado, en la medida de mis posibilidades, todos los ejercicios que se encuentran en el Cuarto Pilar de Libertad. Por la gracia de Dios, haré todo lo que pueda para vivir estas verdades en mi vida diariamente.

Mi nombre _____

Firma _____ Fecha _____

TESTIGOS AFIRMANTES

Afirmo el hecho de que _____ ha crecido en integridad y honestidad en su vida por la gracia de Dios. La negación ya no forma parte de su vida.

Mi nombre _____

Firma _____ Fecha _____

Afirmo el hecho de que _____ ha crecido en integridad y honestidad en su vida por la gracia de Dios. La negación ya no forma parte de su vida.

Mi nombre _____

Firma _____ Fecha _____

ESTABLECER LA SOBRIEDAD

LECCIÓN UNO

ENTENDER LAS FANTASÍAS

 Ve la introducción al Pilar Cinco y los Videos del Pilar Cinco: Lección Uno.

Hace poco, estaba viendo bailar a una de nuestras nietas en la sala de estar. Estaba haciendo todos esos movimientos de ballet. Era encantador. Le pregunté: "¿Eres bailarina?". Me miró como si no tuviera ni idea y me dijo: *"¡Soy la primera bailarina!"*. Pensé para mis adentros: "Vamos, abuelo, sigue el programa". Las fantasías de los niños son increíbles.

Pero déjame hacerte una pregunta intrigante: "¿Cuáles son tus fantasías en la vida?". ¿Te imaginas cruzar la línea de meta en el Ironman de Kona, en Hawai? ¡Esa es la mía! O tal vez, jugar un partido de golf con Tiger Woods y hacerlo sudar. O lanzar el tiro de tres puntos ganador desde el "centro" para ganar las finales de la NBA. Tal vez sea atrapar el touchdown ganador en la Super Bowl. ¿Cuáles son tus fantasías deportivas?

ENUMERA VARIAS DE TUS FANTASÍAS DEPORTIVAS.

1. _____
2. _____
3. _____

Muchos hombres tienen fantasías financieras. ¿Cuáles son las tuyas? Si Dios te permite ganar la lotería, por supuesto, darás el diezmo a la iglesia; eso es parte del trato que haces con Dios. Tal vez tus fantasías financieras tienen una naturaleza altruista y te vuelves tan seguro financieramente que puedes dar generosamente a las personas necesitadas.

¿CUÁLES SON TUS FANTASÍAS FINANCIERAS?

1. _____
2. _____
3. _____
4. _____

Podríamos seguir con esto todo el día, pero ahora céntrate en tus fantasías de logro. ¿Se trata de que consigas ese increíble ascenso, o un puesto de jefe, o hablar ante miles de personas? (por Cristo, claro).

¿CUÁLES SON TUS FANTASÍAS DE ÉXITO?

1. _____
2. _____
3. _____
4. _____

¿Hacia dónde me dirijo con esto? Quiero que miremos en profundidad una ventana intrigante de tu alma: tus fantasías en la vida. Cuando estás bajo presión, algunas de tus fantasías más profundas pueden salir a la superficie. El viaje del pueblo de Israel por el desierto del Sinaí es un ejemplo clásico de lo que estoy hablando. Dios los había liberado de más de 400 años de cautiverio en Egipto. Fue un viaje accidentado, pero las verdaderas liberaciones son siempre un desafío. De hecho, eso es lo que probablemente has estado experimentando mientras te abres camino a través de este libro de trabajo.

En primer lugar, Israel se quedó sin agua, lo cual no es un acontecimiento agradable en medio de un desierto abrasador. Pero no hay problema, Dios los condujo a las aguas de Mara. El nombre "Mara" significa amargo, lo cual era una descripción muy precisa del lugar. La amargura era causada por una concentración muy alta de magnesio y calcio en el agua. Y lo que ocurrió a continuación no fue un espectáculo agradable. Más de un millón de personas tragaron agua amarga debido a su intensa sed, pero el calcio y el magnesio a estos niveles se convierten en un poderoso laxante. De repente, un millón de personas se dicen: "¿Dónde está el baño?". Y no hay un árbol a la vista.

A VECES DIOS TIENE QUE SACAR ALGO DE NOSOTROS ANTES DE LLEVARNOS AL SIGUIENTE NIVEL.

¿Por qué permitió Dios que esto sucediera? Puede que te hayas hecho esa pregunta en algún momento de tu proceso de sanidad. La respuesta es, como mínimo, intrigante. Resulta que los canales de irrigación de Gosén, donde vivió Israel durante cuatro siglos, estaban cargados de parásitos. Esto es incluso cierto en la región actual.[37] **Un Dios soberano les estaba curando para el viaje que les esperaba.** A veces las promesas de nuestro Padre Celestial están envueltas en problemas. A veces nos ocupamos de un problema sólo para descubrir otro que nos enfrenta.

> *Allí, en el desierto, toda la comunidad murmuró contra Moisés y Aarón: ¡Cómo quisiéramos que el Señor nos hubiera quitado la vida en Egipto! les decían los israelitas. Allá nos sentábamos en torno a las ollas de carne y comíamos pan hasta saciarnos. ¡Ustedes nos han traído a este desierto para matar de hambre a toda la comunidad!*
>
> ÉXODO 16:2-3 (NVI)

Lo siguiente que saben es que se han quedado sin comida. Como he dicho, los tiempos difíciles hacen aflorar nuestras mayores fantasías. Eso no significa que sean pensamientos razonables. A veces, nuestras fantasías no son inofensivas, sino mortales. Revelan algunos de nuestros procesos de pensamiento más distorsionados. Por ejemplo, ¿es realmente cierto lo que se queja Israel? ¿Realmente se sentaron todo el día a comer fondue con el faraón? Difícilmente. Estuvieron trabajando día y noche para el hombre, recibiendo una paliza por parte de sus despiadados capataces durante más de 400 años. ¿Cómo pudieron distorsionar tanto sus pensamientos?

Una pregunta aún más profunda: ¿cómo podemos lidiar con el pensamiento distorsionado que está en la raíz de nuestras luchas sexuales? En la base de todas las adicciones se encuentran las distorsiones cognitivas. Traducción: ¡pensamiento distorsionado!

El apóstol Pablo nos desafía a llevar cautivo todo pensamiento (2 Corintios 10:5). ¿Qué significa eso? En el mundo actual hay una serie de opciones de autoayuda que se promocionan como la solución.

1. **La Regla de los Tres Segundos:** Te dicen que si una fantasía destructiva golpea tu proceso de pensamiento, tienes tres segundos para deshacerte de ella. Hay un gran problema: ese enfoque no funciona por la sencilla razón de que cuanto más intentas deshacerte de la fantasía, más piensas en **ella**. Además, los recientes descubrimientos de la neurociencia revelan que no tienes tres segundos, sino unas tres décimas de segundo para deshacerte de ella. Así que el truco está en no pensar en ella en primer lugar.

2. **El Enfoque de la Banda Elástica:** He oído a muchos oradores cristianos utilizar este enfoque. Se supone que debes tirar de la banda elástica en tu muñeca

---

[37] Jamie Buckingham, El viaje hacia la madurez espiritual: siguiendo los pasos de Moisés en la península del Sinaí (Orleans: Paraclete Press, 1985), 9-15, 36.

cada vez que tengas una fantasía negativa. Por supuesto, este es un enfoque de condicionamiento conductual. ¿Y sabes qué? No eres un perro pavloviano. Este enfoque ha sido probado en los programas para delincuentes sexuales y claramente no funciona. El enfoque de ser golpeado por una liga nunca te llevará a la verdadera libertad.

¿QUÉ ES LO QUE FUNCIONA?

Para empezar, es darse cuenta de que tus pensamientos no son tu enemigo. El enemigo es el enemigo. Nuestros pensamientos pueden ser mensajeros de los anhelos más profundos de nuestra alma. Si entiendes al mensajero y su mensaje sobre tus anhelos, entonces el escenario está preparado para que comience la verdadera sanidad.

ES FUNDAMENTAL QUE ENTENDAMOS QUE NUESTRAS FANTASÍAS NOS DICEN TRES COSAS.

1. Algunas fantasías reproducen un acontecimiento pasado esperando, o al menos esperando, un resultado diferente. Por ejemplo, he aconsejado a un gran número de personas que realmente luchan contra la procrastinación. Es fascinante, pero normalmente no están ignorando la tarea que tienen entre manos. De hecho, con bastante frecuencia están cargados de un sentimiento de perfeccionismo. Pasan mucho tiempo fantaseando sobre cómo lo harán perfecto esta vez. Sus fantasías tratan de revelarles la herida de su alma que ha engendrado ese perfeccionismo. Temen profundamente el fracaso y fantasean con hacer las cosas bien.

2. Otras fantasías se refieren a un deseo que nunca se ha cumplido. Mi fantasía deportiva más profunda no es ganar el Ironman de Hawai. En cambio, es ser un as de la aviación. Ya sabes, la escena de Tom Cruise en "Top Gun" en la que surca el portaaviones, luego aterriza y todos sus machos compañeros de escuadrón lo rodean celebrando su victoria. Todavía tengo ese sueño de vez en cuando. Esa fantasía apunta a la herida paterna que tengo en lo más profundo. Pero, gracias a Dios, ahora me doy cuenta de ello. Así que cuando me viene a la mente, sé que sólo me está diciendo que estoy sintiendo cierta presión en mi vida en este momento y mi mente quiere escapar.

3. La fantasía repite un acontecimiento que ocurrió al principio de la vida del individuo, que fue nutritivo, y la persona sigue volviendo a él. Un pastor fue destituido de su pastorado porque se reveló que tenía relaciones sexuales con otros hombres. Para la mayoría de la gente, esto fue tan chocante que reaccionaron con abierta hostili dad hacia el individuo. "¿Cómo pudo hacer algo así?", exclamaron. Era padre de dos hijos pequeños, amaba profundamente a su mujer y al principio no podía explicar su comportamiento. Pero al escucharle, le ayudé a comprender el origen de esta fantasía. ¿Qué le había llevado a tener un comportamiento tan paradójico? Cuando

era pequeño, sus padres se divorciaron de forma violenta; en el caos del entorno familiar, su propia hermana le agredió sexualmente. El único amigo que tenía era un niño gentil y amable que vivía en la calle y que lo escuchaba mientras descargaba su dolor. Los diversos instrumentos clínicos que utilicé para evaluarlo inicialmente in dicaban claramente que no era homosexual. Su punto de activación era cuando se sentía fracasado o estaba bajo presión. La voz degradante de su padre resonaba en su alma. Entonces volvía a ese lugar de fantasía en su cabeza donde su amigo le re confortaba el alma. No había nada sexual en la relación inicial, pero la fantasía en su cabeza había sido tan distorsionada por el infierno que se convirtió en una trampa mortal.

Precisamente por eso se encontraba actuando con otros hombres y sin embargo es taba profundamente enamorado de su esposa.

MIRANDO EN EL ESPEJO DE TU FANTASÍA

No recomiendo la serie de Harry Potter como lectura general por el fuerte tono demoníaco que tiene a veces. Pero hay una escena en *La Piedra Filosofal* que presenta el poder de la fantasía con una visión apasionante. Se trata del Espejo de Oesed. El decano de Hogwarts (la escuela a la que asiste Harry) se entera de que Harry y un amigo han estado mirándose en el espejo; advierte a los chicos del potencial desastroso de tal acto. Les dice que el poder del espejo se encuentra en el hecho de que refleja tus deseos más profundos. Para Harry, se trataba de mirar a sus padres asesinados, que le devolvían la mirada con aprobación y afirmación. El amigo de Harry se miró en el espejo y se vio a sí mismo con éxito y fuera de la sombra de sus hermanos. La advertencia del decano a los dos chicos conlleva una visión única de nuestras adicciones más profundas. Les dice que la gente ha sido literalmente capturada por el espejo y no puede salir de él. El nombre Oesed es "Deseo" deletreado al revés.[38]

El punto del decano es que la fantasía es una forma de evitar la realidad de nuestra situación. Harry nunca va a traer de vuelta a sus padres. En cambio, necesita llorar la pérdida y encontrar su afirmación en una fuente presente. El amigo de Harry estaría mejor si crea su propio lugar de importancia en lugar de vivir en una fantasía.

La madurez y la sanidad tienen lugar en nuestras vidas cuando perseguimos la realidad a toda costa. El espejo de Oesed en el mundo actual es con frecuencia la pornografía en Internet. Con un simple clic del ratón, un hombre puede entrar en un mundo de ensueño en el que todas sus fantasías se ven satisfechas por una mujer dispuesta y siempre lista. Las imágenes sexuales prometen constantemente satisfacer nuestros antojos sexuales más profundos.

Pero las fantasías son, en realidad, espejos de nuestras más profundas heridas, lesiones y decepciones en la vida. El espejo de Oesed puede convertirse en una

---

[38] *Harry Potter y la piedra filosofal*. Directed by Chris Columbus. Burbank: Warner Bros., 2001.

poderosa herramienta para nuestra sanidad si no nos dejamos arrastrar por él. En lugar de ello, necesitamos mirar en el espejo de nuestro deseo sexual más profundo con total honestidad por la gracia de Dios.

¿CUÁL ES TU DESEO SEXUAL MÁS PROFUNDO Y OSCURO?

Por lo general, cuando hago esa pregunta en la oficina de consejería, todo el aire sale de la habitación. El hombre mira la alfombra o me dice que no tiene fantasías sexuales. Yo sonrío y digo: "Todos las tenemos y el hecho de que hayas dicho "Sí" a Cristo no significa que Dios haya drenado todas las hormonas de tu cuerpo. Los cristianos tienen fantasías sexuales profundas y oscuras. Sólo se vuelven peligrosas y dañinas cuando no las reconocemos".

Así que aquí vamos. Enumera tus fantasías sexuales ideales. Estas son las que fácilmente pueden tener un control real sobre tu vida. ¿Cuáles son las imágenes sexuales en tu Espejo de Oesed?[39]

Tus respuestas pueden ser demasiado embarazosas para compartirlas abiertamente en el grupo. Pero es fundamental que encuentres al menos a otro hombre con quien compartir tus respuestas. Es de esperar que el líder de tu grupo de Deseo Puro sea alguien con quien puedas compartir tus respuestas.

1. _____
2. _____
3. _____
4. _____
5. _____

Ahora retrocede y revisa tus respuestas anteriores sobre las fantasías deportivas, financieras y de superación al principio de esta lección. Compáralas con tus fantasías sexuales.

¿Cuáles son los patrones comunes que ves en todas estas listas? Confía en mí. Los patrones están ahí; verlos te ayuda a empezar a descubrir la razón por la que has luchado tan profundamente con los problemas sexuales en tu vida.

---

[39] El concepto del Espejo de Erised procede de la formación de terapeuta en adicciones sexuales que yo (Ted Roberts) recibí a través del IITAP. www.IITAP.com.

1. _____
2. _____
3. _____
4. _____
5. _____

Lo siguiente es la recompensa por todo este difícil trabajo que has hecho hasta ahora.

> **Fíjate en los patrones que has descubierto.**

¿Qué te dice todo esto sobre tus deseos más profundos? ¿De dónde vienen?
Posiblemente se trate de algo muy doloroso que ocurrió en los primeros años de tu vida, como el amigo de Harry Potter que siempre fue degradado por sus hermanos mayores. O tal vez sea una verdad sobre ti mismo que has estado evitando. **Detrás de nuestros deseos más profundos y oscuros siempre hay una herida que aún no ha sido tocada por la gracia de Dios.** ¿Cuáles son para ti?

Para esta parte de la lección es fundamental que compartas tus respuestas con todo el grupo. Sí, va a ser duro, pero en algún momento tienes que darte cuenta de que no puedes sanarte solo o sanarte esforzándote más. Haz una pausa por un momento y piensa en el costo de no reconocer plenamente estas heridas hasta ahora en tu vida.

LAS FUENTES DE MI DESEO 'ERIZADO'

1. _____
2. _____
3. _____
4. _____
5. _____

> **Prepárate para compartir los resultados de tus ejercicios del Espejo Erizado.**

ASIGNACIONES ANTES DE LA REUNIÓN

1. Lee el capítulo 12 de *Puro Deseo*

LECCIÓN DOS

CONFIAR EN DIOS EN EL MOMENTO

 Ve el Video: Pilar Cinco: Lección Dos.

 Lee Lucas 22:24-34 (NVI) en voz alta en el grupo la próxima vez que se reúnan.

24 Tuvieron además un altercado sobre cuál de ellos sería el más importante. 25 Jesús les dijo: Los reyes de las naciones oprimen a sus súbditos y los que ejercen autoridad sobre ellos se llaman a sí mismos benefactores. 26 No sea así entre ustedes. Al contrario, el mayor debe comportarse como el menor y el que manda como el que sirve. 27 Porque, ¿quién es más importante, el que está a la mesa o el que sirve? ¿No lo es el que está sentado a la mesa? Sin embargo, yo estoy entre ustedes como uno que sirve.

28 Ahora bien, ustedes son los que han estado siempre a mi lado en mis pruebas. 29 Por eso, yo mismo les concedo un reino, así como mi Padre me lo concedió a mí, 30 para que coman y beban a mi mesa en mi reino y se sienten en tronos para juzgar a las doce tribus de Israel.

31 Simón, Simón, mira que Satanás ha pedido zarandearlos a ustedes como si fueran trigo. 32 Pero yo he orado por ti, para que no falle tu fe. Y tú, cuando te hayas vuelto a mí, fortalece a tus hermanos.

33 Señor respondió Pedro, estoy dispuesto a ir contigo tanto a la cárcel como a la muerte.

34 Pero él dijo: Pedro, te digo que hoy mismo, antes de que cante el gallo, tres veces negarás que me conoces.

Qué promesa tan preocupante, pero alentadora: "Tu vida va a saltar por los aires y todo va a volar por los aires, pero yo he orado por ti". Es alentador cuando te das cuenta de que la principal razón por la que sigues aquí es que Jesús oró por ti. Conociendo todas tus debilidades y luchas, todos tus traumas y pruebas, todos tus miedos e inseguridades, Él oró apasionadamente por ti.

Preocupante es el hecho de que Jesús también dijo: "He rogado por ti para que tu fe no desfallezca". Cuando empecé en este viaje de fe llamado seguir a Jesús, pensé que no era posible perder la fe. Luego, en el camino, la vida me abofeteó tan fuerte que empecé a hacerme preguntas como...

- *"¿Dónde está Dios en este lío?"*
- *"Realmente no sé si hay un Dios o no, al menos eso es lo que dicen mis sentimientos".*
- *"Y realmente no sé si Él me ama o no, si se preocupa por mí o no; Estoy confundido".*

Preguntas como esas me inundaron el alma porque mi adversario me gritaba frases venenosas como:

- *"¡Nadie te escucha!"*
- *"¡Nadie se preocupa realmente por ti!"*
- *"¡Estás en este lío tú solo!"*

Momentos como éste son los que yo llamo "momentos de exilio emocional" del tipo más profundo. El exilio significa simplemente que estás donde no quieres estar en la vida. Hay una verdad sobre todos los momentos de exilio de la vida: **Sólo tienes que confiar en Dios en el momento en que te encuentras.** Cuando tu fe está en lucha, cuando te encuentras en el exilio, el enemigo puede cortar el núcleo de tu sistema de creencias. Y no te pierdas esto. **No eres más grande que lo que realmente crees.**

Por eso nunca vas a vencer al diablo en una situación de exilio esforzándote más. **Necesitas absolutamente el poder de Dios.** Es por eso que es tan importante aprender la disciplina de permanecer en la cara del enemigo al hacer declaraciones como...

- *"¡Creo en Dios cuando no siento nada!"*
- *"¡Creo en Dios cuando no puedo ver nada!"*
- *"¡Creo en Dios cuando las cosas empeoran en lugar de mejorar!"*
- *"¡CREO en DIOS!"*

¿En qué parte de tu vida necesitas hacer esas declaraciones frente a la oposición espiritual? Enuméralos a continuación. En tu próxima reunión de Deseo Puro dale a cada hombre la oportunidad de expresar en voz alta dónde tiene que meterse en la cara del infierno.

1. Creo en Dios cuando _____
2. Creo en Dios cuando _____
3. Creo en Dios cuando _____
4. Creo en Dios cuando _____
5. Creo en Dios cuando _____

Me encanta la forma en que la Biblia del Jubileo expresa Lucas 22:32::

> ...mas yo he rogado por ti que tu fe no falte; y tú, una vez **convertido**, confirma a tus hermanos.

Piensa en el término automovilístico "convertible". Recuerdo los viejos convertibles de techo duro. Cuando pulsabas el botón adecuado, el coche sufría una metamorfosis increíble. Ante tus ojos, pasaba de ser un coche tradicional de techo duro a un convertible. No había espacio en el maletero para el equipaje porque la capota dura ocupaba todo el espacio, ¡pero seguía siendo impresionante! Es importante que entendamos que Jesús no estaba hablando con un pecador beligerante. Claro que Pedro se equivocaba continuamente, pero nunca fue abiertamente desafiante con Cristo. Era un tipo que había dejado todo para seguir a Cristo.

Jesús le estaba diciendo a Pedro lo mismo que nos dice a nosotros: "Pedro, hay algo dentro de ti con lo que quiero tratar". Por lo general, llegamos a escuchar tales palabras de Cristo cuando estamos en un lugar que no hemos elegido o cuando nos sentimos incómodos.

✢

ES EN EL EXILIO CUANDO LLEGAMOS A VER CLARAMENTE NUESTRA VERDADERA CONDICIÓN.

Esta es la verdad sobre todos los que seguimos a Cristo. Tu espíritu ha sido hecho, completo en Cristo. De hecho, Efesios nos dice que estamos sentados en lugares celestiales con Cristo. Y tu alma ha sido hecha completa, pero frecuentemente estas luchando en lugares pasados en tu cabeza. Tu cuerpo un día será hecho completo. ¡Un día recibirás una actualización divina!

Punto importante: Cada pasaje de la Biblia que se refiere a tu salvación en tiempo pasado se refiere a tu espíritu. Declaraciones como que fuiste redimido o justificado o santificado. Pero al mismo tiempo hay una lucha interna.

> *Por esto, despójense de toda inmoralidad y de la maldad que tanto abunda, para que puedan recibir con humildad la palabra sembrada en ustedes, la cual tiene poder **para salvarles**.*
>
> SANTIAGO 1:21 (NVI)

Nunca entenderás la Biblia hasta que entiendas la obra terminada de la gracia en tu espíritu y la obra progresiva de la gracia en tu alma. Nuestras almas necesitan ser convertidas tal como lo hizo la de Pedro.

¿De qué estoy hablando? Bueno, para empezar, definamos lo que queremos decir con el término "alma". La Escritura la describe como nuestra voluntad, intelecto y emociones. Y aquí hay una verdad clave: el hardware o puerta de tu alma es tu cerebro.

Digamos que viviste más de veinte años antes de decidir seguir a Cristo. Eso significa que estuviste tomando decisiones durante más de veinte años desde tu alma, desde un alma que estaba desinformada por un Espíritu nacido de nuevo. Te relacionabas con Dios completamente desde la sabiduría del alma. Ahora podrías decir: "Pero vine a Cristo y eso resolvió el problema, ¿verdad?". Ojalá fuera así de sencillo. Tu espíritu fue sanado, pero tu alma necesita ser convertida. Y con el tiempo se vuelve más y más obvio para ti.

Recuerdo haber leído afirmaciones como estas en la Biblia:

+ *Puedo hacer todo en Cristo.*
+ *Soy más que vencedor en Cristo.*
+ *Todas las cosas han pasado, pero todas son nuevas.*

¡Esas promesas en las Escrituras solían FRUSTRARME! Eran frustrantes porque inicialmente no entendía que mi alma y mi cerebro necesitaban ser renovados si iba a experimentarlos plenamente.

No es un proceso sencillo porque nuestros cerebros son regalos increíbles de Dios. Uno de los descubrimientos recientes sobre el cerebro es el concepto de neuroplasticidad. La ciencia ha descubierto que Pablo tenía razón en lo que escribió hace dos mil años.

La mente humana puede renovarse. Puede cambiar y adaptarse al entorno. Antes, la ciencia creía que el cerebro estaba programado y tenía una estructura fija. Ahora los científicos se dan cuenta de que eso es totalmente falso. Por ejemplo, investigaciones recientes han revelado que las personas que leen en Braile tienen una mayor parte de su cerebro dedicada a sus dedos índices. De hecho, la parte del cerebro que ve (el lóbulo occipital) se utiliza para procesar las sensaciones del tacto. **El cerebro humano dedicará áreas cada vez más grandes a comportamientos repetidos.** Esto explica precisamente por qué los malos hábitos pueden ser tan difíciles de desaprender. La mayoría de nosotros pensamos en nuestro cerebro como un contenedor mental. Aprender sólo significa poner algo nuevo en él, así que cuando estamos tratando de romper un mal hábito haremos cosas como leer más las Escrituras u orar más. Esas cosas obviamente son buenas, pero solo esas cosas usualmente no romperán los patrones pecaminosos profundos que has repetido por más de veinte años.

¿Por qué es así? Porque cada vez que repetimos el comportamiento o lo vemos repetido, el uso de ese espacio no está disponible para los buenos hábitos. Como dijo un neurocientífico: "Es mejor hacerlo bien pronto antes de que los malos hábitos obtengan la ventaja competitiva".[40]

Cuando nuestro cerebro comienza a reaccionar según los viejos patrones de supervivencia que hemos establecido, nosotros, como Pablo en Romanos 7, nos encontraremos haciendo lo que no queremos hacer. Los tiempos de exilio en nuestra vida nos ayudan a ver esos patrones destructivos que han sido tallados en nuestro cerebro para ver nuestra verdadera condición.

Ahora escucha con atención: en los tiempos de exilio no llegamos a ver nuestra verdadera identidad. No vemos nuestro verdadero ser o nuestro destino, sino la condición actual que nos limita y restringe de lo mejor de Dios en nuestra vida. Israel llegó a ver quiénes eran bajo sus capataces egipcios. Fue en el exilio, en la frustración de su condición actual, lo que les hizo clamar por el destino de Dios para ellos.

En Lucas 22, Jesús se dirigió a Pedro, quien sé que, anticipó escuchar algo como: "Oraré por ti y no tendrás más que una navegación tranquila en tu vida". Pero el desconcertado pescador encontró una profunda esperanza en medio de su caos cuando escuchó las palabras: "UNA VEZ CONVERTIDO". No "si" o "tal vez" o "seguro que lo espero", sino ¡UNA VEZ! Tú vas a salir de esto, amigo mío. Dios te está diciendo eso ahora mismo mientras lees este libro de trabajo.

✞ HAY UN "UNA VEZ" PARA TU DESORDEN, TU PRUEBA, TU TRIBULACIÓN. ¡ESTÁS SALIENDO DE ESTA BATALLA CON LA ESCLAVITUD SEXUAL POR SU GRACIA!

¿Cómo saber cuándo ha llegado ese momento? "**Cuando te conviertas fortalecerás a tus hermanos**". Sabes que estás saliendo cuando empiezas a mirar instintivamente más allá de ti mismo. El egocentrismo típico de un adicto empieza a perder su control en tu vida. Empiezas a darte cuenta de que no se trata de ti, sino de lo que Dios quiere hacer en tu vida. Se trata de tu destino, de tu llamado.

En Juan 21, el Cristo resucitado desafió abiertamente a Pedro: "Apacienta mis ovejas". No era la primera vez que Jesús desafiaba a Pedro a cambiar su forma de pensar. Ya en Mateo 4, Jesús le dijo a Pedro que lo haría pescador de hombres. El problema de Pedro era que no quería soltar su barca. Y en nuestras luchas por caminar en una sexualidad sana también nos aferramos a nuestras barcas.

Nuestra barca en la vida representa las cosas a las que nos aferramos, **por si acaso lo que Dios nos dijo no funciona**. Nuestra barca es lo que nos sirve de consuelo, nuestra manta de seguridad sexual. Es la forma en que deletreamos el alivio. Cada vez que Pedro se metía en problemas lo encontrabas volviendo a su barca. Incluso después de

---

[40] Norman Doidge, El cerebro que se cambia a sí mismo: Historias de triunfo personal desde las fronteras de la ciencia del cerebro (Nueva York: Viking, 2007), 60

haber nacido de nuevo en Juan 20, Pedro seguía volviendo a lo que le reconfortaba. A pesar del hecho de que no estaba funcionando, él sigue regresando. Una y otra vez pesca toda la noche y no pesca absolutamente nada. Cuántas veces me he sentado en la oficina de consejería y he escuchado a hombres que han ido a pescar sexualmente toda la noche y eso ha dejado sus almas sólo más vacías.

Cuando nos enfrentamos a las ataduras sexuales, tendemos a mantener nuestros "barcos" bien escondidos. El factor de la vergüenza convierte nuestros botes en naves furtivas de esclavitud, moviéndose silenciosamente en lo profundo de nuestra alma.

En esta lección y en la siguiente quiero presentarte una de las armas más poderosas que he descubierto en esta batalla para ayudar a los hombres a liberarse de verdad, el **Perfil de Excitación (AT)**[41] El AT es el recipiente sigiloso del alma que sigue llevando a los hombres de vuelta a la esclavitud. Por lo general, ni siquiera son conscientes del recipiente que llevan dentro. En un nivel subconsciente, no están dispuestos a soltar el "barco". Es la cosa que los sigue llevando de vuelta a la comodidad aunque los esté matando.

¿Qué es el Perfil de Excitación? Bueno, cada uno de nosotros tiene uno. No es intrínsecamente malo o bueno. Simplemente forma parte de la manera en que nuestro cerebro está "conectado", por así decirlo.

PERMÍTANME ILUSTRAR ALGO.

1. Cierra los ojos durante un par de minutos y piensa en la última vez que estuviste realmente enfadado o asustado. Imagínate la escena.
2. Ahora, ¿qué pasó con tu ritmo cardíaco, tu respiración, tu presión arterial y tu campo de visión?
3. El siguiente ejercicio será un reto. Durante un minuto, no más, piensa en la experiencia sexual más excitante que hayas tenido en tu vida.

Bienvenido de nuevo. Sospecho que esa parte del ejercicio fue un poco más difícil de apagar, pero ¿notaste algo? Tu ritmo cardíaco, tu respiración, tu presión arterial y tu campo de visión hicieron exactamente lo mismo.

La excitación es una experiencia fisiológica automática y neutral de tensión y energía relacionada con lo que ocurre en nuestro sistema límbico. Recuerda de la introducción del libro de trabajo que esta es la parte de tu cerebro que responde fuertemente a cinco cosas. Las cinco son: 1) lo que te da miedo, 2) de lo que huirás, 3) lo que es tan aterrador que te congelarás en tu camino, 4) la comida y 5) el sexo.

---

[41] El concepto de el Perfil de Excitación proviene del Dr. Patrick Carnes y Anna Valenti. Muchos hombres a los que he aconsejado a lo largo de los años han sido liberados para ganar la batalla gracias a la brillantez de su visión terapéutica.

El cerebro masculino responde a las señales sexuales más rápido que cualquier otra cosa.[42] El AT (Perfil de Excitación) es una mezcla de fisiología y aprendizaje. Es un árbol de decisiones inconsciente de cómo nos hemos conectado sexualmente. Es lo que nos guía a lo que respondemos como erótico o excitante. Determina las decisiones **por derecho propio y se convierte en un modelo de acción.**

Esto es muy importante que lo entiendas: **Tendrás poco éxito en detener tu comportamiento compulsivo sin entender tu Perfil de Excitación.**

Este organiza en un mapa mental todo lo que hemos aprendido sobre el respeto, la confianza, la seguridad, la deshonestidad, la dominación, la objetivación, el poder y el control. Ha sintetizado lo que fundamentalmente creemos sobre el valor, la valía, la excitación, el deseo y lo que hay que evitar. Las creencias, ideas y respuestas límbicas se asocian a los detonantes o señales de excitación. Y casi cualquier cosa puede convertirse en un detonante de excitación.

- **Ubicaciones:** hoteles, coches, oficinas, baños
- **Entrada sensorial:** perfume, lencería, alcohol, drogas y ciertos olores
- **Características físicas:** altura, color de pelo, tipo de cuerpo, sonido de la voz
- **Personalidad percibida:** vulnerable, profesional, trabajador, dominante
- **Sentimientos:** dolor/soledad, miedo, rabia/ira, culpa/vergüenza o lujuria

Comenzarás el ejercicio más desafiante de este libro cuando escribas las respuestas en el cuadro del Perfil de Excitación que sigue. Terminarás el ejercicio en la tercera lección.

¿Por qué debes hacerlo? Porque si has tratado de detener tu comportamiento sexual y no puedes, esta podría ser el arma crítica para cambiar el rumbo de la batalla. He visto hombres que han luchado por décadas, han ido a todo tipo de consejeros cristianos, y han intentado todo lo que se les ocurrió o todo lo que se les sugirió, pero no pudieron liberarse. Pero una vez que los guié a través de este ejercicio, las luces se encendieron para ellos. Sus almas comenzaron a renovarse. Fueron capaces de soltar la única cosa a la que habían vuelto para consolarse y que también era la que les estaba destruyendo. Soltaron su barco, su Perfil de Excitación distorsionado.

Obviamente, esta información no es algo que debas compartir en voz alta en tu grupo de Deseo Puro. Es demasiado sexual y puede excitar a otra persona del grupo que luche con los mismos problemas. Y lo que es más importante, el factor de vergüenza puede ser enorme si nunca has compartido esto con nadie más.

En la próxima lección sugeriremos ciertas partes del gráfico de AT completado que serían apropiadas para compartir con tu grupo. **Pero es fundamental que encuentres a alguien en quien puedas confiar para compartir los *resultados completos* del gráfico.**

---

[42] Patrick Carnes, El enfoque de los 40 días: Libro Uno (Carefree: Gentle Path Press, 2005), 20.

Estamos tan enfermos como nuestros secretos y esto es especialmente cierto con respecto a nuestros secretos sexuales. La mayoría de los hombres no están tratando conscientemente de ocultar su Perfil de Excitación; sólo ha operado en el nivel subconsciente. No son conscientes del hecho de que está constantemente saboteando sus mejores esfuerzos para caminar en la pureza.

MI PERFIL DE EXCITACIÓN: PRIMERA PARTE

MIS DETONANTES O SEÑALES DE EXCITACIÓN | LOS DETALLES PARA MÍ SON

Ubicaciones
(Hoteles, centros comerciales, parques playas, etc.)

Sensaciones
(Perfume, medicamentos, etc.)

Tipos de cuerpo y características
(Alta, baja, rubia, pelirroja, etc.)

Tipos de personalidad
(Indisponible, vulnerable, dominante, etc.)

Sentimientos
(Peligro, miedo, dolor,
vergüenza, etc.)

Cultura
(Mujeres mayores, colegialas,
gays asiáticos, hispanos, etc.)

Falsas creencias
(Sexo= Amor,
Sexo=Poder, etc.)

1. Prepárate para compartir tu "*Creo en Dios cuando* ___" ante el grupo.

2. Completa el Perfil de Excitación: Primera parte. **Ten en cuenta: Puede haber ramificaciones legales para cualquier información sobre el contacto sexual inapropiado o el comportamiento que involucra a las personas menores de edad, los discapacitados o los ancianos que se comparte dentro de tu grupo de Deseo Puro. Por favor, revisa el Memo de Entendimiento.**

3. ¿Cuál es tu reacción al completar el **Perfil de Excitación: Primera Parte** de esta lección?

    + Escribe una respuesta a continuación. Prepárate para compartirla con el grupo.

_____
_____
_____
_____
_____
_____
_____
_____
_____
_____

ASIGNACIONES ANTES DE LA REUNIÓN

1. Lee el capítulo 13 de *Deseo Puro*.
2. Elabora una lista escrita de lo que agradeces profundamente en tu vida (después de leer el capítulo 13.)

_____
_____
_____
_____
_____
_____
_____
_____

LECCIÓN TRES

EJERCICIOS DE ENTRENAMIENTO

 Ve el Video: Pilar Cinco: Lección Tres.

Es posible que en este momento te sientas un poco cansado y frustrado con todos los ejercicios que se te han pedido en este libro de trabajo. Creo que una imagen del pasado podría ayudarte en este momento de tu viaje.

En los años ochenta, se estrenó una película sobre un chico delgado llamado Daniel que se encuentra con un viejo jardinero japonés llamado Sr. Miyagi. Así es, me refiero a la película *"Karate Kid"*.[43] No *Karate Kid XV*, sino la primera.

Hay una escena en la película que es un clásico absoluto. Daniel está siendo acosado por unos niños de la zona a los que un sádico líder del dojo local les enseña karate. El Sr. Miyagi aparece de la nada y rescata a Daniel de una paliza. El Sr. Miyagi es un personaje lacónico que rápidamente despacha a los arrogantes matones con algunos increíbles movimientos de artes marciales. Daniel le pide entonces al Sr. Miyagi que le enseñe karate. Y de esa petición surge una increíble amistad entre los dos.

Daniel se presenta el primer día de instrucción con ganas de participar en algún combate. En cambio, se encuentra puliendo coches. Recuerda la rutina... encerar... pulir. Al día siguiente, se dedica a pintar ambos lados de una valla de dos metros y el Sr. Miyagi le señala los puntos que Daniel ha pasado por alto. Después, se encuentra lijando el suelo.

El joven se está acercando rápidamente al límite de su paciencia. Quiere aprender karate. Quiere dar unos cuantos puñetazos, cualquier cosa menos esta rutina que le aturde. Ha pasado casi una semana. Daniel se presenta en la casa del Sr. Miyagi sólo para ser recibido por una carta que le ordena pintar la casa. Daniel trabaja todo el día, lamentándose de la falta de sentido de las tareas que se le han encomendado. Termina de pintar la casa y es recibido por su mentor, que regresa de un viaje de placer. El Sr. Miyagi le señala estoicamente, una vez más, un punto que Daniel había pasado por alto.

---

[43] El niño Karate. Dirigida por John G. Avildsen. Ciudad de Culver: Columbia Pictures, 1984.

Eso fue más de lo que el joven pudo soportar. Se marcha soltando frases vengativas al Sr. Miyagi mientras sale. El Sr. Miyagi le ordena que vuelva. El joven, totalmente frustrado, regresa y se pone delante de su futuro mentor a punto de explotar. De repente, el Sr. Miyagi le lanza un puñetazo de karate y Daniel bloquea instintivamente el golpe con el mismo movimiento de mano que lleva repitiendo todo el día mientras "pinta la casa". Luego, en una rápida sucesión, el Sr. Miyagi dice: "lijar el suelo", "pintar la valla" y "encerar y quitar la cera". Cada movimiento de las manos de Daniel resulta ser el contragolpe perfecto para bloquear los diversos golpes de karate que el Sr. Miyagi le lanza. Es una escena magnífica cuando los ojos de Daniel se iluminan al darse cuenta de que el Sr. Miyagi le ha estado enseñando y entrenando todo el tiempo. Pensaba que estaba en el "exilio" de su sueño de aprender karate.

Qué profundo retrato de nuestras dificultades con Dios a veces, especialmente cuando atravesamos el proceso de salir de nuestras luchas sexuales. A veces parece que todo lo que hacemos es poner un pie delante del otro. Puede que incluso te hayas dicho a ti mismo: "¿Cuál es el propósito de todos estos ejercicios de mirar mis sentimientos y heridas internas? Esto no tiene ningún sentido para mí. ¿Hay algún propósito en todo esto? ¿Y por qué Dios es tan exigente en hacerlo de esta manera y no de aquella?". Todas son grandes preguntas, pero sólo se responden cuando te das cuenta... **¡Estás en entrenamiento!**

Hacer un **Perfil de Excitación** ha llevado a más hombres, que luchan con las ataduras sexuales, a lo que yo llamo un "Momento del Sr. Miyagi" que cualquier otra cosa que les haga hacer. Con mucha frecuencia, he visto cómo se encienden las luces para un hombre que ha estado desconcertado por su comportamiento sexual durante años. De repente, entiende cómo bloquear los golpes del enemigo contra su alma.

Dudo que veas la batalla claramente hasta que hagas una pausa **al final de este ejercicio** y permitas que el Espíritu Santo abra tus ojos a lo que ha estado sucediendo en tu vida durante décadas.

Por lo tanto, es fundamental que respondas a las preguntas de cada columna con la mayor diligencia. Estoy seguro de que se sentirá como una experiencia de "lijar el suelo" mientras responde a algunas de las preguntas. Y el suelo será tu alma. No son preguntas fáciles de responder. Pueden ser difíciles de afrontar. Pero has llegado hasta aquí por la gracia de Dios. Ahora es el momento de entrar en un verdadero avance, independientemente del esfuerzo emocional que se requiera. Has estado entrenando para un momento como éste en tu vida.

Este ejercicio te ayudará a pensar en cómo el enemigo sigue derrotándote. Una vez que estás excitado sexualmente no puedes pensar tan claramente porque estás impulsado límbicamente. El actor y comediante Robin Williams lo dijo con bastante ironía:

Dios dio a los hombres un pene y un cerebro, pero, por desgracia, no hay suficiente suministro de sangre para hacer funcionar ambos al mismo tiempo[44]

Neurológicamente eso no es cierto, pero la cuestión es que una vez que nos excitamos sexualmente, nuestra capacidad de razonamiento superior suele caer casi a cero. Tenemos que hacer nuestro pensamiento crítico antes de excitarnos sexualmente y el **Perfil de Excitación** de la página 176 te permite hacer exactamente eso. Te permite lidiar con los matones del infierno que han atacado tan despiadadamente tu alma durante años.

Por favor, ten en cuenta: puede haber ramificaciones legales por cualquier información sobre contacto sexual inapropiado o comportamiento que involucre a personas menores de edad que se comparta dentro de tu grupo de Deseo Puro. Por favor, revisa el Memo de Entendimiento.

Coloca tus respuestas a cada paso en el cuadro de la página 179. En la página 178 se dan ejemplos de los pasos uno, dos, tres y cuatro.

PRIMER PASO

 Haz una lista de TODOS los comportamientos sexuales que te excitan y que se han convertido en un problema para ti.

EJEMPLOS:

Masturbación compulsiva, pornografía, clubes de striptease, aventuras de una noche, voyeurismo, salones de masaje, sexo anónimo, masturbación con o sin 900#, seducción, librerías para adultos, exhibicionismo, coqueteo, romances de oficina, violación voyeurista, sadomasoquismo, conquista, aventuras, comportamientos sexuales de alto riesgo, o _____.

 Sé muy específico.

EJEMPLOS:

¿Qué tipo de sitios porno visitas? ¿Qué tipo de mujeres u hombres te gusta ver (altos, bajos, jóvenes, viejos, pelirrojos, rubios, musculosos o pesados)? ¿Qué actos sexuales específicos le parecen excitantes (parejas teniendo relaciones sexuales, más de dos personas, violaciones, violencia, colegialas, abuelitas, hombres y mujeres

---

[44] Robin Williams, 2009, www.Great-Quotes.com.

homosexuales, sitios voyeuristas)?

¿Qué tienen en común los individuos que ve? ¿Los persigues o te gusta que te persigan? ¿Te ves dominando al individuo o siendo dominado? ¿Te gusta exhibir imágenes de ti mismo? ¿Te gusta ver imágenes sexuales con "cámara oculta"? ¿Ves a menores, ancianos o individuos con discapacidades físicas o mentales?

SEGUNDO PASO

 **Haz una lista de todos las experiencias sexuales y relacionales dolorosas de tu vida. Presta especial atención a las experiencias traumáticas, abusivas y negligentes.**

EJEMPLOS:

Experiencias familiares rígidas o desvinculadas, exposición inapropiada a información sexualmente explícita en tu hogar, padre o padres que tienen aventuras, matrimonios múltiples.

Violación de los límites, azotes mientras estás desnudo, castigo por la exploración sexual normal en la infancia, no respetar la privacidad al vestirse o en el baño, ridiculizar el desarrollo de tu cuerpo, exhibicionismo por parte del padre o los padres.

TERCER PASO

 **Identifica los sentimientos y emociones de la infancia o cualquier tema relacionado con el abuso o la negligencia. Presta mucha atención a los temas sexuales o románticos.**

EJEMPLOS:

Ser violado o tener los límites sexuales invadidos, obtener algo sólo cuando se ha sido bueno (orientación al rendimiento), ver imágenes sexuales antes de tiempo (voyeurismo), ser coqueteado (seducido), ser sometido a abusos por parte de un padre poderoso (explotador), experimentar el abuso de un extraño (anónimo), ser azotado mientras se está desnudo (dolor), no tener privacidad (intrusivo).

Recuerda que el trauma o el dolor, ya sea una gran experiencia única o numerosas experiencias pequeñas, pueden convertirse en un hiperacelerador de la excitación sexual. Esta es la razón por la que los individuos que han sufrido abusos o negligencia muestran una función cerebral alterada.

CUARTO PASO

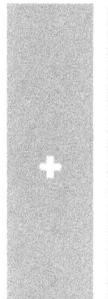

1. Identifica los temas generales emergentes y las creencias básicas.
2. Enumera las posibles habilidades de afrontamiento (disociación, control, perfeccionismo, pasividad, narcisismo, silencio, ira y rabia).
3. ¿Cómo se han convertido estas habilidades de afrontamiento en temas o patrones arraigados en tu vida?
4. ¿Cómo se han expresado estos patrones sexualmente en tu vida?
5. ¿Qué es lo que te hace reaccionar sexualmente?

QUINTO PASO

Identifica tus patrones de excitación, los detonantes y las estrategias de recuperación.
Esta es la aplicación de los pasos 1-4 y se explicará en detalle en el Pilar Cinco, Lección Cuatro.

PERFIL DE EXCITACIÓN: SEGUNDA PARTE

PRIMER PASO	SEGUNDO PASO	TERCER PASO	CUARTO PASO	QUINTO PASO
Los detonantes y comportamientos específicos para mí	Experiencias sexuales tempranas y dolorosas	Sentimientos infantiles	Tus temas generales y creencias fundamentales	Patrones de excitación, detonantes, y estrategias de recuperación
Riesgo: Masturbación constante y fantasías	**5/6** Mi hermana mayor intentó tener relaciones sexuales conmigo	*Temeroso y excitado*	*No valgo nada*	Círculo interior
Tabúes: Escritos eróticos en Internet	**5/6** Comenzó a masturbarse	*La vergüenza y la ira*	*Romper tabúes es emocionante*	

				Círculo central
Rápido y anónimo: Encuentros sexuales frecuentes con hombres anónimos • Alto, moreno y con buena constitución • Parques y baños públicos • Casas de baños • Tiendas porno • Rápido y sucio	**7/8** *Hermana y pariente intentan tener relaciones sexuales conmigo; descubiertas por la madre*	*Solo*	*No se puede confiar en las mujeres*	
Secreto: Anoréxico Sexual con la esposa	*Jr. High mi madre descubrió a mi hermana en la cama conmigo*	*Dolor y rabia*	*No te acerques a nadie; te harán daño*	Círculo exterior
No es una relación: El lenguaje inapropiado es una excitación en el trabajo y en público	*En Escuela secundaria* Obligado a tener sexo oral con un estudiante masculino a punta de cuchillo	*Aislado y utilizado*		

MI PERFIL DE EXCITACIÓN: SEGUNDA PARTE

PRIMER PASO	SEGUNDO PASO	TERCER PASO	CUARTO PASO	QUINTO PASO
Los detonantes y comportamientos específicos para mí	Experiencias sexuales tempranas y dolorosas	Sentimientos de la infancia	Sus temas generales y creencias fundamentales	Patrones de excitación, detonantes y estrategias de recuperación

Círculo interior

Círculo central

Círculo exterior

Una vez que hayas completado tu Perfil de Excitación, encuentra al menos otra persona, ojalá dos, con la que puedas compartir el resultado. A estas alturas deberías haber identificado a las personas de tu grupo de Deseo Puro con las que te sientes seguro.

Pregúntales si hay algún tema o patrón que hayas pasado por alto.

No creo que nadie pueda entender a un adicto como un compañero. Intenta no ponerte a la defensiva si cuestionan las conclusiones a las que has llegado; necesitas desesperadamente un observador externo en el que puedas confiar. Necesitas esa información para que te ayude a aclararte, porque has estado luchando contra el problema tan de cerca durante tanto tiempo que, a veces, no puedes ver el bosque por los árboles.

 Completa los Pasos uno a Cinco del Perfil de Excitación.

 Identifica a las personas con las que compartirás tu Perfil de Excitación.

LECCION CUATRO

CONSTRUIR UN PLAN DE BATALLA GANADOR

 Ve el Video: Pilar Cinco: Lección Cuatro.

> *Luego Jesús dijo a sus discípulos: Si alguien quiere ser mi discípulo, que se niegue a sí mismo, tome su cruz y me siga. Porque el que quiera salvar su vida la perderá; pero el que pierda su vida por mi causa, la encontrará.*
>
> MATEO 16:24-25 (NVI)

Meditar sobre este pasaje era parte de los deberes de la tercera lección. Fue un ejercicio muy importante porque te da una visión significativa de cómo meterte en la cabeza del enemigo. Jesús nos está ayudando a entender que en el momento en que te niegas a ti mismo te has retirado del reino del control del enemigo. Por lo tanto, él ya no puede meterse contigo; en cambio, ¡tú puedes meterte con él!

El principio: **Ir con sigilo... Abrazar tu cruz.**

Por favor, fíjate en el hecho de que Jesús no dijo: *"Toma mi cruz"*, sino: *"Toma tu cruz"*. Su cruz fue para morir por los pecados del mundo. Obviamente esa no es tu cruz. Cuando Jesús se enfrentó a la cruz significó la muerte; cuando nosotros nos enfrentamos a nuestra cruz significa vida y abundancia. Por supuesto, al principio no se siente así porque tu cruz se encuentra donde tu voluntad va en contra de la voluntad de Dios en tu vida. Pero Jesús te está diciendo ahora mismo: "Esa parte de tu vida que no funciona, esa parte de tu vida en la que estamos en desacuerdo, tengo un regalo para ti si me entregas esa parte de tu vida. Puedo tocar ese punto de vergüenza y dolor y darte libertad".

Nunca podrás escuchar esas palabras hasta que entiendas que **toda interacción con Dios está revestida de gracia**. Por eso el Espíritu Santo se emociona tanto con lo que Dios quiere darte. Está emocionado porque le encanta una buena pelea. Y con el regalo que Él te daría, la batalla se convierte en un éxito, que es precisamente la razón por la que Él se emociona tanto por lo que te espera.

Por el contrario, el enemigo no tiene más que desprecio por ti. Mira lo que tenía que decir sobre Job y toda la humanidad en el Antiguo Testamento.

> *¡Una cosa por la otra! respondió Satanás. Con tal de salvar la vida, el hombre da todo lo que tiene. Pero extiende la mano y hiérelo, ¡a ver si no te maldice en tu propia cara!*
>
> JOB 2:4-5 (NVI)

Satanás está totalmente convencido de que, a la hora de la verdad, la autopreservación siempre gobernará en el corazón de los hombres. Nos ve como criaturas completamente dirigidas por el miedo, únicamente dirigidas por nuestro sistema límbico. Esta es la conclusión: el enemigo no tiene forma de predecir lo que harás si no estás siendo impulsado por tus propios intereses. Satanás sólo puede predecir el egoísmo. Está indefenso ante un hombre que vive por una causa mayor que él mismo.

- *Cuando decides que la Palabra de Dios lo resuelve para ti sin importar lo que estés sintiendo, ¡eso desordena la cabeza del enemigo!*
- *Cada vez que obedeces a Dios a pesar de las dificultades que estás atravesando, ¡eso desordena la cabeza del enemigo!*
- *Cada vez que haces lo que es correcto a pesar de los costos, ¡eso le hace perder la cabeza!*
- *Cada vez que te enfrentas a tu adicción y eliges aceptar la gracia de Dios y no ser controlado por la vergüenza y el miedo, ¡eso le revuelve la cabeza!*

La forma en la que realmente se desordena la cabeza del enemigo es construyendo un Plan de Prevención de Recaídas ganador. Tu habilidad para aceptar la gracia de Dios y enfrentar tu adicción está directamente conectada a que tengas un **plan de prevención de recaídas** que te permita luchar. En la lección anterior pasamos por el difícil y desafiante proceso de construir tu Perfil de Excitación. Ahora queremos tomar las lecciones y observaciones del Paso Cinco de tu Perfil de Excitación y construir la Herramienta de Prevención de Recaídas, que es la base de un plan de batalla efectivo.

El **Círculo Interior** describe el lugar en el que necesitas morir a los impulsos egoístas; de lo contrario, ¡el enemigo acabará matándote! Estos son los lugares en los que, una vez que estás allí, **siempre actuarás**. Es lo que yo llamo la "trinchera". Es donde te encuentras con el enemigo en un combate cuerpo a cuerpo. Él tiene una bayoneta y tú estás indefenso. Te "destripará" cuando vayas allí.

 **Dentro de este círculo interior de la Herramienta de Prevención de Recaídas, escribe los comportamientos compulsivos y autodestructivos de los que debes abstenerte si tienes alguna esperanza de ser libre.**

La abstinencia es un día a la vez. Dios no te está pidiendo ahora mismo, instantáneamente, para siempre que seas sexualmente puro por el resto de tu vida. (Cuando comparto esto con mis clientes, generalmente respiran aliviados). En cambio, Él te pide que camines en pureza HOY por Su gracia. Que mantengas tus pantalones cerrados HOY. Que mantengas tu mente pura HOY. Yo lo llamo el Principio del Maná.

Cuando Dios sacó a Israel de la esclavitud de Egipto, les suministró lo que necesitaban: un día a la vez. Dios proveerá la gracia que necesitas un día a la vez, pero tienes que saber dónde aplicarla, de ahí la prioridad del círculo interno. Si lees la historia de la liberación de Israel en el Éxodo, específicamente los capítulos siete al diez, descubrirás un fenómeno fascinante. Inicialmente las plagas que Dios trajo sobre la tierra golpearon tanto a los egipcios como a los israelitas. Pero en la cuarta plaga las cosas cambiaron. Dios declaró que haría una distinción entre su pueblo y los egipcios. El resto de las plagas no golpean el campamento de los israelitas. Me parece interesante que inicialmente las plagas golpearon a los justos y a los injustos. Como seguidores de Cristo, no podemos escapar de las dificultades en esta vida y definitivamente no podemos medicarlas. Nuestra fe no nos aísla de los problemas, pero por otro lado, existe lo que yo llamo una "unción corporativa".

La unción del Espíritu Santo te permite caminar de manera diferente en este mundo. Lo que quiero decir del Éxodo es lo siguiente: normalmente encuentras la gracia que necesitas para caminar en pureza cuando estás en relación, en la comunidad de fe. Tu grupo de Deseo Puro es una línea de vida absoluta para ti. Querrás compartir con ellos el resultado de este ejercicio en detalle. Asegúrate de escuchar atentamente sus aportaciones y sugerencias, porque normalmente tienes un conocimiento muy incompleto de ti mismo y de la batalla a la que te enfrentas.

Tu **CÍRCULO INTERIOR** podría incluir comentarios como...

- *Nada de sexo fuera del matrimonio.*
- *No ver porno ni masturbarse.*
- *Nada de clubes de striptease o salones de masaje.*
- *Nada de medicar mis sentimientos de soledad o inutilidad.*
- *No navegar por la televisión a solas, buscando secretamente la excitación sexual.*
- *No apostar o trabajar en exceso hasta el punto de agotamiento total.*
- *No beber ni drogarse.*

También llamo al **Círculo Interior** el "choque". No pensamos recaer; pero si lo hacemos, debemos mirar honestamente al Círculo Interior y hacernos las siguientes preguntas:

- *¿Cómo he acabado aquí de nuevo?*
- *¿Cuáles fueron los pasos que me llevaron a este choque?*
- *¿Cómo tengo que revisar mi plan de prevención de recaídas? ¿En qué he fallado?*

La única recaída que puede resultar fatal es aquella de la que no estoy dispuesto a aprender. En lugar de volverme contra mí mismo y entrar en una espiral de vergüenza más profunda, debo enfrentarme sin piedad y con gracia a mi parte en el proceso. **Las recaídas nunca ocurren por casualidad; siempre van precedidas de una clara secuencia de decisiones que tomamos.** El problema es que normalmente ni siquiera somos conscientes de que estamos tomando estas decisiones. Tienen lugar por debajo del radar de nuestra mente consciente, en el nivel inconsciente. Por lo tanto, y esto es ENORME, debemos trazar un plan claro de prevención de recaídas basado en los conocimientos que hemos obtenido de nuestro perfil de Excitación o simplemente continuaremos con la locura. Esto es precisamente por lo que "esforzarse más" es una estrategia perdedora.

Lo siguiente es el **CÍRCULO MEDIO.** Estos son los "detonantes" que te llevan a las situaciones infernales de la trinchera. El Círculo Medio incluye aquellos comportamientos que se sitúan entre las adicciones devastadoras que te desmoralizan totalmente y la sexualidad sana por la que verdaderamente clamas en Cristo. Yo los llamo los "cables trampa" de mi vida. Como comandante de pelotón, así como piloto, me familiaricé con el desafío de lidiar con un enemigo astuto. Cada vez que establecíamos una posición defensiva con nuestro pelotón, colocábamos cables trampa en el perímetro exterior de nuestro campamento. Los cables más alejados estaban equipados con bengalas, de modo que en medio de la noche, cuando el enemigo se acercaba, una bengala salía disparada hacia el cielo. Esto era un indicador Metas de que nuestro adversario se estaba acercando.

Estos comportamientos del **CÍRCULO MEDIO** acabarán llevándonos de vuelta al CÍRCULO INTERIOR si no desarrollamos límites fuertes y nos mantenemos en contacto con el hecho de que somos impotentes ante nuestras compulsiones.

 **En este círculo, enumera las personas, los lugares, las situaciones y las cosas que debes evitar porque te provocan. (Consulta tu Perfil de Excitación si es necesario).**

Enumera las "pendientes resbaladizas" mentales como racionalizar, justificar, culpar, patrones de ira, aislarse, etc. Enumera las actividades que pueden ponerte en peligro, como buscar prostitutas, pasar por un club de striptease, navegar por Internet, coquetear en el trabajo, mentir u omitir ciertos hechos, ver películas de categoría R, etc.

El **CÍRCULO MEDIO** también puede verse desde una perspectiva positiva. Es donde construimos las barandillas críticas de nuestra vida. Las barandillas se colocan en las zonas en las que es seguro conducir para evitar que vayamos a zonas inseguras. Las barandillas están diseñadas para que experimentemos un poco de dolor para evitar que caigamos en consecuencias devastadoras. Las barandillas tienen que ver con una norma de comportamiento personal que refleja tu personalidad única y tus experiencias previas en la vida. Definen lo que quieres evitar.

Vivimos en una cultura que constantemente nos pone un cebo sexual como hombres, y luego se burla de nosotros cuando nos pasamos de la raya. Las barandillas no se construyen de forma natural y fácil en nuestra vida. El problema es que podemos sentir que nos alejan de algo que queremos.

- *No quiero ahorrar dinero; quiero comprar ese coche, esa herramienta eléctrica o ese juguete para niños grandes, ¡YA!*
- *Sé que estoy casado, pero quiero coquetear con la chica de la oficina. No estoy haciendo daño a nadie.*
- *Sé que no debería comer ese postre, pero he sido bueno toda la semana. ¡Mañana estaré mejor!*
- *Sé que no debería navegar solo por Internet, ¡pero me aburro!*

El gran problema de las barandillas, como me han dicho muchos chicos, es que se interponen en su camino. Se interpone entre ellos y lo que anhelan. Me limitan. No estoy experimentando toda la diversión que podría. No estoy tan cerca del pecado como podría estarlo sin pecar. ¡ME LIMITAN LA VIDA! Estoy dejando cosas sobre la mesa. ¡Estoy ignorando cosas divertidas que aún no he explorado!

LA GRAN VERDAD NÚMERO UNO

Tanto si tienes barandillas en tu vida como si no, la presión de la tentación no desaparecerá. Esto es lo que quiero decir. El lugar en el que decides poner una barandilla en tu vida es donde comienza la tentación. Si decides no poner ninguna barandilla en tu vida, la tensión no desaparece. Sólo se acerca al acantilado de las horrendas consecuencias. Sin embargo, cuanto más atrás construyas las barandillas en tu vida, más fácil será resistir la atracción magnética de la tentación y evitar caer al precipicio. El compromiso no alivia la tensión; sólo nos acerca al acantilado de perder de vista quiénes somos realmente en Cristo.

Pero podemos decirnos a nosotros mismos tan fácilmente, "Oh, si sólo cedo a la tentación entonces no tendré más esta tensión. La tentación ya no estará ahí". La verdad es que si te mientes a ti mismo una vez, se hace mucho más fácil la próxima vez. Eventualmente, se convertirá en un estilo de vida tal que ya no conocerás la verdad ni sabrás quién eres realmente en Cristo.

> *Pero Daniel decidió no contaminarse con la comida y el vino del rey, así que pidió permiso al oficial en jefe para no contaminarse. Y Dios había hecho que se ganara el afecto y la simpatía del oficial en jefe.*
> DANIEL 1:8-9 (NVI)

Daniel tomó una decisión descabellada. El rey Nabucodonosor acaba de ofrecerle el regalo de su vida. Una educación de posgrado gratuita en una de las mejores universidades del mundo en ese momento. Por si fuera poco, recibe comida de la mesa del rey. La gran mayoría de sus compatriotas, los que seguían vivos después de que Babilonia destruyera Jerusalén, se preguntaban de dónde vendría su próxima comida. Pero Daniel tomó una decisión increíblemente sabia; sabía hacia dónde se dirigía todo esto. Nabucodonosor era un hombre diabólicamente brillante. Ordenó que los mejores y más brillantes de las naciones que conquistó fueran llevados y entrenados en Babilonia. Poco a poco, su cultura y sus estructuras de creencias serían despojadas hasta que se convirtieran en magníficos embajadores de Nabucodonosor, sus dioses y su forma de vida.

Daniel vio hacia dónde se dirigían todas estas "grandes cosas". Él sabía a dónde iba esto. Al final perdería todo lo que tenía cerca y lo que quería. "Pero Daniel se decidió". Decidió que hasta aquí llegaba. Se decidió incluso antes de saber cuál sería el resultado. Nunca había leído el libro de Daniel, lo estaba escribiendo. Era un adolescente rodeado de las personas más poderosas del mundo. Podrían haberlo aplastado en un instante. Tomó la decisión porque podía predecir el final de la historia si seguía la corriente de los acontecimientos. Sabía a dónde conducía esto, y sin embargo no tenía garantías de lo que pasaría si decía "¡No!" a la oferta del rey.

GRAN VERDAD NÚMERO DOS

Me encanta el comienzo del versículo 9: "Ahora Dios...". Esta es la parte que solemos olvidar en el estrés del momento. **Dios no sólo utilizará nuestras barandillas para protegernos. También los utilizará para dirigirnos**. El Señor usó este momento crucial de decisión para guiar el resto de la vida de Daniel.

Hay que decidirse antes de conocer el final de la historia. Sin embargo, puedes predecir fácilmente el final si sigues deslizándote hacia el Círculo Interior de la destrucción. **¡Nunca sabrás quién puedes ser en Dios hasta que establezcas algunas barandillas sólidas en tu vida! ¡Tienes que decidirte! ¡Lo único que desaparece sin barandillas en tu vida es el** *futuro que te ha dado Dios!*

 **Dentro del CÍRCULO MEDIO haz una lista de los cables de tropiezo que pueden ponerte en peligro y las barandillas que quieres construir en tu vida.**

Por último, hay que describir el **CÍRCULO EXTERIOR**. Se trata de actividades que apoyan tu sanidad y también describen cómo es una sexualidad sana para ti. La cuestión de la sexualidad sana puede ser un verdadero rompecabezas para alguien que ha estado luchando con la esclavitud sexual durante años. Normalmente, cuando le pido a un cliente que describa lo que es una sexualidad sana para él, me quedo con la mirada perdida. Pero es de vital importancia que lo pienses bien, porque si tu único objetivo es detener tu comportamiento pasado, estás derrotado antes de empezar. Debes tener una imagen vívida de cuáles son tus sueños y esperanzas para tu matrimonio o futuro matrimonio. De lo contrario, te faltará la pasión y la chutzpa (jerga judía para el valor) para ganar la guerra.

Tus actividades del **Círculo Exterior** podrían incluir:

+ *Hacer fielmente mis deberes para mi grupo de Deseo Puro.*
+ *Practicar un deporte sólo por diversión en lugar de tener que ganar.*
+ *Explorar nuevas aficiones e intereses saludables.*
+ *Desarrollar una gran habilidad para escuchar y afirmar a mi esposa.*
+ *Ser totalmente honesto en todos mis tratos y admitir cuando me equivoco.*
+ *Desarrollar algunas amistades profundas.*
+ *Desarrollar una vida devocional significativa y profunda.*
+ *Aprender a **no** centrarme en el "todo o nada" en la vida, sino a hacer algo saludable cada día.*
+ *Desarrollar hábitos alimenticios saludables y una rutina de ejercicios.*
+ *Aprender a relajarme de verdad cuando lo necesite.*
+ *Volver a enamorarme profundamente de mi mujer.*
+ *Estar presente física y emocionalmente con mis hijos y animarlos.*

 Dentro del CÍRCULO EXTERIOR haz una lista de lo que es una sexualidad sana para ti.

Una vez que completes la **Herramienta de Prevención de Recaídas**, esta se convertirá en un documento en progreso. Por lo menos una vez cada tres o seis meses debes volver a revisar este ejercicio y ajustar tus respuestas a tu nivel actual de sanidad y comprensión. Descubrirás que es un excelente indicador del progreso que has hecho y una herramienta inestimable para entender tus luchas.

Es importante entender que tu Perfil de Excitación no suele ser una señal saludable de lo que te "excita". Si eso fuera cierto, ¡entonces no estarías luchando con la esclavitud sexual y no tendrías que pasar por este libro de trabajo! Tu Perfil de Excitación es, en cambio, una imagen de la forma en que has aprendido a medicar sexualmente tus heridas internas. Esta es una verdad crítica que hay que entender. Un hombre terminó su AT y me dijo: "No me extraña que no me atraiga mi mujer. Ella no coincide con mi AT". Entonces le sonreí y le dije: "Eso es porque tu PE te está diciendo que eres un tipo herido".

Te he pedido que vuelvas a hacer el **ejercicio de la Herramienta de Prevención de Recaídas** cada tres o seis meses porque a medida que te vayas sanando, tu PE empezará a ser más y más saludable. Al rehacer la Herramienta de Prevención de Recaídas, probablemente harás un descubrimiento fascinante. Cuando empiezas a caminar con mayor salud y libertad ves que ocurren dos cosas:

1. Tu enfoque se moverá del Círculo Interior al Círculo Medio. Empezarás a darte cuenta de que las cosas que te preparan para volver a caer en el Círculo Interior son las que aparecen en el Círculo Medio. Por lo tanto, tu Círculo Medio comienza a combinarse con el Círculo Interno. Se convierten en parte de tu lista de abstinencia. No quieres volver a chocar con una barandilla en tu vida porque te das cuenta a dónde te lleva eso... ¡al precipicio!

2. La verdadera salud comienza a establecerse en lo más profundo de tu alma cuando tu enfoque finalmente deja de ser lo que no quieres hacer. En su lugar, tus pensamientos y tu enfoque están en lo que realmente quieres hacer en tu vida (el Círculo Exterior). ¡Tu enfoque ahora ha cambiado dramáticamente de la adicción a la salud!

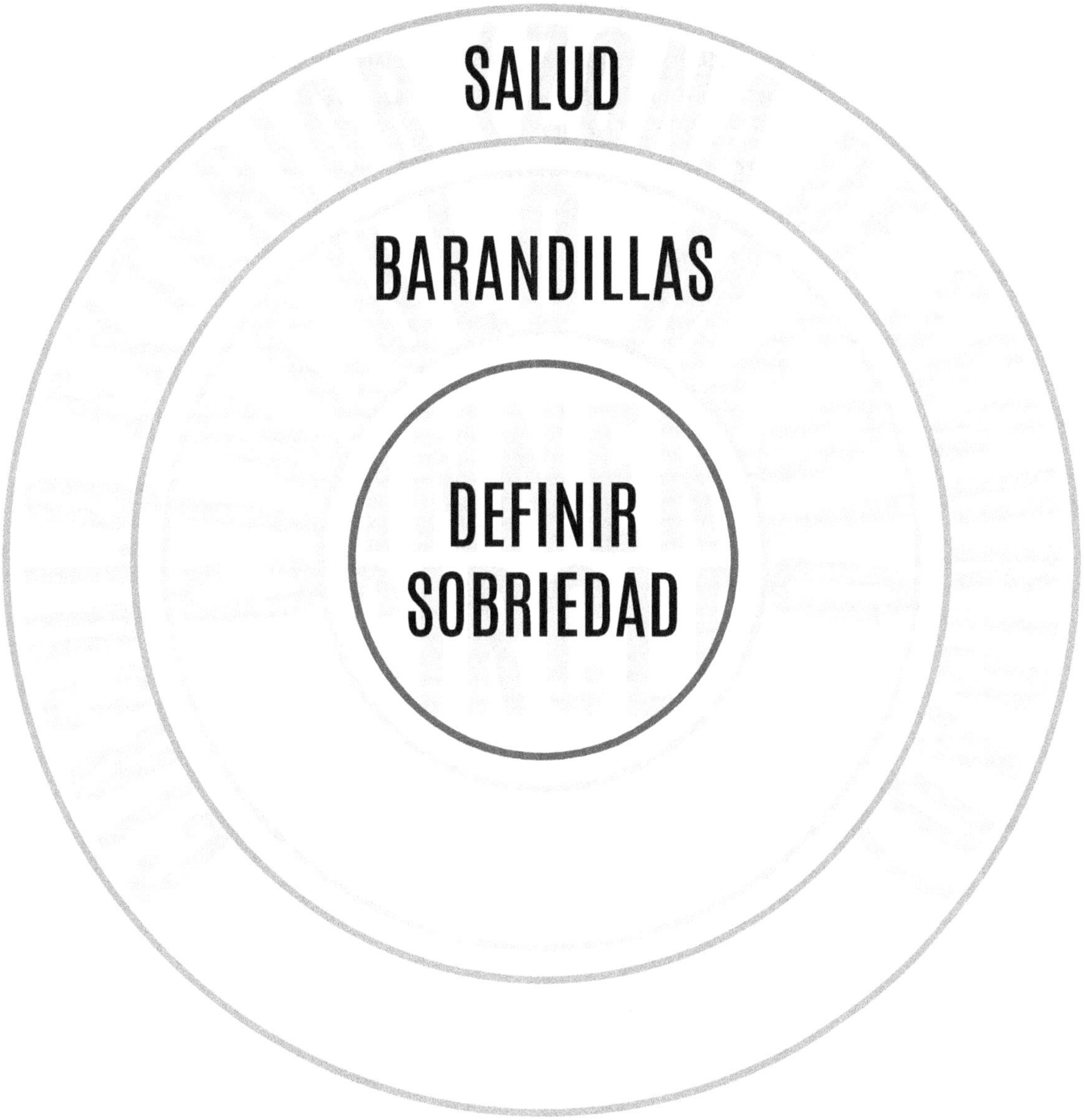

HERRAMIENTA DE PREVENCIÓN DE RECAÍDAS

SALUD

BARANDILLAS

DEFINIR SOBRIEDAD

Esta es una lección muy desafiante. Tómate tu tiempo y date la oportunidad de dar respuestas reflexivas. El plan de batalla que construyas determinará, en muchos sentidos, si realmente te liberas o no.

 Prepárate para compartir y recibir comentarios sobre tu trabajo en la Herramienta de Prevención de Recaídas.

ASIGNACIONES ANTES DE LA REUNIÓN

1. Lee el ejercicio **"Quién soy en Cristo"** que aparece a continuación.
2. Selecciona un verso cada día que trate con una mentira límbica que hayas creído -una creencia central con la que el infierno trata de controlarte. Cuando te sientas inseguro o intimidado por el infierno durante el día, toma la promesa y **¡hazla pasar por la garganta del infierno!**
3. Revisar y firmar el Compromiso para el quinto pilar.
4. Lee el capítulo 14 de *Deseo Puro*.

QUIÉN SOY EN CRISTO[45]
LA PALABRA DE DIOS DICE:

1. **Soy hijo de Dios** porque he nacido de nuevo de la semilla incorruptible de la Palabra de Dios que vive y permanece para siempre. (1 Pedro 1:23)
2. **Soy perdonado** de todos mis pecados y lavado en la sangre. (Efesios 1:7; Hebreos 9:14; Colosenses 1:14; 1 Juan 2:12; 1 Juan 1:9)
3. **Soy una nueva creación.** (2 Corintios 5:17)
4. **Soy un templo donde vive el Espíritu Santo.** (1 Corintios 6:19)
5. **Estoy liberado** del poder de las tinieblas; Cristo me lleva al reino de Dios. (Colosenses 1:13)
6. **He sido redimido** de la maldición de la ley. (1 Pedro 1:18-19)
7. **Soy santo y sin culpa** ante Dios. (Efesios 1:4)
8. **Estoy establecido** hasta el final. (1 Corintios 1:8)
9. **He sido acercado a Dios** por la sangre de Cristo. (Efesios 2:13)
10. **Soy victorioso.** (Apocalipsis 21:7)
11. **Soy libre.** (Juan 8:31-32)
12. **Soy fuerte** en el Señor. (Efesios 6:10)
13. **Estoy muerto al pecado.** (Romanos 6:2 y 11; 1 Pedro 2:24)
14. **Soy más que vencedor.** (Romanos 8:37)
15. **Soy un coheredero** con Cristo. (Romanos 8:16-17)
16. **Estoy sellado** con el Espíritu Santo de la promesa. (Efesios 1:13)
17. **Estoy en Cristo Jesús por su obra.** (1 Corintios 1:30)
18. **Soy aceptado** en Cristo Jesús. (Efesios 1:5-6)
19. **Estoy completo** en Él. (Colosenses 2:10)
20. **Estoy crucificado con Cristo.** (Gálatas 2:20)
21. **Estoy vivo** con Cristo. (Efesios 2:4-5)
22. **Soy libre** de la condenación. (Romanos 8:1)
23. **Estoy reconciliado** con Dios. (2 Corintios 5:18)
24. **Estoy calificado** para participar en su herencia. (Colosenses 1:12)
25. **Estoy firmemente arraigado,** establecido en mi fe y rebosante de agradecimiento y gratitud. (Colosenses 2:7)
26. **Soy llamado** de Dios. (2 Timoteo 1:9)

---

[45] Ted Roberts, *Guía de estudio Vivir la vida con audacia* (Gresham: East Hill Church, 2005), 75-76. Usado con permiso

27. **Soy un elegido.** (1 Tesalonicenses 1:4; Efesios 1:4; 1 Pedro 2:9)
28. **Soy un embajador** de Cristo. (2 Corintios 5:20)
29. **Soy la obra de Dios** creado en Cristo Jesús para las buenas obras. (Efesios 2:10)
30. **Soy la niña de los ojos de mi Padre.** (Deuteronomio 32:10; Salmo 17:8)
31. **Estoy curado** por los azotes de Jesús. (1 Pedro 2:24; Isaías 53:6)
32. **Estoy siendo cambiado** a su imagen. (2 Corintios 3:18; Filipenses 1:6)
33. **Me he levantado** con Cristo y estoy sentado en los lugares celestiales. (Efesios 2:6)
34. **Soy amado** por Dios. (Colosenses 3:12; Romanos 1:7; 1 Tesalonicenses 1:4)
35. **Tengo la mente de Cristo.** (Filipenses 2:5; 1 Corintios 2:16)
36. **He obtenido una herencia.** (Efesios 1:11)
37. **Tengo acceso** al Padre por un solo Espíritu. (Efesios 2:18)
38. **He vencido** el mundo. (1 Juan 5:4)
39. **Tengo vida eterna** y no será condenado. (Juan 5:24; Juan 6:47)
40. **Tengo la paz de Dios** que sobrepasa todo entendimiento. (Filipenses 4:7)
41. **He recibido el poder**—el poder del Espíritu Santo; el poder de imponer las manos a los enfermos y verlos sanar; el poder de expulsar a los demonios; el poder sobre todo el poder del enemigo; nada me hará daño. (Marcos 16:17-18; Lucas 10:17-19)
42. **Vivo por y en la ley del Espíritu de Vida** en Cristo Jesús. (Romanos 8:2)
43. **Yo camino en Cristo Jesús.** (Colosenses 2:6)
44. **Yo puedo hacer todas las cosas** (todo) en y por Cristo Jesús. (Filipenses 4:13)
45. **Haremos cosas aún más grandes** de lo que hizo Jesús. (Juan 14:12)
46. **Yo poseo al Grandísimo** en mí, porque mayor es el que está en mí que el que está en el mundo. (1 Juan 4:4)
47. **Sigo hacia la meta** por el premio de la alta vocación de Dios. (Filipenses 3:14)
48. **Siempre triunfo** en Cristo. (2 Corinthians 2:14)
49. **Mi vida muestra su alabanza.** (1 Pedro 2:9)
50. **Mi vida está oculta con Cristo** en Dios. (Colosenses 3:3)

COMPROMISO DEL QUINTO PILAR

He completado, en la medida de mis posibilidades, todos los ejercicios que se encuentran en el quinto pilar de la libertad. Por la gracia de Dios, haré todo lo que pueda para vivir estas verdades en mi vida diariamente.

Mi nombre _____

Firma _____ Fecha _____

TESTIGOS AFIRMANTES

Afirmo el hecho de que _____ ha crecido en integridad y honestidad en su vida por la gracia de Dios. La negación ya no forma parte de su vida.

Mi nombre _____

Firma _____ Fecha _____

Afirmo el hecho de que _____ ha crecido en integridad y honestidad en su vida por la gracia de Dios. La negación ya no forma parte de su vida..

Mi nombre _____

Firma _____ Fecha _____

LA BATALLA POR LA MENTE

LECCION UNO

LOS MIGS SALEN DE LA MALEZA

 Ve los videos: Introducción al Pilar Seis y Pilar Seis: Lección 1.

El título de este capítulo es un término que utilizamos para describir una táctica que la Fuerza Aérea de Vietnam del Norte utilizaba contra nosotros. Teníamos una amplia cobertura de radar de su espacio aéreo, por lo que podíamos anticiparnos cuando intentaran atacarnos. En lugar de enfrentarse a nosotros de frente, se mantenían lo más bajo posible tras el despegue. Tan bajos que estarían por debajo de nuestra cobertura de radar, todo el tiempo sus operadores de radar estarían llamando nuestra posición y vectorizando para atacarnos por la retaguardia. Una vez que nos tenían a la vista, se acercaban a nuestra altitud y empezaban a disparar. Con frecuencia, nunca los veíamos venir, de ahí el término "MIGS saliendo de la maleza".

En el sexto pilar vamos a ver una cosa que he visto atrapar a más hombres en su adicción que casi cualquier otra cosa. Es un asesino porque nunca lo ven. Es por eso que este tema frecuentemente los dispara hacia abajo en una bola de vergüenza y recaída. Vamos a enfrentarnos a lo más difícil: **¡Trauma!**

¿Qué queremos decir con el término trauma? He visto la realidad y la exactitud de esta definición una y otra vez en más de treinta años de consejería pastoral y clínica.

> EL TRAUMA ES UNA EXPERIENCIA ABRUMADORA QUE TIENE UN IMPACTO NEGATIVO EN LA CAPACIDAD DE PROCESAMIENTO MENTAL Y EMOCIONAL DEL INDIVIDUO en el momento y en el futuro debido a lo que han experimentado en el pasado. El trauma suele referirse a una experiencia que va más allá de la capacidad de un individuo para adaptarse eficazmente. Esto puede ocurrir fácilmente en los años de la infancia, dando lugar a una descarga de software mental inadaptado que afecta negativamente a las habilidades interpersonales del individuo a nivel subconsciente hasta bien entrada la edad adulta.

El trauma es una de las armas más sigilosas que el enemigo trae contra nosotros. En casi treinta años de aconsejar a hombres que luchan con la pureza sexual, ni una sola vez he tenido un hombre que entre en mi oficina y me pida que le ayude a lidiar con el trauma en su vida. Sin embargo, todos los hombres a los que he ayudado a caminar hacia la libertad tuvieron que enfrentarse a un trauma en su vida. Su mayor problema era que ni siquiera se daba cuenta de que el enemigo estaba usando las heridas de su pasado como un misil buscador de calor para hacer volar en pedazos su compromiso con Cristo.

Entonces, ¿qué es el trauma? Permítanme comenzar usando una simple, pero dolorosa analogía de mi vida. Llevaba más de un año luchando contra un músculo de la cadera izquierda. Me imaginé que lo había forzado demasiado durante uno de mis entrenamientos y que con el tiempo se curaría. A pesar de mis esfuerzos por aumentar la carga de trabajo para fortalecer ese grupo muscular y la terapia de masaje, nada parecía funcionar. Finalmente, fui cojeando a la consulta del médico. Le describí los frustrantes síntomas y el médico asintió con conocimiento de causa a mis comentarios. Cogió un martillo de goma para comprobar mis reflejos. Al golpear mi rodilla derecha, mi pierna respondió con una sacudida hacia arriba. Luego golpeó mi rodilla izquierda: …. NADA, ABSOLUTAMENTE NADA. Volvió a golpear con más velocidad… y todavía nada. Hizo una pausa y, mirándome, me dijo: "Parece que tiene un disco abultado en la parte baja de la espalda que está ejerciendo presión sobre los nervios. Esto está causando el dolor. No parece ser un desgarro muscular en absoluto. Tenemos que tratar algo mucho más profundo". Entendía mal el origen del dolor y nunca habría resuelto el problema.

El dolor no es sólo dolor; hay diferentes fuentes de dolor en nuestra vida. El trauma no es sólo dolor porque puede llegar a lo más profundo de nuestra alma. Oír la palabra "trauma" suele traer a la mente imágenes de sucesos infernales, lo que hace que a la mayoría de las personas les cueste reconocer el poder que el trauma tiene sobre sus vidas. La destrucción del World Trade Center, los graves accidentes de coche, los abusos físicos violentos o acontecimientos similares vienen a la mente al mencionar la palabra "trauma". Casi siempre me dicen: "Oye, he tenido momentos difíciles en la vida, pero no peores que los de cualquier otro; además, crecí en un hogar cristiano. Mamá y papá me querían". Cuando les pregunto qué afirmación y presencia tuvo su padre en los primeros años de su vida, o qué apoyo tuvo mamá, se quedan callados. A veces responden defendiendo con vehemencia a mamá o a papá.

El problema es que **no podemos evitar amar a ciertas figuras de nuestra vida, se lo hayan ganado o no.** Ahora relájate. No vamos a culpar de todos tus problemas a mamá y papá. Probablemente hicieron lo mejor que pudieron con lo que tenían. Una vez que te conviertes en padre te das cuenta rápidamente de lo imposible que es el trabajo.

> NO PRETENDEMOS CULPAR A NADIE. VAMOS A RECLAMAR LO QUE EL INFIERNO NOS ROBÓ A TRAVÉS DEL ARMA DEL TRAUMA EN NUESTRA VIDA.

CUATRO DATOS BÁSICOS SOBRE EL TRAUMA

La premiada película documental *Armadillo* (2010) siguió a un regimiento de soldados daneses desde su emotiva despedida, pasando por sus meses de combate y, finalmente, hasta sus reuniones familiares. La película es un estudio de la vida interior de los jóvenes mientras experimentan la emoción y la camaradería, el tedio y sobre todo el terror y el trauma de la guerra en Afganistán[46]. Estos mismos soldados fueron también objeto de otro estudio, un tipo de estudio muy diferente. Se les observaba científicamente y se les examinaba para detectar los síntomas emergentes del trastorno de estrés postraumático (PTSD). Los resultados del estudio revelaron algunas conclusiones sorprendentes. En primer lugar, el PTSD no parece desencadenarse automáticamente por una experiencia traumática de batalla. La gran mayoría de los soldados eran resistentes a los efectos del trauma.[47]

En comparación con los soldados resistentes, los soldados que desarrollaron PTSD eran mucho más propensos a haber sufrido problemas emocionales y eventos traumáticos antes del despliegue. Las experiencias traumáticas de la infancia **predijeron la aparición del PTSD** en estos soldados. Los que mostraban síntomas de PTSD eran más propensos a haber presenciado traumas familiares durante su crecimiento. También era más probable que tuvieran experiencias pasadas de las que no podían, o no querían, hablar.

PRIMERA VERDAD: LOS CIMIENTOS DEL TRAUMA SE ESTABLECEN CON FRECUENCIA EN UNA ETAPA TEMPRANA DE NUESTRA VIDA

Los seres humanos nacen con muchas neuronas, pero con pocas conexiones entre ellas. Construimos el sistema operativo de nuestro cerebro a partir de la experiencia en lugar de nacer con él preprogramado. También somos vulnerables y estamos necesitados durante mucho más tiempo que los animales. Así, la vulnerabilidad es la primera experiencia que tenemos de la vida y sienta las bases de nuestro sistema operativo mental. El cerebro de un niño pequeño se desarrolla con tanta facilidad en respuesta a los estímulos que lo absorbe todo de forma acrítica. A partir de los dos años, el cerebro empieza a confiar en los circuitos que tiene en lugar de cambiar para adaptarse a cada nueva entrada. Esto explica el fenómeno de los "Terribles Dos", en el

---

[46] Armadillo. Dirigido por Janus Metz. Copenhague: Fridthjof Film, 2010.

[47] Bernsten, Dorthe, Kim Johannessen, Yvonne Thomsen, Mette Bertelsen, Rick Hoyle y David Rubin. "Paz y guerra: trayectorias de los síntomas del trastorno de estrés postraumático antes, durante y después del despliegue militar en Afganistán". Ciencia Psicológica (2012): 1557-1565.

que la palabra favorita del niño es "¡NO!".

Si una vía neuronal se activa repetidamente, se mieliniza, lo que hace que el patrón de disparo sea casi automático. Este proceso explota en nuestra juventud. "Mielinización" significa simplemente que las neuronas se aíslan como el plástico aísla los cables. Esto transforma algunos circuitos neuronales en superautopistas cuya velocidad de procesamiento es como la fibra óptica en comparación con el anticuado cable de cobre. La mielinización alcanza su punto álgido a los dos años de edad y se dispara de nuevo durante la pubertad, por lo que las experiencias de esos dos períodos álgidos son fundamentales para las expectativas de una persona sobre su mundo. Y durante la adolescencia el cerebro masculino se vuelve especialmente sensible a las señales sexuales.

Todo esto nos dice que el software fundamental de nuestro cerebro se descarga muy temprano en nuestras vidas. Por lo tanto, los traumas sufridos en la primera infancia se convertirán en una parte importante de su percepción del mundo a **nivel inconsciente**. Los niños construyen su sistema operativo mental en un intento de evitar el dolor y experimentar el placer. Esto explica por qué, como adulto, puedes acabar luchando para responder al placer y al dolor en tu vida de forma redentora. Estás luchando contra un sistema operativo mental construido en tu vida hace años. Estás lidiando con algunos virus en tu software mental que el infierno inyectó en tu proceso de pensamiento a nivel inconsciente en una edad temprana. El aprendizaje temprano es la base de las respuestas adultas, nos guste o no. Después de la pubertad, la mielinización disminuye significativamente; por lo tanto, se necesita una gran cantidad de esfuerzo y repetición para crear nuevas conexiones neurológicas. Por eso nos afectan mucho las experiencias de la adolescencia, sobre todo las sexuales, a pesar de los esfuerzos que se hacen para evitarlas.

SEGUNDA VERDAD: EL TRAUMA PUEDE CONVERTIRNOS EN ANALFABETOS EMOCIONALES SOBRE CIERTOS TEMAS DE NUESTRA VIDA

Como demostró el estudio, los que luchaban contra el trauma no podían o no querían hablar de él. Seguía siendo un adversario sigiloso en sus almas. Los chinos tienen un proverbio que describe profundamente el dilema: "El dolor más profundo no tiene palabras".

El Doble Desafío vicioso aquí es que, a menos que procesemos nuestro trauma, lo que en algún momento implica encontrar palabras para expresar el dolor, entonces los problemas de la vida en curso, como la ansiedad, los trastornos del sueño, la ira, los sentimientos de traición y los problemas para confiar y conectar en las relaciones, pueden persistir durante años. La naturaleza irresoluble del dolor lleva al individuo a buscar placer o a automedicarse a través del sexo, la pornografía, la masturbación, el alcohol, la comida, los gastos u otras adicciones.

TERCERA VERDAD: EL TRAUMA PUEDE ALIMENTAR LA ADICCIÓN A UN NIVEL MUY PROFUNDO

Como has descubierto, muchos de los factores que contribuyen a la adicción sexual pasan desapercibidos durante años. Sin embargo, a medida que nuestro dolor aumenta, las relaciones se tensan y los traumas no resueltos siguen apareciendo en nuestra vida cotidiana, comenzamos a sentir que la tormenta se está gestando. Al igual que un ciclón que deja un rastro de destrucción a su paso, lo mismo ocurre con nuestros comportamientos sexuales no deseados.

Para que se forme un ciclón, debe haber varias cosas presentes en el ambiente: la temperatura del aire, la velocidad del viento, el encuentro de un frente caliente y uno frío, y más. Todos estos factores deben estar presentes o el ciclón no se formará.

Esto también es cierto en El ciclón de la adicción. Una serie de factores deben estar presentes que contribuyen a nuestros comportamientos adictivos. A menos que nos ocupemos de los problemas subyacentes, la tormenta seguirá creciendo y se volverá incontenible. Pero a medida que trabajamos para sanar estas áreas de nuestras vidas, veremos que El Ciclón de la Adicción se disipa y pierde su poder.

Problemas de Fondo
- Disfunción de la familia de origen
- Abuso temprano y trauma personal
- Crecer en una sociedad adictiva

Mentalidad Defectuosa
- Creencias básicas de indignidad/vergüenza
- Malestar por sentirse solo
- Falso concepto de necesidad de sexo

Patrón Destructivo[48]	+ Preocupación + Ritualización + Compulsión + Desesperación
Continuación del Encubrimiento	+ Negación + Racionalizar + Minimizar + Ilusión + Culpar a otros

Existe una relación de amor-odio con la conducta sexual. Luchamos contra el impulso, pero es una batalla perdida la mayoría de las veces porque nos encanta cómo nos hace sentir por el momento. ¿Por qué no podemos parar esta locura? Amamos al Señor con todo nuestro corazón. Entendemos la neuroquímica del ciclo adictivo. Hemos hecho los deberes de recuperación y hemos desarrollado nuevas habilidades para combatir nuestros patrones malsanos del pasado. Entonces, ¿por qué no está funcionando? La respuesta: **nuestros traumas no procesados agitarán continuamente la tormenta en lo más profundo de nuestra alma.**

Cuando tenemos un trauma no procesado de nuestro pasado, éste permanece activo en lo más profundo de nuestra alma. El problema es que, por lo general, ni siquiera podemos verlo o, si lo vemos, no sabemos cómo hablar de ello. He perdido la cuenta del número de veces que he preguntado a un cliente cómo se siente respecto a una experiencia dolorosa de su pasado y todo lo que obtengo es una expresión en blanco. Realmente se ha convertido en un analfabeto emocional a través de años de medicar su dolor. Esto puede estar tan arraigado que convierte nuestra vida en una serie de "malas repeticiones". Cuando las necesidades básicas de la vida no se satisfacen adecuadamente a una edad temprana, podemos desarrollar un hambre emocional que nunca se satisface. Se caracteriza por tratar de rehacer el pasado, es decir, satisfacer las primeras necesidades insatisfechas con las personas equivocadas en el momento y el lugar equivocados. Esto se llama repetición del trauma. Sé que parece una locura, pero lo veo todo el tiempo en la oficina de consejería. Por ejemplo, he visto a muchos chicos manejarse sin piedad, tratando de obtener la aprobación de alguna figura de autoridad masculina. O hacen el papel de rebeldes o de críticos, reaccionando todavía al espectro de su padre distante o distraído.

Las investigaciones han demostrado que las víctimas de traumas intentan controlar

---

[48] Carnes, P. (2000). Adicción y compulsión sexual: Reconocimiento, tratamiento y recuperación. CNS Spectrums, 5(10), 63-72.

sus sentimientos de hiperexcitación, aislamiento, dolor emocional e ira medicando su lucha interior para recuperar la sensación de control sobre sus caóticas emociones internas.[49] La elección de medicar el dolor mediante la actuación sexual se convierte en una fuente fiable de gestión **temporal** del estado de ánimo. El problema es que su acceso a lo que está pasando en su alma está bloqueado por estas elecciones. Es entonces cuando el ciclón de la adicción se fortalece, cobrando impulso a través de las elecciones que hacemos. Pronto la adicción toma vida propia, lo que resulta en mayor aislamiento, vergüenza y dolor no resuelto.

La cuarta verdad es sencilla, pero muy importante de entender.

CUARTA VERDAD: LOS TRAUMAS NO SON SÓLO "TRAUMAS"; SE PRESENTAN DE MUCHAS FORMAS

Sé que es una gran simplificación, pero los dos extremos del trauma pueden llamarse "golpes" (acontecimientos de impacto extremo) y "carencias" (pequeñas heridas que se producen una y otra vez). A primera vista, las carencias pueden parecer totalmente insignificantes, pero su efecto acumulativo puede ser tan incapacitante como un golpe masivo. Ambos tipos de trauma pueden conducir a niveles de dolor interno tan altos que desencadenan comportamientos compulsivos para medicarse.

GOLPES

+ Experiencias de combate
+ Violación
+ Abuso sexual
+ Puñetazos
+ Bofetadas
+ Agresiones verbales
+ Apodos denigrantes

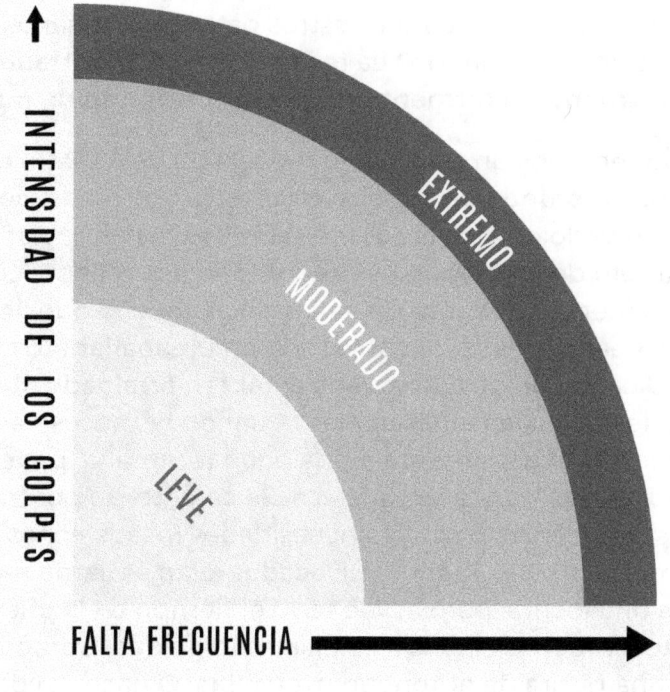

FALTA · Silencio · Descuido · Falta de apoyo · Rechazo abierto

---

[49] Centro para el Tratamiento del Abuso de Sustancias (EE.UU.). Atención informada sobre el trauma en los servicios de salud del comportamiento. Rockville (MD): Administración de Servicios de Salud Mental y Abuso de Sustancias (EE. UU.); 2014. (Serie de protocolos de mejora del tratamiento (TIP), n.º 57). Capítulo 3, Comprensión del impacto del trauma. Disponible en: http://www.ncbi.nlm.nih.gov/books/NBK207191/.

Por ejemplo, si papá te comunicó repetidamente que no eras suficiente -ya sea por su ausencia, su negligencia o su enfado-, se convierte en un peso insufrible que hay que soportar en tu interior. Con frecuencia, las "carencias" no eran intencionadas, simplemente lo eran. La madre de un individuo estaba constantemente enferma y postrada en la cama en sus primeros años; él nunca tuvo esa sensación de cariño que necesitaba cuando crecía, y lucha con ello hasta el día de hoy. Para algunos puede ser un concepto difícil de entender cuando sólo se lee un montón de palabras en una página. Así que permítanme mostrar gráficamente lo que estoy tratando de comunicar.

Nota: A veces un solo "golpe" puede llevar a alguien al extremo del trauma. Los "golpes" también pueden llevar a una persona al rango extremo a través de la alta frecuencia. Por ejemplo, un trauma extremo puede resultar si alguien es tratado continuamente con silencio o negligencia durante sus primeros años de vida.

Esto no es una excusa psicológica para un comportamiento adictivo fuera de control. Como aprenderás en la Lección 2, el software básico de un niño para enfrentarse a su mundo se descarga de su Familia de Origen. Sí, a medida que crecemos aprendemos a pensar como un adulto; pero si ese software inicial está plagado de los virus del trauma, el impulso de medicar en lugar de procesar el dolor interior será irresistible. Especialmente cuando estamos bajo presión. Tendremos que hacer lo que Pablo nos desafía tan elocuentemente en 1 Corintios 13:11: "Cuando era niño, hablaba como un niño, pensaba como un niño, razonaba como un niño. Cuando me hice hombre, dejé atrás los caminos de la infancia".

Así pues, analicemos tu vida. Observa los ejemplos de cada categoría de "golpes" o "carencias" y luego añade ejemplos de tu vida. Como cada persona puede categorizar la intensidad en el contexto de sus propias experiencias, no te limites a los ejemplos dados. Escribe fuera de las casillas si es necesario.

Los Golpes de Mi Vida

Alta Intensidad

Ejemplos:
- Los padres se divorcian
- Muerte de un miembro de la familia
- Abuso sexual
- Fracaso escolar
- Abuso emocional

Mi vida:

Intensidad Media

Ejemplos:
- Pérdida de un amigo
- Ser acosado
- No entrar en el equipo

Mi vida:

Baja Intensidad

Ejemplos:
- Insultos
- Sentirse no validado

Mi vida:

Nota: Lo que puede ser un golpe de alta intensidad para ti puede ser un golpe de intensidad media o baja para otra persona. Los golpes pueden venir incluso de nosotros mismos si miramos el mundo a través de unos lentes del color de la vergüenza. La vergüenza puede afectarnos en los tres niveles de intensidad, desde no entrar en el equipo o fracasar en la escuela, hasta ser rechazado por una chica, pasando por insultarse a sí mismo.

Las Carencias de Mi Vida

Alta Intensidad

Ejemplos:

- Abandonado por uno o ambos padres
- Desempleo familiar

Mi vida:

Intensidad Media

Ejemplos:

- Se mudó con frecuencia
- Se sintió rechazado por los hermanos mayores
- Nunca tuvo amistades cercanas

Mi vida:

Baja Intensidad

Ejemplos:

- Poca validación por parte de los padres o de los compañeros

Mi vida:

Ahora retrocede un poco y mira todas tus respuestas.

 **¿Qué mensajes te han transmitido los golpes y las carencias de la vida? ¿Cuáles son las afirmaciones que el infierno ha intentado utilizar para abatirte? ¿Cuáles son las huellas del trauma en tu vida?**

Llegaremos a lo que Dios dice de ti. Pero para escuchar y recibir verdaderamente palabras de gracia y aliento, necesitas identificar las mentiras que han sido la música de fondo de tu alma durante años.

Ejemplos:

- *No soy suficiente.*
- *Tengo que probarme a mí mismo o siempre tendré que hacerlo yo.*
- *Los más cercanos a mí me abandonarán.*
- *Tengo que protegerme, nadie más lo hará.*

1. _____
2. _____
3. _____
4. _____

 ¿Con qué incidente, acontecimiento o comentario luchas más de tu pasado?

LECCIÓN DOS

¡CUIDA TU ESPALDA!

 Ve el Video del Pilar Seis: Lección Dos

Siempre surge una pregunta cuando comparto mi experiencia de tener aviones enemigos que aparecen de repente detrás de ti: "¿Cómo se evita ser derribado?". La respuesta es sencilla, pero difícil. Hay que mantener la cabeza en movimiento y comprobar especialmente el espacio aéreo que hay detrás de uno. De ahí viene el término "cuida tu espalda". El espacio aéreo que rodea a tu avión se denominaba en forma de código de reloj. El espacio aéreo alrededor de tu avión se refería a un código de reloj. Volábamos en un tipo de formación que nos permitía escudriñar constantemente el cielo en busca del enemigo. Pero eso no es fácil de hacer cuando intentas preparar el avión para atacar un objetivo terrestre y, al mismo tiempo, evitar el fuego antiaéreo y esquivar los misiles tierra-aire que se lanzaban en tu dirección. Si veías al enemigo, podías derrotarlo. **Eran las cosas que nunca viste las que te derrivarían.**

El trauma opera de la misma manera en tu vida. Si no lo ves, puede controlarte sin que lo sepas. Por ejemplo, se realizó un estudio, el primero de su clase, con adolescentes chinos usuarios de Internet.[50] El estudio descubrió una fuerte correlación entre el aumento de la adicción a Internet y los factores de estrés derivados de los problemas interpersonales, los problemas escolares y la ansiedad. Una vez más, el trauma no tiene que ser un gran acontecimiento para afectarnos. Nuestro trauma oculto puede permanecer escondido en las presiones frenéticas de nuestra vida diaria.

¿Cómo podemos ver el trauma que puede estar arraigado en nosotros y afrontarlo? Gran pregunta. El resto del pilar seis abordará esa cuestión tan crítica en tu recuperación.

Vamos a "cuidar tu espalda" en la vida. Miremos en el espejo retrovisor de tu vida. Tómate unos minutos y recorre esta lista de verificación de traumas y responde "sí" si la pregunta es o ha sido alguna vez cierta en tu vida. Esta es simplemente una lista de preguntas que utilizo con un cliente, al comenzar el proceso de consejería, para comprender la profundidad de lo que estamos tratando.

---

[50] Tang, Jie, Yizhen Yu, Yukai Du, Ying Ma, Dongying Zhang y Jiaji Wang. "Prevalencia de la adicción a Internet y su asociación con acontecimientos vitales estresantes y síntomas psicológicos entre los usuarios de Internet adolescentes". Addictive Behaviors 39, no. 3, (2014): 744-747.

LISTA DE VERIFICACIÓN DE TRAUMAS

1. Tuve problemas médicos o fui hospitalizado a principios de mi vida. ☐ Si ☐ No
2. Me pierdo fácilmente en mi trabajo. ☐ Si ☐ No
3. Tengo períodos de insomnio. ☐ Si ☐ No
4. A veces me siento mal conmigo mismo por experiencias vergonzosas de mi pasado. ☐ Si ☐ No
5. Hay acciones que me cuesta dejar de hacer aunque no me ayuden/sean destructivas. ☐ Si ☐ No
6. Mis relaciones son la misma historia una y otra vez. ☐ Si ☐ No
7. Fui adoptado. ☐ Si ☐ No
8. Soy incapaz de recordar detalles de experiencias dolorosas ☐ Si ☐ No
9. Evito los errores a toda costa. ☐ Si ☐ No
10. Pensamientos o recuerdos inquietantes sobre algo del pasado han venido a la mente de forma inesperada. ☐ Si ☐ No
11. A veces tengo arrebatos de ira o irritabilidad. ☐ Si ☐ No
12. A veces estropeo las oportunidades de éxito. ☐ Si ☐ No
13. Hay algo destructivo que hago una y otra vez y que comenzó a principios de mi vida. ☐ Si ☐ No
14. Tengo dificultades para concentrarme. ☐ Si ☐ No
15. Cuando crecí, me separé de uno o ambos padres o de mis hermanos durante un largo periodo de tiempo. ☐ Si ☐ No
16. Mis padres se peleaban mucho verbal y/o físicamente. ☐ Si ☐ No
17. Nos mudábamos mucho cuando crecía. ☐ Si ☐ No
18. Soy una persona que asume riesgos. ☐ Si ☐ No
19. Me mantengo en conflicto con alguien cuando podría haberme alejado. ☐ Si ☐ No
20. A menudo me siento sexual cuando me siento solo. ☐ Si ☐ No
21. Me siento leal a las personas aunque me hayan hecho daño. ☐ Si ☐ No
22. Siento que debo evitar depender de la gente. ☐ Si ☐ No
23. Utilizo la televisión, la lectura, la comida y los pasatiempos como forma de adormecerme. ☐ Si ☐ No
24. Tengo un problema con aplazar ciertas tareas. ☐ Si ☐ No
25. Necesito muchos estímulos para no aburrirme. ☐ Si ☐ No

¿Cuántos ítems marcaste "sí"? _____

Este no es un test clínico ni una prueba que haya sido evaluada científicamente, pero he observado que los individuos que responden "Sí" a cuatro o más ítems tienen un trauma en su vida que les está afectando. En la mayoría de los casos, estos individuos no tienen idea de que su vida ha sido impactada por el evento o circunstancia. Si has obtenido una puntuación de ocho o más, es probable que el trauma te haya afectado de forma significativa. En ese caso, te recomendamos que busques ayuda adicional de un consejero capacitado.

Se parece mucho a aquel dolor que tuve en la cadera izquierda: el médico me dijo que había tres opciones:

1. Si sólo fuera un tirón muscular, te curarías solo con algo de reposo.

2. Si tuviera un disco abultado en la espalda, necesitaría medicación antiinflamatoria y fisioterapia para curarme.

3. O el disco requeriría una intervención quirúrgica.

La información de este pilar puede ayudarte significativamente si has obtenido una puntuación inferior a 8 en la lista de verificación de traumas. Aun así, es posible que necesites buscar ayuda psicológica. Puedes ir al sitio web de Deseo Puro y solicitar consejería. https://puredesire.org/counseling/ Dado que ofrecemos **consejería** a través de un portal seguro en línea, puedes recibir consejería sin importar en qué parte del mundo te encuentres.

Al final tuve que ir a un fisioterapeuta por mi dolor de cadera. No podía ignorarlo, y tú tampoco puedes hacerlo si hay un trauma no procesado en tu vida. Hemos descubierto que entre el 20 y el 30% de los hombres que participan en un grupo de Deseo Puro necesitan consejería además del trabajo en grupo. Es importante buscar consejería de alguien que se especialice en el tratamiento de la adicción sexual.

Puede que hayas notado que muchas de las preguntas de la lista de comprobación se refieren a los primeros años de tu vida. ¿Por qué el trauma se afianza tan temprano en la vida? La respuesta a esta pregunta se encuentra en el desarrollo del cerebro. El cerebro establece sus percepciones fundacionales del mundo muy pronto en la vida. En el primer año de vida, el peso del cerebro de un niño pasa de cuatrocientos gramos a mil gramos, duplicando con creces su tamaño en doce meses. Esta fase de crecimiento rápido, en la que el cerebro es especialmente sensible a los estímulos externos, continúa hasta los veinticuatro meses aproximadamente. Durante los primeros seis años de vida, el sistema límbico y el cerebro emocional (la Escritura lo describe como "nuestro corazón") desarrolla su software básico.

Las investigaciones han descubierto que los traumas de la primera infancia afectan a la salud en general mucho más que los traumas ocurridos en los últimos tres o cuatro años de nuestra vida [51]. La razón es que el cerebro recuerda mejor cualquier cosa que tenga una alta carga emocional, ya sea positiva o negativa. El intenso contenido emocional graba literalmente el recuerdo en la neuroquímica del cerebro y actúa como una **plantilla** sobre la que i**mprimimos las futuras páginas de nuestra vida**. No hay nada más intenso en la vida para un niño que la ruptura de la relación entre ellos y su cuidador. Su propia supervivencia está en juego. Si alguien ha tenido una experiencia así, le resultará más difícil establecer vínculos con otras personas. Y le resultará muy difícil procesar las posteriores rupturas de cualquier relación porque le devolverá el dolor de la herida original.

También se ha descubierto que cada pequeña interacción entre el niño y su cuidador principal se convierte en parte del cableado del cerebro del niño.[52] La autorregulación es una de las tareas más tempranas de la infancia. Los adictos, sin embargo, se caracterizan por un pobre control de los impulsos, o una falta de capacidad de autorregulación. Llevan las marcas de los traumas, lo que resulta en una falta de su capacidad para auto-regularse y lidiar con las duras realidades de un mundo caído.

El Dr. Bessel Van der Kolk señala el impacto único que tiene el trauma en nosotros: "Una persona traumatizada no tiene acceso al hemisferio izquierdo del cerebro que traduce la experiencia en lenguaje, por lo tanto, no puede dar sentido a lo que está sucediendo. También se sabe que las personas traumatizadas tienen problemas para tolerar emociones intensas sin sentirse abrumadas. Estos individuos pasan de un estímulo a otro sin ser capaces de entender lo que les molesta. **Reaccionan de forma exagerada**, se retiran o se **congelan**.[53]

Una de las cosas más confusas de los traumas en nuestra vida son las fuertes estructuras defensivas que podemos construir en respuesta al dolor. Las cosas que nos duelen profundamente son las que más nos pueden desconectar a nivel emocional. Esto se debe a que una defensa común que utilizamos cuando estamos traumatizados es adormecernos. Nos desconectamos mentalmente; por lo tanto, sentimos poco o nada en esas áreas de nuestro dolor repudiado. Esencialmente aplicamos novocaína emocional. Así, perdemos el acceso a los sentimientos que servirían de indicadores de la localización de las heridas. En algún lugar de nuestro interior nos duele, pero no sabemos dónde. Este dilema puede hacer que la adicción se adentre aún más en nuestra alma cuando nos topamos con esa herida accidentalmente.

---

[51] John Pennebaker, *Apertura: El poder curativo de la confianza en los demás* (Nueva York: The Guilford Press, 1990), 79-92.

[52] Allan Schore. *Regulación afectiva y el origen del yo: la neurobiología del desarrollo emocional* (Mahwah: Lawrence Erlbaum Associates, 1994).

[53] Bessel van der Kolk, Alexander McFarlane y Lars Weisaeth,*Estrés traumático Los efectos de la experiencia abrumadora en la mente, el cuerpo y la sociedad* (Nueva York: The Guilford Press, 2006)..

Una acción o declaración particular de otra persona presiona la vieja herida, desencadenando una respuesta en nosotros que es claramente una reacción exagerada. Pero continuamos con la reacción exagerada culpando a los demás porque es ahí donde estamos insensibilizados o desconectados. En lugar de afrontar nuestra reacción exagerada y descubrir por qué actuamos así, proyectamos nuestro dolor no sentido en la situación. Esto crea tantos problemas además de los originales que nos perdemos y nos distraemos con ellos. Sentimos que la tormenta se está gestando, desorientados por su poder y ciegos ante el trauma original que impulsa todo el ciclo. Afortunadamente, aunque no podamos identificar el dolor, el Espíritu Santo clama por nosotros como declaró Pablo:

> *Así mismo, en nuestra debilidad el Espíritu acude a ayudarnos. No sabemos qué pedir, pero el Espíritu mismo intercede por nosotros con **gemidos que no pueden expresarse con palabras**. Y Dios, que examina los corazones, sabe cuál es la intención del Espíritu, porque el Espíritu intercede por los creyentes conforme a la voluntad de Dios.*
>
> ROMANOS 8:26-27 (NVI)

La intercesión del Espíritu Santo por nosotros es una agresividad llena de gracia. Es esta naturaleza agresiva de Dios que actúa en lo más profundo de nuestra alma, la que nos permitirá superar la pasividad y la parálisis que heredamos de Adán. En Génesis 3, Adán no se compromete ni interviene para ayudar a Eva; se limita a permanecer pasivo mientras Eva compra el argumento de venta del infierno. Sin embargo, Dios creó a Adán para que actuara. Fue dotado con la imagen de un Dios poderoso y amoroso que actúa e interviene de forma dramática. Sin embargo, el trauma de la Caída transmitió una pasividad espiritual o una reacción exagerada que nos afecta a todos hoy.

Un trauma no procesado en nuestro interior nos empujará a reaccionar de una de estas tres maneras; a veces pasaremos por las tres.

REACCIONES PROVOCADAS POR EL TRAUMA

1. REACCIÓN EXAGERADA QUE SUELE EXPRESARSE EN FORMA DE IRA

Tu sistema límbico o cerebro emocional responde con ira con mucha frecuencia ante amenazas o traumas importantes. ¿Por qué? Por el simple hecho de que, inicialmente, puede resultar eficaz. Hace retroceder a los demás y te hace sentir más poderoso y menos vulnerable. No toda la ira es mala, hay una ira justa que te da el valor de luchar por los demás. El problema es que nuestra ira casi nunca tiene como objetivo ayudar a los **demás**. Por el contrario, se trata de que el cerebro de la supervivencia se impone al razonamiento superior y nos grita: "¡Tienes que luchar para sobrevivir!". La función principal de la ira reactiva es adormecer nuestros miedos. Por lo tanto, si nos negamos a afrontar y sentir nuestros miedos, éstos siempre nos controlarán. La programación traumática no cuestionada de nuestro pasado acabará siendo el software que dirija nuestras acciones en el presente.

Programación de traumas

 ¿Quién, qué, cuándo o dónde se pueden pulsar tus botones de ira?

Ejemplo: Últimamente me enfado o me pongo límbico cuando siento que me van a dejar fuera de algo. Es aterrador y me recuerda mucho al instituto. No es tanto la ira como el miedo.

Un ejemplo de mi vida:

 ¿Por qué esa persona, ese lugar o esa acción son tan detonantes para ti?

Ejemplo: Tengo miedo de no ser lo suficientemente bueno para que me inviten a las cosas. Parece que la gente me evita a propósito o algo así.

Ejemplo de mi vida:

¿Qué hay debajo de esa ira? ¿Qué miedos residen bajo esa ira?

Ejemplo: Tengo miedo de no ser lo suficientemente bueno. Si la gente me conociera de verdad, seguro que me dejaría.

Ejemplo de mi vida:

 ¿Recuerdas algún momento de tu pasado en el que hayas sentido por primera vez esta profunda respuesta de miedo y/o ira?

Ejemplo: La primera vez que recuerdo realmente una respuesta de miedo y/o ira fue en el instituto cuando mi novia me dejó; como que me juré a mí mismo que nunca confiaría en otra mujer.

Ejemplo de mi vida:

2. APAGARSE, HUIR O RETIRARSE

Adán inició la espiral descendente de la pasividad masculina. Estaba ahí, pero estaba "fuera de juego" cuando se trataba de apoyar y cubrir a Eva. El miedo al conflicto es una excusa que muchos hombres me han dado cuando los desafío a hablar honestamente con su esposa. Es un desafío que todos enfrentamos como esposos. Nunca he conocido a un hombre que no quiera ser el héroe de su esposa. El problema es que no tiene ni idea de cómo tener un desacuerdo saludable con su esposa y tiene todas las imágenes traumáticas en su cabeza de los conflictos que vio entre mamá y papá. La violencia no tenía por qué formar parte del cuadro, sólo el frío silencio entre los padres, ya que nunca se enfrentaron a sus miedos y desacuerdos. Eran analfabetos emocionales y transmitieron ese patrón a su hijo.

Patrones de Conflicto

 Cuando crecías, ¿cómo lidiaban tus padres con los conflictos entre ellos?

Ejemplo: Honestamente, parece que las cosas estaban bastante bien. Nunca los he visto pelear realmente, aunque seguro que han estado en desacuerdo. Pero no había como esta sensación extraña en el aire como si no estuvieran peleando, pero algo estaba definitivamente mal. Creo que manejaron las cosas bastante bien.

Ejemplo de mi vida:

 **¿Qué temas o situaciones son las que más temes y a las que más te retraes?**

Ejemplo: No ser lo suficientemente bueno y que todo el mundo lo descubra.

Ejemplo de mi vida:

 ¿Qué es lo que más te preocupa en la vida?

Por ejemplo: Fracasar en este negocio y tener que ir a hacer un trabajo que no quiero y estar atrapado en eso. También, que la gente sepa que he fracasado y sentirme realmente avergonzado porque hablo mucho, pero luego no puedo hacerlo realidad. Tengo miedo de ser un fraude.

Ejemplo de mi vida:

 ¿Recuerdas cuándo empezaste a preocuparte por este tema? ¿Hay algún incidente en particular que te venga a la mente?

Ejemplo: Bueno, el mío es bastante específico a las cosas de negocios que están sucediendo recientemente. No sé exactamente cuándo empezó este miedo, pero este es definitivamente el momento más grande de mi vida en el que estaba entrando en algo que, literalmente, no sabía si podía hacer. Casi todo lo demás en la vida sentí que podía dominar.

Ejemplo de mi vida:

3. LA ÚLTIMA OPCIÓN: CONGELAR O APAGAR

¿Por qué las cebras no tienen úlcera? es un gran libro. Si lo piensas por un momento, puedes entender por qué el autor eligió ese título. La vida de una cebra es bastante sencilla. El principal momento de estrés y trauma en su vida ocurre aproximadamente una vez a la semana, cuando los leones aparecen para comerse a alguien. Sin embargo, si puedes dejar atrás a la cebra más lenta, no hay problema: puedes volver a masticar hierba. Incluso si el león te atrapa, todavía tienes un plan de respaldo: hacerte el muerto. Esto desencadena un estado de adormecimiento profundamente alterado. En este estado, el animal adormecido está menos agobiado por el dolor debilitante y es capaz de escapar si se presenta la oportunidad.[54] Y si vieras a la cebra escapar por los pelos de los dientes de los leones, te darías cuenta de que después el animal se estremece literalmente; en realidad está procesando el trauma de la situación. Sin embargo, nosotros, como seres humanos, nos enfrentamos a un gran problema a la hora de afrontar traumas intensos en nuestras vidas. Podemos tener al león en la cabeza las 24 horas del día. Pedro lo expresó muy bien; "Practiquen el dominio propio y manténganse alerta. Su enemigo el diablo ronda como león rugiente, buscando a quién devorar". 1 Pedro 5:8 (NVI)

---

[54] Peter Levine, *En una voz tácita: cómo el cuerpo libera el trauma y restaura la bondad* (Berkeley: North Atlantic Books, 2012), 50.

El término merodear conlleva un sentido de actividad continua. Así, a través de incidentes traumáticos en nuestra vida que no son procesados, los sentimientos de ese momento pueden quedar congelados en nuestro interior, de modo que los experimentamos como hechos. Para quienes, como yo, crecieron en un hogar alcohólico, esos sentimientos pueden quedar tan arraigados que parecen hechos innegables. Podemos dejar que nos dominen; podemos dejar que definan quiénes somos y cómo nos relacionamos con los demás en la vida.

Recuerdo la primera vez que me di cuenta de lo diferente que actuaba ante una figura de autoridad masculina fuerte. No era yo mismo. Estaba retraído y ansioso. Cuando me puse instintivamente la mano en la barbilla, sentí la cicatriz y todo volvió a mi mente. Uno de mis padrastros me lanzó contra una chimenea de ladrillos y me abrió la barbilla. Ahora tengo una gran cicatriz en la parte inferior de la barbilla.

Cuando algo no tiene sentido, normalmente tu cerebro emocional o sistema límbico está superando a tu corteza prefrontal, la parte de razonamiento superior de tu cerebro. En otras palabras, el trauma del pasado está convirtiendo tus sentimientos en hechos falsos.

Muchos de nosotros intentamos "lidiar" con nuestras emociones. Nos esforzamos erróneamente en tratar de manejarlas, controlarlas, tolerarlas o suprimirlas. Estaríamos mucho mejor si simplemente nos diéramos cuenta de ellas y utilizáramos la información que nos aportan; actuar sobre ellas es opcional. Estas emociones son como los instrumentos del cuadro de mandos del avión. Te dan información y pueden ser engañosas si te centras en un solo instrumento.

Cuando me di cuenta de por qué estaba actuando de forma tan extraña con la figura de autoridad masculina, le pregunté al Espíritu Santo cómo estaba intercediendo por mí en ese momento. Todavía recuerdo su respuesta: "Ted, estoy orando para que entiendas quién eres. Tu nombre significa don de Dios. Necesitas enfrentar tus sentimientos de miedo. No son un hecho, así que no te repliegues; en cambio, sé quien te he llamado a ser, ¡y defiende tu posición!" Esa comprensión inició un importante proceso de sanidad en mi vida que continúa hasta hoy. Esa experiencia también subraya algunas verdades muy importantes sobre la sanidad del trauma.

VERDADES SOBRE LA SANIDAD DEL TRAUMA

1. La mayoría de la gente piensa que el trauma es un problema "mental". Sin embargo, el trauma es algo que ocurre en el cuerpo. Los estados mentales asociados al trauma son importantes, pero los estados corporales o límbicos son igualmente importantes. Tocar instintivamente la cicatriz de mi barbilla formaba parte del proceso de sanidad. Por lo tanto, es importante que aprendas a escuchar lo que tu cuerpo te dice, además de centrarte en lo que es bíblico.

2. Mantente centrado en lo que Dios dice de ti, mientras sigues tus reacciones y sentimientos corporales, para poder empezar a procesar y liberar eficazmente el trauma de tu alma. Pedro describió a nuestro enemigo: "como un león".

A medida que nos permitimos salir del congelamiento o de estar apagados, descubriremos que sólo hay un león verdadero: el León de la tribu de Judá, y que Él lucha en nuestro favor. Él está a nuestro favor, no en nuestra contra. Este no es un proceso fácil porque hay que desarrollar la capacidad de enfrentarse a sensaciones físicas y sentimientos incómodos sin sentirse abrumado por ellos. En este proceso, es posible que necesites a alguien capacitado para tratar con el trauma para que te acompañe. Y recuerda: es un reto que merece la pena asumir porque el trauma no procesado es el ojo de la tormenta. Si quieres caminar en libertad y pureza tendrás que procesar el trauma en tu vida.

 ¿Qué es lo que más temes y por qué?

Ejemplo: Ahora mismo tengo miedo a fracasar y a que la gente no me quiera porque soy un fracasado.

Ejemplo de mi vida:

 Cuando recuerdas lo que más temes en la vida, ¿qué sensaciones corporales se desencadenan? ¿Dónde lo sientes?

Ejemplo: Hace unos minutos pensé en esto y sentí la reacción física de ello. Tenía ganas de llorar; realmente tengo miedo de fracasar en este momento. Me he esforzado mucho por demostrar a todo el mundo que no soy idiota y que puedo resolver las cosas.

Ejemplo de mi vida:

C. ¿Cómo podría el Espíritu Santo estar orando por ti cuando tienes esos sentimientos?

Ejemplo: Creo que el Espíritu Santo quiere que sepa que todo va a estar bien. Que no pasa nada si fracaso porque Jesús me cubre la espalda. Que la gente me sigue amando independientemente de mi desempeño y que el Señor definitivamente me sigue amando.

Ejemplo de mi vida:

D. ¿Qué es lo que hace que te congeles o te apagues en la vida?

Ejemplo: Me paralizo cuando sé que tengo que hacer algún autoexamen en la vida. Si sé que debo reflexionar sobre algún aspecto de mi vida, no pienso en nada y trato de adormecerme.

Ejemplo de mi vida:

¿Por qué crees que es una reacción tan fuerte para ti? ¿Cuándo recuerdas haberte congelado o apagado por primera vez en tu vida?

Por ejemplo: Creo que definitivamente me cerré mucho al crecer. Me apagaba y hacía lo más fácil cuando estaba con mi familia y luego cobraba vida fuera de ella. Realmente estaba como muerto con mi familia.

Ejemplo de mi vida:

 **Prepárate para compartir con tu grupo tu método preferido de afrontamiento: lucha, huida o adormecimiento. Y, lo que es más importante, ¿por qué respondes así?**

ASIGNACIONES ANTES DE LA REUNIÓN

1. Lee el capítulo 15 de *Deseo Puro*.

LECCION TRES

APRENDER A ENTRAR EN LA LUCHA

 Ve el Video del Pilar Seis: Lección Tres.

Con suerte, te has dado cuenta de que tienes algún trauma en tu vida. Esa es una de las razones por las que acabaste utilizando la actividad sexual para medicar tu dolor. Puede que nunca te hayas dado cuenta de cómo el trauma ha afectado a tus relaciones, a tus respuestas en el trabajo cuando estás bajo presión, o en alguna otra área de tu vida. Ahora que te has dado cuenta de que un MIG del infierno se acerca a ti, ¿qué haces ahora? Aquí es donde la analogía se vuelve realmente interesante. No puedes huir del MIG porque tiene un ángulo de cierre sobre ti. Tampoco puedes huir del trauma. Si intentas ignorar la amenaza, es sólo cuestión de tiempo que las cosas se vuelvan aún más dolorosas. Lo mismo ocurre con el trauma, tratar de ignorarlo o culpar a otros de tus problemas sólo empeorará las cosas.

¡DEBES ENTRAR EN LA LUCHA Y ENFRENTARTE AL ENEMIGO! Esta es tu única opción para lidiar efectivamente con esta amenaza. Y es fundamental que ejecutes tu respuesta con sabiduría. Girar hacia un avión enemigo con demasiada fuerza te hará perder velocidad y energía. Acabarás siendo un blanco fácil. Si te diriges a tu adversario con demasiada ligereza, le facilitarás el trabajo. Lo mismo ocurre cuando te enfrentas a un trauma en tu vida. Reaccionar con demasiada violencia ante el dolor del pasado sólo te hará más reactivo. Ser pasivo ante el dolor de tu pasado con afirmaciones como: "No es para tanto. Olvidemos el pasado y sigamos adelante con nuestra vida" es simplemente la negación con otro nombre.

Entonces, ¿qué hacemos? ¿Hay una solución que debamos aplicar al problema? Después de escuchar a los hombres durante tres décadas, he llegado a la conclusión de que no se puede predecir el efecto de un acontecimiento traumático en una persona del mismo modo que se puede predecir el efecto de un disparo en el tejido humano. Sin embargo, el estrés del trauma afecta profundamente a la salud del cuerpo humano, así como al bienestar emocional, relacional y espiritual. No podemos parchear el impacto del trauma con una píldora o con cirugía. Sin embargo, si no se trata, crece y se transforma en una bestia destructiva que erosiona el tejido mismo del alma. El trauma tiene la capacidad de hacerte sentir tan ansioso, enfadado, disociado o distanciado que nada de lo que leas o hagas te ayudará. Esto se debe a que tus centros de procesamiento o corteza prefrontal están "en cortocircuito" y apagados.

VERDADES

He descubierto varias verdades en el tratamiento de los traumas. En primer lugar, **no hay un enfoque único** para la forma en que las personas atraviesan el terreno de su trauma hasta alcanzar la salud. No hay "una solución". No hay una sola oración, ejercicio espiritual o protocolo clínico que siempre haga que todo desaparezca. Dado que el trauma implica la herida de múltiples dimensiones de nuestro ser, no hay "una solución", ya sea espiritual, emocional, conductual o intelectual.

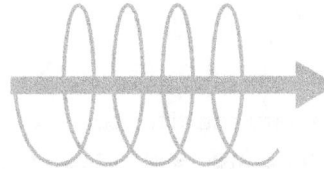

En segundo lugar, **el proceso de sanidad no es lineal.** Es como una espiral que avanza en lugar de avanzar en línea recta. Cuando sentimos que estamos retrocediendo, Dios nos está haciendo dar vueltas y recoger algunos de los aspectos ocultos de los problemas a un nivel más profundo. Esta es la razón por la que puedes sentirte fuera de control: te estás moviendo en espirales emocionales. Pero recuerda que la espiral da vueltas, y eventualmente te hace avanzar de nuevo.

Por último, **debes pasar por etapas o pasos** a pesar de que cada historia y experiencia de trauma es totalmente única. Ahora bien, no hay acuerdo en cuanto a las etapas o pasos clínicos para la recuperación del trauma, pero después de recorrer las historias de trauma de cientos y cientos de individuos, he visto que aparecen al menos cuatro etapas en cada situación.

1. REINICIAR

Los traumas aturden literalmente la mente. Cuando la mente no puede aceptar lo que ve, o cuando no tiene forma de procesar el acontecimiento con el que se ha encontrado (como un niño que experimenta a su madre y a su padre gritándose furiosamente), la mente entra en shock psicológico. Si alguna vez te has encontrado con la escena de un accidente horrible o has estado en combate, habrás visto de lo que estoy hablando. Las víctimas miran abiertamente al espacio, sin saber qué acaba de ocurrir y se quedan temporalmente mudas. El shock es como si un sistema se congelara o una computadora fallara. Muchas personas que están atascadas en el pasado necesitan dar el primer paso reconociendo el shock que ha tenido lugar en su vida. Precisamente por eso la lista de verificación de traumas es una parte tan importante del proceso de sanidad; por fin nos da una forma de verbalizar y expresar el hecho de que hemos experimentado un trauma.

El reto de reiniciar depende de la intensidad del trauma sufrido (el golpe) o del número de traumas anteriores que hayamos vivido (el número de carencias). El reinicio consiste inicialmente en darse cuenta de lo que desencadena una reacción traumática en nuestro interior. He visto a hombres atrapados en un bucle repetitivo de shock traumático y reinicio durante años porque no son conscientes de lo que les desencadena volver a experimentar la herida. Acaban atrapados en un carrusel emocional, dando vueltas sin cesar a su dolor.

2. ACEPTACIÓN

Aquí es donde se suele ganar o perder la batalla. Se puede saber cuando alguien está perdiendo la batalla porque vive en lo opuesto a la aceptación… la negación. Puede ir desde la minimización hasta la fantasía. Los adictos sexuales tienden a tener una vida sexual de fantasía bien desarrollada, generalmente debido al trauma de su familia de origen. Aprendieron a una edad temprana a escapar del dolor a través de la fantasía. La negación nos protege de la pérdida y el dolor insoportables, pero también nos mete en una prisión mental y tira las llaves. La aceptación siempre resulta en un cambio de la realidad actual a una realidad más difícil y dolorosa.

Como por ejemplo:

- *Tu padre abusó de ti por su pasividad y negligencia.*
- *Tu madre estaba involucrada en un incesto emocional en su forma de relacionarse contigo.*
- *A tu padre le importaba más su trabajo o el ministerio que tú.*
- *Tu tío era un pedófilo, no sólo un pariente cariñoso.*
- *La enfermedad de tu madre cuando eras joven te dejó aterrorizado y solo.*

Estas realidades pueden ser muy difíciles de aceptar, pero si son ciertas en tu vida, te quedarás atrapado en el pasado hasta que las aceptes.

3. INTEGRACIÓN

Una vez que los sentimientos del trauma pierden su control, la siguiente tarea es integrar un nuevo sentido de sí mismo y revisar la historia de su vida basándose en su realidad revisada. La Restauración comienza cuando empiezas a soñar los sueños de Dios en los mismos puntos del trauma pasado en tu vida. No podemos cambiar nuestra historia pasada, pero sí podemos **reformularla.** Por ejemplo, no puedo cambiar el hecho de que tuve siete padrastros abusivos en mi vida, pero puedo replantear este hecho al darme cuenta de que Dios me ha llamado a ser un "padre para los huérfanos". El trauma de mi pasado se convierte entonces en un arma contra el infierno porque comprendo de manera única el dolor de ser huérfano de padre y la profunda herida que deja en la vida de un hombre. A veces, la herida más profunda se produce cuando has tenido un padre, pero nunca ha estado ahí para ti. ¡Sin embargo, eso puede convertirse en un regalo único una vez que desenvuelves el papel de lucha del trauma alrededor de ese hecho en tu vida! Pablo lo expresó mejor en 2 Corintios 1:3-5 (NVI).

> *Bendito sea el Dios y Padre de nuestro Señor Jesucristo, Padre misericordioso y Dios de toda consolación, quien nos consuela en todas nuestras tribulaciones para que, con el mismo consuelo que de Dios hemos recibido, también nosotros podamos consolar a todos los que sufren. Pues, así como participamos abundantemente en los sufrimientos de Cristo, así también por medio de él tenemos abundante consuelo.*

4. RESTAURACIÓN

El perdón no es sólo un acto de voluntad; sin seguridad, el perdón es imposible e indeseable. El perdón prematuro puede ser contraproducente porque puede dejarle a uno abierto a la revictimización. Cuando una familia de origen cristiana es la fuente del trauma, puede ser necesario escribir una carta a tus padres describiendo el abuso (golpes y caricias) que experimentaste desde tu perspectiva. La Cruz de Cristo y su sangre derramada proclaman con valentía que no tenemos que vivir con miedo o sin perdón. Cristo ha prometido una y otra vez para nosotros no vivir en el miedo. Él estará con nosotros. Sin embargo, puede ser difícil creer en esas promesas cuando son mamá o papá quienes te hieren, o miembros de tu familia extendida.

La carta que decidas escribir a tu familia de origen no es para desahogar tu ira. Por el contrario, es el primer paso para la reconciliación. Una y otra vez, he visto a una madre y un padre, que no tenían ni idea de lo mucho que habían herido a sus hijos, darse la vuelta y hacer las paces después de recibir una carta. **Pero la reconciliación no es necesaria para que se produzca el verdadero perdón. El perdón es algo que se hace como parte del tratamiento del trauma del pasado.**

HERRAMIENTAS PARA TU CAJA DE HERRAMIENTAS DE SANIDAD

Es de esperar que a estas alturas hayas captado el hecho de que no hay un enfoque que cure todos los traumas. Por lo tanto, lo que voy a hacer es compartir contigo cinco herramientas que he encontrado indispensables para tratar el trauma. Las compartiré en el contexto de las cuatro etapas de la sanidad, pero es posible que tengas que aplicarlas a tu vida en diferentes etapas del proceso de sanidad del trauma. Dios nos dará la sabiduría para recibir lo que necesitamos y cuando lo necesitamos.

ETAPA: REINICIAR

Herramienta 1: Identificación de detonantes

Un detonante puede ser cualquier cosa que te presione y que se asocie mentalmente a un trauma pasado, **lo recuerdes o no**. El cuerpo no miente. Sólo la mente es capaz de negarlo, y por eso funcionan los detectores de mentiras. La verdad de lo que has vivido está almacenada en tu cuerpo, y por eso es tan útil mapear tus detonantes. Los detonantes te informan sobre el trauma que has vivido, **aunque no recuerdes el suceso traumático original**. Los detonantes no excusan tus comportamientos abusivos, como gritar a tu mujer cuando te sientes inseguro. Sin embargo, comprender tus detonantes te ayudará sin duda a trabajar en tus reacciones exageradas y a evitar que tu sistema límbico te domine. Dado que los detonantes suelen llevar al cuerpo a reexperimentar la sensación del trauma original, no es de extrañar que los evitemos tanto consciente como inconscientemente. El problema es que si la gente tiene traumas no descubiertos, ninguna oración o terapia del mundo va a hacer mucha diferencia hasta que esos traumas sean traídos a su conciencia actual y tratados. Ahora, algunos podrían decir: "¡Pero Dios puede sanar cualquier cosa!". Sin embargo, las Escrituras no nos dicen eso. De hecho, Pablo nos desafía abiertamente en Romanos 12:2 (NVI):

> *No se amolden al mundo actual, sino sean transformados mediante la renovación de su mente. Así podrán comprobar cómo es la voluntad de Dios: buena, agradable y perfecta.*

Por favor, fíjate en que a Dios no le gusta controlarte. Él es muy claro sobre nuestras responsabilidades. "Sean transformados por medio de la renovación de su mente" y "prueben y aprueben".

Después de hablar en un servicio de la iglesia, no es raro que un hombre se acerque a mí y me pregunte: "Dr. Roberts, ¿podría orar para que este espíritu de lujuria sea quitado de mi mente?" Mi respuesta es siempre la misma, "¡NO! Dios no va a sacar tu cerebro y poner uno nuevo! Él no va a abusar de ti. Tienes que entrar en un grupo de Deseo Puro y renovar tu mente a través de relaciones sanas!"

La razón por la que tengo este tipo de discusiones es que la negación y la disociación son dos de las defensas más comúnmente empleadas para lidiar con los recuerdos traumáticos. Nunca he tenido un hombre que entre en mi consulta y sobrevalore sus traumas. JAMÁS. De hecho, nunca he tenido un adicto sexual que entrara en mi oficina que no viniera de un "buen hogar cristiano". La negación está viva y bien en la iglesia cuando te das cuenta de que el 69% de los adictos sexuales vienen de hogares rígidos y desvinculados.[55]

---

[55] JP Schneider. "Los trastornos sexuales compulsivos y adictivos y la familia". CNS *Spectrums* 5, n° 10 (2000): 53-62.

Traza un mapa de tus detonantes en la vida

1 **Cuatro cosas que realmente me molestan o me enfadan:**

1. _____
2. _____
3. _____
4. _____

2 **Cuatro cosas que realmente evito en la vida:**

1. _____
2. _____
3. _____
4. _____

Los detonantes se dividen en seis categorías: los cinco sentidos del gusto, el tacto, el olfato, la vista y el oído, además de los estados de ánimo.

3 **¿Puedes pensar en un recuerdo importante (bueno o malo) que haya sido tan fuerte que un sabor, un tacto, un olor, una vista o un sonido te lo traigan vívidamente a la mente?**

- **La Memoria:** _____
- **El Gusto: :** _____
- **El Tacto:** _____
- **Olor:** _____
- **Vista:** _____
- **El Sonido:** _____

Hace poco fui al cine con mi mujer y vimos el último episodio de *Los Juegos del Hambre*. De repente, me encontré con ganas de levantarme e irme. La heroína estaba en la selva, donde el adversario vigilaba todos sus movimientos. Y parecía que cada diez segundos algo o alguien intentaba matarla. Todo lo que sentí fue una necesidad imperiosa de salir de ese cine. Las imágenes y los sonidos me dominaban. Entonces me di cuenta de que estaba experimentando exactamente los mismos sentimientos que experimenté como comandante de pelotón en Vietnam. "¡Eso fue hace cuarenta años!" Me dije a mí mismo. "Vamos, contrólate. Sacúdete, princesa". Una vez que dejé de avergonzarme y reconocí el origen de lo que sentía, los sentimientos disminuyeron y volví a mi mente. Volví a estar presente.

 **¿Cuándo has reaccionado de forma exagerada recientemente? ¿Qué acontecimiento, situación o circunstancia de tu pasado te hizo reaccionar exageradamente, no estar presente?**

 Observa los resultados de tus respuestas a las preguntas 1 a 4. ¿Con qué traumas de tu pasado luchas en el presente?

 **Coloca los resultados en una línea de tiempo de tu vida e identifica cada uno de los traumas principales. Identifica también las mentiras que el infierno te dijo sobre ti mismo en medio de cada trauma.**

MI LÍNEA DE TIEMPO PERSONAL DEL TRAUMA

Divide tu vida en cuartos y rellena el trauma y las mentiras asociadas a ese trauma. En esta página hay espacio para que completes el primer cuarto de tu vida; en las siguientes páginas hay espacio para que completes el resto de tu vida. Por ejemplo, si tienes 40 años, la primera página incluiría las edades de 0 a 10; la segunda página incluiría las edades de 11 a 20 y de 21 a 30, y la última página incluiría las edades de 31 a 40.

EDADES (PRIMER ¼ DE MI VIDA):

Ejemplo: De 0 a 10 años (si tienes 40 años ahora mismo)

Traumas: golpes y carencias (DURANTE LA PRIMERA ¼ PARTE DE MI VIDA)

Ejemplo: mis padres no pensaban tener otro hijo cuando llegué yo

Mentiras que creí (DURANTE LA PRIMERA ¼ PARTE DE MI VIDA)

Ejemplo: No fui deseado desde que nací, fui un error.

EDADES (SEGUNDO ¼ DE MI VIDA):

Ejemplo: De 11 a 20 años (si tienes 40 años ahora mismo)

Traumas: golpes y carencias (DURANTE LA SEGUNDA ¼ PARTE DE MI VIDA)

Mentiras que creí (DURANTE LA SEGUNDA ¼ PARTE DE MI VIDA)

EDADES (TERCER 1/4 DE MI VIDA):

Ejemplo: De 21 a 30 años (si tienes 40 años ahora mismo)

Traumas: golpes y carencias (DURANTE LA TERCERA ¼ PARTE DE MI VIDA)

Mentiras que creí (DURANTE LA TERCERA ¼ PARTE DE MI VIDA)

EDADES (CUARTO ¼ DE MI VIDA):

Ejemplo: De 31 a 40 años (si tienes 40 años ahora mismo)

Traumas: golpes y carencias (DURANTE LA CUARTA ¼ PARTE DE MI VIDA)

Mentiras que creí (DURANTE LA CUARTA ¼ PARTE DE MI VIDA)

ETAPA: ACEPTACIÓN<

Herramienta 2: La perspectiva de Filipenses

En Filipenses, Pablo tomó la pluma y expresó su corazón en una de las epístolas más llenas de alegría del Nuevo Testamento. ¿Cuál era el contexto de esa alegría? ¿Estaba en un hermoso condominio en la playa de Maui? Difícilmente. Pablo escribió la carta a los filipenses mientras estaba en la cárcel en Roma. De hecho, tuvo que abandonar Filipos tras una tormenta de persecución y un encarcelamiento ilegal. El contexto de la carta es de dolor personal e injusticia. Finalmente fue sacado de la prisión de Roma y decapitado. Pablo experimentó un trauma a un nivel profundo y personal. Entonces, ¿qué le dio a Pablo la capacidad de procesar tanto trauma en su vida?

Creo que Filipenses nos da una pista increíble sobre la forma en que pensaba en las luchas de la vida. Por favor, date cuenta de que Pablo no se limitó a ignorar sus problemas o a tratar de orar para que desaparecieran religiosamente. Tenía una resistencia mental que le permitía soportar situaciones de la vida increíblemente cargadas de presión. Y su respuesta a las situaciones traumáticas se revela vívidamente en Filipenses 4:8 (NVI):

> *Por último, hermanos, consideren bien todo lo **verdadero**, todo lo **respetable**, todo lo justo, todo lo **puro**, todo lo **amable**, todo lo digno de admiración, en fin, todo lo que sea excelente o merezca elogio.*

Ahora tomemos este pasaje y apliquémoslo en profundidad a nuestras vidas. Abordémoslo desde la perspectiva del cerebro derecho, desde el contexto de nuestra vida emocional, respondiendo honestamente a las siguientes preguntas. No escribas lo que crees que debes decir. Escribe lo que realmente sientes y piensas.

 ¿Quiénes desencadenan la ira en tu interior? ¿Qué es lo que no te gusta de esa persona? Elige una sola persona para este ejercicio.

¿Cómo quieres que cambien?

3 ¿Qué deben o no deben hacer? ¿Qué deberían hacer para que tú puedas ser feliz?

4 ¿Cómo te sientes y piensas en ellos? Haz una lista.

- Siento/pienso: _____
- Siento/pienso:: _____
- Siento/pienso: _____
- Siento/pienso: _____

5 ¿Qué es lo que no quieres volver a tratar con ellos? ¿Qué no quieres volver a sentir?

6 Ahora siéntate con tus sentimientos por un momento después de responder a esas preguntas. No los rechaces. Estate presente, porque esos sentimientos están presentes tanto si los reconoces como si no. Anota todo lo que observes.

A continuación, acepta el reto de Pablo y analicemos tus pensamientos.

Pilar Seis | Lección Tres

Todo lo verdadero

Después de identificar los pensamientos que te preocupan, pregúntate lo siguiente: "¿Es cierto? ¿Se ajusta ese pensamiento a la realidad?". Ve a tu interior y pregúntate si **sabes** al 100% que el pensamiento es cierto.

Lo que descubrirás es que la mayoría de las veces, tus pensamientos no coinciden con la realidad. Muchos de nuestros pensamientos hirientes se centran en averiguar el comportamiento de las personas que nos importan. Muchos de nuestros pensamientos dolorosos surgen cuando intentamos "leer la mente" de los demás. El simple hecho de escribir los pensamientos dolorosos que tenemos en nuestro interior, como acabas de hacer, puede ser un primer paso poderoso para procesar algunos de los traumas de nuestra vida.

 Escribe tus observaciones sobre lo que es cierto, basándote en la persona que identificaste como detonante de tu ira.

Todo lo que es respetable, puro y amable

Respetable viene del término griego semnos que es difícil de traducir; pero al describir a una persona, significa aquella que se mueve por el mundo como si fuera el templo de Dios.[56] En otras palabras, son conscientes de la presencia de Dios en su vida y su pensamiento. Puro viene de la palabra hagnos, que significa santo o impoluto. Amable se deriva de prosphiles que se refiere a lo que llama al amor.[57]

¿Cómo aplicamos todo esto a nuestro proceso de pensamiento cuando estamos heridos o traumatizados? Cuando le pregunto a alguien si lo que ha escrito en las

---

[56] David Smith, "Una mente maravillosa, parte 3"., 2 de junio de 2002, www.heartlight.org/articles/200206/20020602_

[57] Bill Little, *El secreto y la espiritualidad*. (Gretna: Dove Inspirational Press, 2008)

preguntas de la uno a la cinco es cierto, 100% cierto, dice: "¡SÍ!". Entonces les pregunto: "¿Qué se siente al estar Atrapado por esos pensamientos y sentimientos? ¿Cómo te afecta emocional y físicamente cuando tienes esos pensamientos? ¿Cómo te hace tratarte a ti mismo y a los demás?".

 ¿Por qué no respondes tú mismo a estas preguntas en el espacio siguiente?

+ ¿Cómo me siento emocional y físicamente cuando me invaden estos pensamientos y sentimientos hacia esta persona?

+ ¿Cómo trato a los demás?

+ ¿Cómo me trato a mí mismo?

Pablo continúa sus convincentes comentarios en el versículo 9: "Todo lo que habéis aprendido, recibido u oído de mí, o visto en mí, ponedlo en práctica. Y el Dios de la paz estará con vosotros".

Si hay algo que el trauma nos quita, es nuestro sentido de paz. Pablo estaba lleno de falsas creencias antes de su encuentro en el camino de Damasco con Aquel que era la Verdad. Cegado por el resplandor del Cristo resucitado, se levantó del suelo y comenzó a tener nuevos pensamientos.

¿Cómo sería tu vida y en quién te convertirías sin los pensamientos que delineaste en las preguntas uno a cinco? Cuando la gente toma un pensamiento temeroso y rígido como una verdad absoluta, a menudo provoca lo que está tratando de evitar. Los nuevos pensamientos dados por Dios abren el espacio para que se vea una realidad diferente. Permiten ver cómo las cosas pueden funcionar de forma pacífica, más allá de lo que habías considerado cuando defendías una posición.

¿En qué te convertirías y cómo sería tu vida sin los pensamientos que escribiste en las preguntas 1 a 5?

Por ejemplo, digamos que has llegado a creer que tu mujer, tu novia o tu jefe no se preocupan por ti. Pjensa en cómo vives cuando tienes ese pensamiento. ¿Cómo te afecta ese pensamiento? ¿Te sientes herido y enfadado? ¿Te enfadas con tus compañeros de trabajo o con tus hijos? ¿Afecta a tu sueño?

 **Descríbete a ti mismo y a tu vida sin esos pensamientos en el espacio siguiente. Imagina por un momento cómo sería tu vida sin ese pensamiento.**

Cuando a Jesús le preguntaron repetidamente quién era y de qué se trataba, se refirió con frecuencia a Isaías 61. Lo consideraba literalmente como la descripción de su trabajo divino. Los versículos uno y dos describen los actos externos que hizo Jesús: proclamar la buena noticia a los pobres, vendar a los quebrantados de corazón, proclamar la libertad de los cautivos. Pero el versículo 3 describe las transferencias divinas que hicieron posibles los versos uno y dos.

> *Me ha enviado a darles una corona en vez de cenizas, aceite de alegría en vez de luto, traje de alabanza en vez de espíritu de desaliento.*
>
> ISAÍAS 61:3B (NVI)

Cristo llevó los cambios divinos a todas partes. Fue el proclamador de los "cambios divinos". Sanar un trauma profundo en el interior no consiste, en última instancia, en volver atrás y revivir el suceso doloroso una y otra vez hasta que dejes de ser reactivo. Puede que fueras tan joven cuando ocurrió, que ni siquiera forma parte de tus recuerdos explícitos. Tu reactividad se basa en los recuerdos implícitos. Se convirtió en la ventana a través de la cual mirabas el mundo. ¿Qué tal si cambias la ventana a través de la cual ves tu mundo? Verás, tu mente a veces es como un espejo. Tiene una forma de ver las cosas bien, pero al revés. Así que tomemos algunos de esos pensamientos de las preguntas uno a cinco y experimentemos un giro divino. Esto significa invertirlos en todas las formas posibles. Luego pregúntate si estas respuestas revisadas parecen más verdaderas que los pensamientos originales.

Por ejemplo, estás convencido de que a tu jefe no le importa. Ayer pasó por delante de ti y ni siquiera te saludó; ¡te ignoró públicamente! ¡Ahora vamos a dar un giro divino empezando por uno mismo!

Le he insultado.
Saqué mis conclusiones cuando no me saludó. Le juzgué con dureza.

Me he insultado.
He convertido una situación posiblemente inocente en un insulto. Fui yo quien creó el insulto. Fue una creación en mi cabeza. Mis pensamientos furiosos y hostiles me hicieron sentir insignificante y sin valor.

No me ha ignorado.
Tal vez estaba tan ocupado en sus pensamientos que ni siquiera me vio. No puedo saber realmente lo que estaba pensando. No soy un lector de mentes.

Deja que el Espíritu Santo te lleve a dar un giro divino al considerar si la conclusión opuesta podría ser cierta. Es una habilidad tan importante para desarrollar cuando estás atascado mentalmente. Es similar a balancear un coche de un lado a otro cuando está atascado en el barro.

Si puedes encontrar aunque sea una posibilidad de que lo contrario sea cierto, disminuirá en gran medida tu respuesta de miedo. Estar atascado es cuando tu mente se niega totalmente a mirar la conclusión opuesta. Toma tus respuestas en las preguntas de la uno a la cinco y dales la vuelta hasta que encuentres la verdad que profundiza en el problema.

Hay un número infinito de "en lugar de" que puedes plantearte a partir de esas cinco preguntas mientras indagas más en tu vida. Aquí tienes algunas sugerencias.

1 EN LUGAR DE... ¿qué es verdad sobre mí?

2 EN LUGAR DE... ¿qué compromiso noble podría hacer para cambiar el entorno de esta relación?

3 EN LUGAR DE... ¿qué me está revelando Dios que es puro y correcto? ¿Cómo estoy descubriendo la felicidad que viene de Él?

4 EN LUGAR DE... ¿qué está creando Dios en mí que sea bonito y admirable?

5   **EN LUGAR DE... ¿cuál es la forma excelente o loable en que puedo responder?**

 Ahora escribe algunas observaciones que hayas hecho sobre ti mismo:

 Prepárate para compartir con tu grupo qué herramienta te ha funcionado mejor y por qué.

ASIGNACIONES ANTES DE LA REUNIÓN

1. Continúa meditando en Filipenses 4:8 a lo largo de la semana.

HERRAMIENTAS DE PODER

 Vea el Video: Pilar Seis: Lección Cuatro.

Las tres últimas herramientas son lo que yo llamo las "herramientas de poder" para lidiar con los vestigios del trauma en nuestras vidas. Al aplicar estas herramientas con una consistencia disciplinada, he sido testigo de cómo muchos hombres han avanzado hacia una libertad asombrosa.

ETAPA: INTEGRACIÓN

Herramienta 3: Con el fin en mente: El enfoque Viktor Frankl

El enemigo es implacable en su ataque a nuestra alma a través del arma del trauma. El enemigo al que me enfrenté en combate en los cielos de Vietnam se ajustaba constantemente a nuestros esfuerzos contra él. El enemigo de tu alma opera de la misma manera. Por lo tanto, el desafío no es sólo procesar el trauma que podamos tener en nuestro pasado, muchas veces el adversario más difícil puede ser el procesamiento de nuestro trauma presente. Vivimos en un mundo caído y a veces nos cae encima. ¡Las cosas suceden!

Desarrollar la capacidad de lidiar con las situaciones traumáticas presentes a las que podemos enfrentarnos también puede evitar que nos quedemos incrustados en nuestras heridas del pasado. Podemos aprender a vivir nuestra vida desde una perspectiva de presente-futuro y evitar que el pasado bloquee nuestra capacidad de experimentar el amor de Dios en nuestra dificultad presente.

Viktor Frankl, neurólogo y psiquiatra austriaco, además de superviviente del Holocausto, es un ejemplo clásico del tipo de respuesta a las circunstancias trágicas al que me refiero. En su libro clásico, *El hombre en busca de sentido,* relata cómo pudo mantener viva su mente y su esperanza ensayando charlas que imaginaba que daría tras ser liberado de la cárcel. En el entorno de un campo de exterminio nazi, en una realidad saturada de traumas, descubrió que el propósito y el significado eran fundamentales para su fortaleza y salud mental. O como él mismo lo expresó: "Aquellos que tienen un 'por qué' para vivir, pueden soportar casi cualquier 'cómo'."[58] En otras palabras, una vez que tengas claro hacia dónde te diriges en la vida, podrás enfrentarte con eficacia a situaciones profundamente traumatizantes.

En su libro, Frankl relata un frío día de invierno. Mientras le obligaban a marchar fuera del campo de concentración, Frankl desarrolló una violenta tos. Cayó al suelo, tosiendo incontroladamente. Un guardia de la prisión, irritado porque Frankl retrasaba el avance del grupo, comenzó a golpearlo. Se desplomó a cuatro patas en la nieve, convencido de que no podría levantarse ni dar un paso más. El guardia le amenazó con matarlo en el acto. Sin esfuerzo consciente, hizo algo que había hecho infinitas veces en su mente. Frankl se dio cuenta de que ya no estaba en el campo sobre sus manos y rodillas, sino transportado en su mente al futuro. Se imaginó explícitamente dando una conferencia en Viena sobre "La psicología de los campos de exterminio y la psicología del sentido". A medida que la imagen recorría su mente y su cuerpo, dejó de sentir dolor y debilidad. Se puso en pie al verse a sí mismo contando sus experiencias a su público. Se imaginó esta charla hasta el detalle del trabajo y todo el camino de vuelta al campo de concentración. Terminó la charla imaginaria con una ovación de pie.

Es fundamental darse cuenta de que cuando Frankl estaba traumatizado, en lugar de quedarse congelado (literalmente) en la experiencia traumática, se reorientaba hacia un futuro sin el trauma. Vio literalmente un futuro preferido. Ahora no estaba escapando a un lugar mejor, eso no habría sido más que una fantasía agradable para aliviar el dolor mientras moría. SU FUTURO PERCIBIDO INFLUYÓ EN SU BRUTAL PRESENTE.

El apóstol Pablo siempre vio las cosas desde una perspectiva de presente-futuro, no de presente-pasado. Sus conmovedoras palabras al final de Romanos 8 son un ejemplo clásico de su manera de afrontar los momentos difíciles de la vida.

> *Pues estoy convencido de que ni la muerte ni la vida, ni los ángeles ni los demonios, ni lo presente ni lo por venir, ni los poderes, ni lo alto ni lo profundo, ni cosa alguna en toda la creación podrá apartarnos del amor que Dios nos ha manifestado en Cristo Jesús nuestro Señor.*
>
> ROMANOS 8:38-39 (NVI)

La perspectiva de Pablo es totalmente presente-futura en medio de sus abrumadoras dificultades. Es fascinante observar que Pablo no dice que el pasado no puede separarte del amor de Dios, porque emocionalmente sí puede hacerlo, especialmente si el trauma te ha atrapado en tu pasado. Obviamente, desde una perspectiva puramente teológica, el pasado no puede separarnos del amor de Dios. La Cruz de Cristo rompió para siempre el poder de nuestro pasado, por muy violento que haya

---

[58] Viktor Frankl, *La búsqueda del sentido del hombre* (New York: Pocket Books, 1997), 123.

sido. Por ejemplo, en el ejército me ganaba la vida matando gente; eso me preocupó durante años. Intelectualmente, conocía el poder de la Cruz. El lado izquierdo de mi cerebro aceptaba totalmente ese hecho, pero el lado emocional de mi cerebro luchó durante años para **sentirse perdonado**. Me resultaba muy difícil percibir mi realidad desde una perspectiva de presente-futuro. Entonces, finalmente, me hice la siguiente pregunta: "¿Había sufrido Jesús lo suficiente en la Cruz? ¿O todavía tenía que pagar por mis pecados? ¿Acaso Cristo había tomado sobre sí los pecados de aquellos que abusaron de mí o me descuidaron mientras crecía?". Una vez que me di cuenta, emocionalmente, con el cerebro derecho, de que Cristo lo había pagado todo profundamente, entonces pude perdonarme a mí mismo y a los que me habían traicionado al principio de mi vida. Pude vivir en tiempo presente, ahora mismo, el futuro que el Señor tenía para mí. El escandaloso amor de Dios comenzó a instalarse profundamente en mi alma!

Como seguidores de Cristo, el futuro que Él ha planeado para nosotros entra en nosotros para transformarnos, mucho antes de que ocurra.

Nos pueden quitar todo menos una cosa: la última de las libertades humanas.

elegir la actitud de uno en cualquier conjunto de circunstancias,

elegir el propio camino. [59]

Siempre tenemos la libertad de confiar en Dios y elegir su futuro para nosotros, independientemente de lo que nos haya sucedido o esté sucediendo actualmente. Viktor Frankl atravesó el infierno absoluto mirando hacia el futuro de un discurso que iba a dar algún día. También podemos convertirnos en conquistadores abrumadores en esta vida cuando llegamos a comprender lo que Dios ha preparado para nosotros y cómo nos ve.

Una vez que hayas terminado los Siete Pilares y estés caminando en la pureza que has buscado durante tanto tiempo, ¿qué sucederá en tu vida?

---

[59] Frankl, *El hombre en busca de sentido*, 66.

¿Qué podrías hacer, pensar o concentrarte en los próximos seis meses que te ayudaría a acercarte un poco más a ese futuro preferido?

 Haz que tu "yo del futuro" escriba una carta a tu yo actual y la describa:

1. Lo que has tenido que pasar para llegar a donde estás.
2. Los puntos de inflexión críticos que te han llevado hasta donde estás.
3. Consejos sabios y compasivos que el "yo futuro" podría compartir con el yo actual.

_____
_____
_____
_____
_____
_____
_____
_____
_____
_____
_____
_____
_____
_____
_____
_____

ETAPA: INTEGRACIÓN

Herramienta 4: La estima de Dios frente a la autoestima

Mientras veía un especial de History Channel, me quedé atónito al conocer una poderosa herramienta que los Navy Seals (Equipos Tierra, Mar y Aire de la Armada de los Estados Unidos) habían desarrollado para ayudar a los aprendices a enfrentarse a su miedo a ahogarse. La prueba de aptitud en la piscina es una extenuante experiencia subacuática que sólo supera el 25% de los alumnos. Durante veinte minutos seguidos, los instructores llevan a los alumnos al borde de quedarse sin aire bajo el agua. Como resultado, su cerebro de supervivencia a menudo entra en acción y supera sus poderes de razonamiento superior y el estudiante entra en pánico y falla la prueba. Por ello, la Armada desarrolló un programa de fortaleza mental para que un mayor número de alumnos pudiera superar la prueba. En otras palabras, permiten a los alumnos renovar sus mentes altamente estresadas y no olvidar quiénes eran y dónde estaban.

Pensé: "¡Esto es increíble! Ayudará a muchos de mis clientes a no dejarse llevar por el pánico de esa voz interior que habla mal. Les dará herramientas increíbles para renovar sus mentes incluso cuando estén bajo un tremendo estrés". A lo largo de los años he descubierto que es una herramienta profunda para renovar la mente.

El programa de fortaleza mental que desarrolló la Marina incluye cuatro elementos: establecimiento de objetivos, ensayo mental, autoconversión y control de la excitación.

Establecer objetivos

Establecer objetivos es una parte importante del proceso de sanidad, especialmente cuando se trata de cambiar nuestro cerebro. Sin embargo, también es un reto porque a nuestro cerebro le gusta la rutina y al principio se resiste al cambio. Cuando se trata de establecer nuevos objetivos para cambiar nuestros comportamientos, varias áreas de nuestro cerebro lucharán por el control.[60] Pero cuanto más diligentes seamos a la hora de establecer objetivos y practicar los comportamientos que los refuerzan, más éxito tendremos.

Cuando tenemos la intención de establecer y alcanzar objetivos, nuestro cerebro nos da una inyección de dopamina, el neurotransmisor de "bienestar" o "recompensa" de nuestro cerebro. Como seguimos experimentando sentimientos positivos sobre nuestros nuevos cambios de comportamiento, esto nos anima a repetir los comportamientos.

Establecer objetivos puede afectar a muchas áreas de nuestra vida y nos permite establecer un valor y un sentido de propósito; esto incluye establecer objetivos en torno a nuestra salud física y mental, la familia y las relaciones, la carrera y las actividades de ocio, y mucho más. Cuando alcanzamos nuestros objetivos y nos tomamos el tiempo para celebrar y recompensarnos, esto nos motiva a seguir avanzando, lograr y establecer nuevos objetivos.

Al establecer objetivos, debemos ser específicos. Si establecemos un Metas de "estar sano" o "perder peso", que es un gran objetivo general, podemos ser más específicos con nuestro objetivo diciendo: "Haré ejercicio 5 días a la semana y comeré ensalada con la cena cada noche". También queremos establecer un plazo para nuestros objetivos que sea razonable y realista.

Habrá momentos en los que tengamos éxito a la hora de establecer y alcanzar nuestros objetivos, y otros en los que experimentemos retrocesos. Lo importante es seguir fijando objetivos y avanzando en nuestra sanidad.

 ¿Cuándo fue la última vez que te fijaste un objetivo y lo llevaste a cabo? Explica brevemente.

 Al completar este objetivo, ¿cómo te sentiste?

---

[60] Inga Kiderra, "Cómo el cerebro crea y rompe un hábito," *UC San Diego News Center*, May 26, 2016, https://ucsdnews.ucsd.edu/pressrelease/how_el_cerebro_hace_y_rompe_un_hábito.

 En el proceso de completar este objetivo, ¿hubo algún momento en el que te enfrentaste a un obstáculo; algo que te impidió alcanzar tu objetivo?

 ¿Qué te motivó a seguir adelante y a alcanzar con éxito este objetivo?

Ensayo Mental

Todos estos pasos tienen poderosos fundamentos bíblicos. Le pediré a una persona que lucha por renovar su mente que inicialmente haga una cosa. Pueden estar luchando con una adicción, una herida profunda, un hábito, o una preocupación. No importa. El primer paso es siempre el mismo. Les pediré antes de nuestra próxima cita que recuerden cuatro momentos en los que Dios se encontró con ellos en la vida. No sólo cuando leyeron un buen libro cristiano o escucharon un gran sermón, sino momentos en los que **experimentaron a Dios**. Su cerebro derecho tiene que estar involucrado. Luego les pido que escriban lo que Dios dijo que eran en ese momento de encuentro. No lo que Él les pidió que hicieran, sino quién dijo que eran. Son un "ser" humano, no sólo un "hacer" humano. Luego deben escribir esos momentos y encontrar un pasaje de la Escritura que les recuerde esa experiencia (cerebro izquierdo) y adjuntarlo a ese momento.

¿Por qué no lo haces antes de continuar?

 Escribe cuatro momentos en los que Dios se ha encontrado contigo en la vida y quién ha dicho que eres. Luego encuentra una Escritura para adjuntar a ese momento. No sigas en el libro hasta que termines esta tarea. Puede tomarte un tiempo, pero te garantizo que el esfuerzo valdrá la pena.

ENCUENTRO CON DIOS/CON LO QUE ERES	DEFINIR EL PASAJE
El ejemplo de Ted: Soy adoptado por el Padre Dios que me ama incondicionalmente.	*Romanos 8:15 Habéis recibido un espíritu de adopción como hijos...*
1.	1.
2.	2.
3.	3.
4.	4.

No tienes simplemente algunas metas mentales, sino cuatro Promesas Proféticas personales y poderosas. Quiero que hagas algo cada mañana. Te reto a que lo hagas. ¡Transformará tu mañana y tu día! Lo primero que debes hacer cada mañana, cuando tus pies toquen el suelo, es que estas promesas salgan de tu boca. Esto debe ocurrir incluso antes de orar cada mañana para que **aprendas a orar a la luz de tus promesas en lugar de tus problemas.**

Entonces, cuando tus pies lleguen a la ducha cada mañana, da gracias a Dios por las cosas buenas que hizo en tu vida ayer. Como dice la Escritura: "Entramos por sus puertas con acción de gracias". Puede ser difícil pensar en cualquier cosa positiva que haya ocurrido en el día anterior, porque fuiste golpeado con tiempos tan problemáticos. Sin embargo, si te detienes un momento en la ducha, te darás cuenta de que Dios estaba actuando en tu vida a pesar de las dificultades. Una vez más, al alabar te das cuenta de que Dios nunca te dejará ni te abandonará, ¡no importa lo que el infierno te arroje!

Diálogo Interno
Hablamos mentalmente con nosotros mismos a un ritmo de 300 a 1000 palabras por minuto. Sin embargo, hablamos en voz alta entre 200 y 250 palabras por

minuto. Eso significa que no puedes hablar más que esa voz que habla mal en tu cabeza. No puedes hablar más que el infierno. No se puede hablar más que el infierno, pero sí se puede "decir mejor que el infierno". Cuando Jesús fue tentado por el infierno en el desierto, no debatió con Satanás; simplemente declaró: "Está escrito". Tomó la palabra de Dios y contraatacó al infierno. Eso es exactamente lo que debemos hacer desde una perspectiva de cerebro completo; con esto quiero decir con nuestro cerebro derecho y nuestro izquierdo. Usualmente cuando el infierno nos desencadena, es desde una perspectiva emocional - nos volvemos límbicos por nuestros miedos y vergüenza y no podemos pensar claramente. Por lo tanto, ahora esto es ENORME, tenemos que ser conscientes de lo que está sucediendo dentro de nosotros emocionalmente. Una vez que identificamos el hecho de que estamos siendo detonados emocionalmente, tenemos que preguntarnos por qué estamos reaccionando. ¿Qué miedos, heridas o complejos se esconden detrás de esa reacción? Necesitamos responder a este desafío confrontando la mentira límbica que el infierno está tratando de usar para controlarnos. Esto lo hacemos tomando nuestras Promesas Proféticas y embistiéndolas en la garganta del infierno. Sé que esa imagen puede parecer un poco violenta para algunos, pero simplemente subraya la profundidad de la guerra.

Tendremos que desarrollar dos habilidades. La primera es estar plenamente presentes en el momento y ser conscientes de lo que nos dice nuestro cuerpo. Dado que nuestras respuestas límbicas se producen a nivel subconsciente, normalmente no somos conscientes de lo que ocurre. Estamos reaccionando en el momento, pero nuestro cuerpo nos está enviando señales todo el tiempo sobre lo que está pasando en nuestra alma. Tenemos que ser conscientes de lo que nuestro cuerpo nos dice y hacernos preguntas como ¿Por qué se me acelera el corazón en este momento? ¿Por qué mi respiración es cada vez más rápida y superficial? ¿Por qué siento esa tensión en el estómago o en los hombros? ¿Por qué mi voz está subiendo de tono? ¿Por qué tengo las manos apretadas? ¿Por qué quiero correr y salir de aquí ahora mismo? ¿Qué miedo o dolor tengo la tentación de medicar ahora mismo?

¿Qué mentiras límbicas te ha lanzado el infierno recientemente? ¿Cuáles son algunos de los comentarios que te lanza la voz de la basura en tu cabeza? Para ayudarte a entender cómo responder a estas preguntas, mira tu Línea de Tiempo Personal de Trauma (creada en la lección anterior).

 **Escribe las mentiras en el espacio siguiente; más importante aún, identifica la promesa profética que Dios te ha dado para contrarrestar esas mentiras.**

LA MENTIRA LÍMBICA DEL INFIERNO	LA PROMESA PROFÉTICA
Ejemplo: No eres suficiente...no vales nada	*Ejemplo: Soy un guerrero de Dios (Josué 1:7-9)*

Control de la Excitación

Ahora llegamos al cuarto elemento del programa de fortaleza mental de la Marina: el control de la excitación.

El control de la excitación se refiere a nuestra capacidad de mantener la calma cuando nos enfrentamos a una situación amenazante o estresante. Para muchos de nosotros, esta no es una reacción normal; por lo que necesitamos entrenarnos para ser mentalmente resistentes, capaces de controlar nuestras respuestas físicas y emocionales cuando la vida se tuerce. En lugar de sentir los efectos del estrés -el cerebro se desconecta, el corazón empieza a latir con fuerza, las palmas de las manos empiezan a sudar- podemos entrenarnos para mantener la calma, devolviendo a nuestra mente y nuestro cuerpo a un estado que nos ayude a afrontar la situación de forma saludable.

Una de las mejores maneras de calmar nuestra mente y nuestro cuerpo es mediante una respiración lenta y controlada. Respirar profundamente y concentrar nuestra mente -meditando en algo específico durante unos minutos- puede calmar rápidamente nuestra mente y nuestro cuerpo, permitiéndonos volver a activar nuestra corteza prefrontal y tomar mejores decisiones en el futuro. Cuando se practica con constancia, la respiración y la meditación bíblica pueden ser una forma excelente de mejorar el control de la excitación.

ETAPA: RESTAURACIÓN

Herramienta 5: Meditación Bíblica

Abram está totalmente frustrado; han pasado décadas desde que Dios le prometió un hijo, pero nada ha cambiado. ¿Has estado alguna vez en esa situación en tu vida? Una vez creíste en la promesa de Dios sobre tu hijo, o hija, o tu trabajo, o tu matrimonio. Antes estabas lleno de fe y esperanza, pero ahora todo parece muerto. Abram sabía exactamente cómo te sientes. Sari, su esposa, no sólo está experimentando la menopausia, sino que está bien entrada en ella. No hay manera de que la promesa de Dios pueda llegar a cumplirse en sus vidas. El sueño de Dios parece una broma cruel, casi burlándose de él con el paso de los años. Se percibe la desesperación de Abram en la intensidad de su queja a Dios.

> *Pero Abram respondió: Mi Señor y Dios, ¿de qué me sirve que me des algo, si aún sigo sin tener hijos y el heredero[a] de mis bienes será Eliezer de Damasco? Como no me has dado ningún hijo, mi herencia la recibirá uno de mis criados.*
>
> *Ese hombre no ha de ser tu heredero —contestó el Señor—. Tu heredero será tu propio hijo. Luego lo llevó afuera y le dijo: Mira hacia el cielo y cuenta las estrellas, a ver si puedes. ¡Así de numerosa será tu descendencia!*
>
> *Abram creyó al Señor y el Señor se lo reconoció como justicia.*
>
> GÉNESIS 15:2-6 (NVI)

He aquí una pregunta interesante. ¿Qué animó Dios a Abram en medio de sus frustraciones? ¿Qué le movió a la fe? Es una pregunta fundamental, porque vivir en un mundo caído es una experiencia prolongada de lucha contra las decepciones personales hasta llegar a la fe. La respuesta: Dios estaba enseñando a Abram a meditar.

Tenía un profesor de seminario, el Dr. Tom, que fue un gran mentor de mi alma. Pero el proceso no siempre fue fácil o agradable para mí, lo cual es cierto para la mayoría de las experiencias de crecimiento espiritual significativo. Una de las cosas más frustrantes para mí fue aprender a "Practicar la Presencia", como lo llamaba el Dr. Tom. Había sido buen amigo de Frank Laubach, un hombre que inició una búsqueda espiritual asombrosa. El 20 de enero de 1930, siendo misionero en Filipinas, tomó una decisión.

> *He comenzado tratando de vivir todos mis momentos de vigilia en la escucha consciente de la voz interior, preguntando sin cesar: "¿Qué, Padre, deseas que se diga? ¿Qué, Padre, deseas que se haga en este momento?". Está claro que esto es exactamente lo que Jesús hacía todo el día, todos los días. Pero no es lo que sus seguidores han estado haciendo en gran número.*[61]

---

[61] Frank Laubach, *Cartas de un místico moderno* (Colorado Springs: Purposeful Design Publications,

Frank Laubach se comprometió a traer a Cristo a la mente al menos un segundo de cada minuto de su día. Mi reacción inicial a su búsqueda fue: "¡Eso está bien si no tienes nada que hacer en la vida!". Sin embargo, descubrí que Laubach no era alguien que se quedara sentado en la vida. Era un misionero entre los feroces moros, una tribu islámica de Mindanao. Allí, en la aldea de Lanao, emprendió su inspiradora búsqueda de la experiencia de Dios y, al mismo tiempo, desarrolló una técnica para llevar la lengua moro a la escritura. Esto no sólo hizo posible enseñarles a leer, sino que también les permitió enseñar inmediatamente a otros. Así nació el famoso programa "Cada uno enseña a otro", que sentó las bases de sus esfuerzos mundiales por promover la alfabetización, empezando por la India en 1935. Durante los últimos treinta años de su vida, Laubach fue una presencia internacional en los círculos de alfabetización, religiosos y gubernamentales.

Tras descubrir esos datos sobre su vida, me sentí desafiado a unirme a él en la búsqueda de la práctica de la presencia de Dios, pero fracasé estrepitosamente. Como hemos descubierto, nuestras mentes no se concentran fácilmente. Mi "mente de mono" saltaba de árbol en árbol mentalmente y rápidamente perdí de vista mi compromiso. El desafío de Pablo de renovar nuestras mentes no es una respuesta espiritual rápida a nuestras luchas en la vida. Me di cuenta de que necesitaba desarrollar más "músculos mentales" -algunas conexiones neurológicas reforzadas para recorrer este camino de practicar la presencia de Cristo.

Mi primera pista vino después de leer Génesis 15 y una declaración que hizo Laubach después de ver la puesta de sol sentado en la cima de Signal Hill, un montículo a las afueras de la ciudad en la que ejercía su ministerio en Filipinas.

> *Esta concentración en Dios es agotadora, pero todo lo demás ha dejado de serlo. Pienso con más claridad, olvido con menos frecuencia.... Incluso el espejo revela una nueva luz en mis ojos y en mi rostro. Ya no tengo prisa por nada. Todo va bien. Cada minuto lo encuentro con calma, como si no fuera importante. Nada puede salir mal, excepto una cosa. Que es que Dios se me escape de la mente.*[62]

> *Después de esta experiencia, que me llega varias veces a la semana, la emoción de la suciedad me repele, pues conozco su poder de arrastrarme de Dios. Y después de una hora de estrecha amistad con Dios mi alma se siente tan limpia como la nieve recién caída.*[63]

Tenía hambre de eso. ¿Y cómo se produce eso? Entonces me di cuenta de que Frank estaba sentado en la Colina de la Señal meditando igual que Abram meditaba en los cielos. Estaban experimentando el hecho de que Dios es el Gran YO SOY.

2007), 3.

[62] Laubach, *Cartas de un místico moderno*, 33.

[63] Laubach, *Cartas de un místico moderno*, 23.

Nuestro estado mental por defecto es tan frecuentemente de agonía sobre nuestros errores pasados o de preocupación por los problemas futuros. Necesito aprender a estar PRESENTE, espiritual, emocional y mentalmente. En otras palabras, necesito aprender a meditar.

La meditación no fue inventada por Buda. Abraham meditaba cientos de años antes de que las religiones orientales tuvieran la idea. Desgraciadamente, los cristianos de hoy en día creen que las experiencias de meditación tienen que ver con las creencias de la Nueva Era. Nada más lejos de la realidad. Los Salmos están cargados de David clamando para que las palabras de su boca y las meditaciones de su corazón sean aceptables para Dios. Nosotros, como David, podemos llegar a una comprensión bíblica de lo que es la meditación y de cómo es una parte tan poderosa del proceso de renovación de nuestras mentes. Pero primero, tendremos que abordar varias "falsas creencias cerebrales" que pueden nublar nuestra comprensión.

Falsa Creencia Primera
El cerebro sólo puede ser moldeado por las experiencias del exterior. El cerebro en sí no puede ser modificado por la mente o por los pensamientos

El psiquiatra e investigador Jeffrey Schwartz, que trabaja con pacientes con trastorno obsesivo-compulsivo grave, ha demostrado que los pensamientos intencionados y voluntarios pueden alterar literalmente el cableado y las conexiones físicas del cerebro.[64] Álvaro Pascual-Leone, de la Universidad de Harvard, hizo que medio grupo de voluntarios aprendiera una sencilla pieza para teclado de cinco dedos. La practicaron una y otra vez durante una semana con la mano derecha. A continuación, mediante el uso de neuroimágenes, determinaron cómo se había expandido el cerebro en las áreas relevantes para esa habilidad motora. Esto no fue en absoluto sorprendente, pero lo que les asombró fueron los resultados de un segundo grupo. A este grupo se le pidió que practicara mentalmente la misma pieza musical sin tocar el teclado. ¡La región del cerebro que controla los dedos de la mano derecha se había expandido en los pianistas virtuales igual que en el grupo que había practicado físicamente la pieza! Pensar y sólo pensar puede cambiar la estructura física del cerebro.[65] La ciencia ha tardado casi dos mil años en darse cuenta de que lo que dijo Pablo es cierto. Puedes renovar tu mente.

Falsa Creencia Segunda
No es necesario prestar atención a algo para que afecte físicamente al cerebro. Por ejemplo, si tu brazo se estimula constantemente, esa parte de tu cerebro se activará y aumentará automáticamente. No importa si le estás prestando atención o no.

---

[64] Jeffrey Schwartz, *Bloqueo del cerebro: Libérese del comportamiento obsesivo-compulsivo* (New York: Harper Perennial, 1997).

[65] Richard Davidson and Sharon Begley, *La vida emocional de su cerebro* (New York: Hudson Street Press, 2012), 10.

La atención es lo que estimula la actividad neuronal. La atención es como un bisturí neurológico que reestructura el cerebro. Si alguien escucha música y se estimula el brazo al mismo tiempo, el cambio en el cerebro sólo se produce en las zonas en las que ha centrado su atención. Investigaciones recientes han descubierto que cuando centramos nuestra atención, una zona adyacente al tronco cerebral segrega una sustancia química que permite que las neuronas que se activan al mismo tiempo refuercen sus conexiones entre sí.[66] Esto significa sencillamente que, literalmente, la persona que eres la moldeas en cada momento según lo que elijas para prestarle atención.

La cuestión no es cómo cambiamos, sino en qué dirección dirigimos conscientemente los cambios que se producen en nuestro cerebro.

Falsa Creencia Tercera
El cerebro tiene esencialmente un punto de referencia emocional al que siempre vuelve. Hay varios altibajos emocionales, pero el cerebro siempre vuelve a su "normalidad".

El profesor Richard Davidson ha documentado recientemente el poder de la meditación para cambiar el cerebro en respuesta al estrés. Descubrió que podemos cambiar literalmente zonas específicas de nuestro cerebro relacionadas con nuestras emociones. Podemos regular a la baja nuestros miedos y las partes reactivas de nuestro cerebro.[67] En otras palabras, podemos cambiar directamente nuestro sistema límbico o nuestro corazón. Podemos llegar a un lugar de paz en lo más profundo de nuestro ser y a una libertad para meditar sobre la vida en lugar de limitarse a reaccionar. El proceso de meditación es exactamente lo que David hizo con tanta frecuencia en los Salmos. Implica utilizar la mente para mirarse a sí mismo; observar y nombrar tus sentimientos, por ejemplo, puede inhibir la parte reactiva del cerebro.[68]

Un estudio descubrió que con sólo tres horas de meditación se conseguía mejorar la atención y el **autocontrol**. Tras once horas, los investigadores pudieron detectar cambios reales en el propio cerebro. Descubrieron un aumento de las conexiones neuronales entre regiones del cerebro importantes para mantener la concentración, ignorar las distracciones y controlar los impulsos. Les sorprendió que nuestros cerebros pudieran remodelarse tan rápidamente. Pero tiene sentido porque la

---

[66] Daniel Siegel, *Mindsight: Transforma tu cerebro con la nueva ciencia de la empatía* (New York: Bantam Books, 2010), 133.

[67] Davidson, Richard, Jon Kabat-Zinn, Jessica Schumacher, Melissa Rosenkranz, Daniel Muller, Saki Santorelli, Ferris Urbanowski, Anne Harrington, Katherine Bonus, y John Sheridan. "Alteraciones de la función cerebral e inmunitaria producidas por la meditación de atención plena". *Medicina Psicosomática* 65 (2003): 564–570.

[68] Creswell, JD, Baldwin Way, Naomi Eisenberger, y Matthew Lieberman. "Correlatos neuronales de la atención plena disposicional durante el etiquetado del afecto". *Medicina Psicosomática* 69, no. 6 (2007): 560-565.

meditación aumenta el flujo sanguíneo a la corteza prefrontal. Es muy parecido a levantar pesas, que aumenta el flujo sanguíneo a los músculos y, en el proceso, aporta fuerza y cambio.

Probablemente a estas alturas algunos de mis lectores se estén poniendo un poco ansiosos por dos razones:

- Esperas que te diga: "¡Sólo vacía tu mente y ábrete a Dios!". La meditación bíblica no consiste en eso. David no apagó su cerebro en los Salmos; estaba apasionadamente concentrado.
- Has probado meditar y te fue fatal, como a mí. Ser malo en la meditación es en realidad bueno. Te ayuda a hacer lo que necesitas en la vida diaria. Detectas que te alejas de un objetivo y vuelves a dirigirte hacia él. Es el proceso de aprender a estar presente.

LA MEDITACIÓN BÍBLICA ES APRENDER A LLENAR NUESTRAS MENTES Y BOCAS CON LA VERDAD DE DIOS.

Recita siempre el libro de la Ley y medita en él de día y de noche; cumple con cuidado todo lo que en él está escrito. Así prosperarás y tendrás éxito.
JOSUÉ 1:8 (NVI)

Meditar en las promesas de Dios es algo que estamos llamados a hacer como creyentes. No sé tú, pero yo tengo pensamientos en mi cabeza que estoy seguro que Dios no tiene en la suya. Necesito reemplazar mis pensamientos con los de Él. Es imposible que yo esté cumpliendo consistentemente el propósito y el llamado de Dios en mi vida a menos que esté entrenando mi mente para pensar en mí mismo de la manera en que Dios lo hace. Necesito aprender a verme como me ve el cielo. Esto es crítico porque nunca puedo operar consistentemente en la vida por encima de la forma en que me veo a mí mismo. Si me veo a mí mismo como un perdedor o sin valor en algún momento de mi vida, cuando tenga éxito me dedicaré al autosabotaje. Suele tener lugar a nivel subconsciente. Así que acabaré preguntándome por qué las cosas nunca me salen bien.

Entonces, ¿cómo empezar? ¿Cómo meditar bíblicamente para que tu mente se renueve?
La meditación gira en torno a tres habilidades que se pueden aprender: intención, atención y observación.

Intención
La meditación es una habilidad que debe desarrollarse. Por lo tanto, debes sacar tiempo para ella en tu apretada agenda. Frank Laubach encontró tiempo en su presionada vida de misionero cristiano en una comunidad musulmana.

Los resultados afectaron al mundo. Cuando finalmente me di cuenta de que la meditación no consistía en esforzarse por concentrarse en Dios, sino en aprender a disfrutar de Él, también empezó a cambiar mi vida.

Atención: Estar Presente

Una de las herramientas más eficaces que he encontrado en nuestro estresante mundo, para ayudar a la gente que busca un cambio significativo en su vida, es enseñarles a respirar. En otras palabras, les ayudo con el **control de la excitación** o les permito estar presentes. Me encanta el título del libro, *Why Zebras Don't Get Ulcers* (Por qué las cebras no tienen úlceras), que mencioné en una lección anterior. Es cierto, las cebras sólo tienen que correr más que la cebra más lenta una vez a la semana, cuando aparecen los leones. El resto del tiempo se limitan a pasearse comiendo hierba. Pero con tanta frecuencia, vivimos con los leones en nuestras cabezas rugiendo las veinticuatro horas del día. Como pastor principal de una mega iglesia, estuve constantemente luchando contra los leones en mi cabeza durante años. Puedes ver gráficamente la lucha que tiene la mayoría de la gente cuando le pides a alguien que cierre los ojos y coloque una mano en su pecho y la otra en su estómago. Luego se les pide que respiren profundamente durante los siguientes tres minutos.

¡Ejercicio Cerebral!
Pruébalo! Ponte cómodo en tu silla y coloca los pies en el suelo. Coloca una mano en el pecho y la otra en el estómago. A continuación, dedica los tres minutos siguientes a respirar profundamente.

¿Cómo te ha ido? ¿Te sientes más tranquilo? ¿Qué mano se ha movido? ¿La mano del pecho, la del estómago o ambas? Si eres como la mayoría de la gente, la mano del pecho es la que más se ha movido o las dos. Lo que quieres que ocurra es que sólo se mueva tu estómago. He aquí el motivo. La respiración profunda empuja la pared diafragmática, que presiona el nervio vago que recorre el interior de la columna vertebral. Esto desencadena una respuesta fisiológica de relajación que hace que el intestino libere serotonina en tu torrente sanguíneo. La respiración superficial (la mano en el pecho) refuerza la respuesta de lucha o huida del cuerpo. Acabas intentando huir más rápido de los leones de tu cabeza. Esto afecta tanto a tu juicio como a tu capacidad de responder rápidamente a las situaciones de estrés.[69]

> *Su enemigo el diablo ronda **como** león rugiente, buscando a quién devorar..*
> 1 PEDRO 5:8B (NVI)

He enfatizado la palabra "como" porque como seguidor de Cristo, se te ha dado autoridad sobre el enemigo. El problema es que hasta que no renueves tu mente, él frecuentemente te convence de que no es cierto cuando estás bajo estrés.

Aprender a programar tu mente a través de la respiración diafragmática profunda

---

[69] Wolf, OT. "Estrés y memoria en humanos: doce años de avances?" *Brain Research* (2009): 142-154.

es una de las habilidades más básicas para renovar tu mente en nuestro mundo lleno de estrés. He perdido la cuenta del número de veces que mis clientes se han sorprendido de la eficacia de la respiración profunda para ayudarles a caminar en la fe. Y si puedes hacer lo que hizo Abraham -caminando al aire libre y meditando mientras respiras profundamente- eso es especialmente poderoso.[70]

Observación

> *"En cambio, me he calmado y aquietado, como un niño destetado que ya no llora por la leche de su madre. Sí, tal como un niño destetado es mi alma en mi interior*
>
> SALMO 131:2 (NTV)

Observa que David está meditando con un "alma destetada". Ha enfrentado su inquietud interior.

Ahora quiero que pases cinco minutos completos en un ejercicio de meditación de respiración profunda. Y recorre la siguiente progresión:

1. Empieza simplemente notando tu respiración. No te preocupes si al principio te cuesta respirar desde el diafragma. Sé amable contigo mismo. Estás aprendiendo una nueva habilidad.

2. A continuación, toma una frase corta de las Escrituras. Úsala como una oración centrada/enfoque. He aquí algunas de las favoritas:

   + *El gozo del Señor es mi fortaleza*
   + *La paz de Dios*
   + *Ten piedad Señor Jesús*
   + *Por sus heridas estoy curado*
   + *Todo lo puedo en Cristo*
   + *Soy precioso a los ojos de Dios*
   + *No temas porque yo estoy contigo*

Diga la frase mentalmente para sí mismo al ritmo de su respiración. Esto se vuelve especialmente poderoso cuando encuentras una frase bíblica que se aplica exclusivamente a tu vida y comienzas a meditar profundamente en ella. De vez en cuando, el enemigo trata de devolverme al PTSD del pasado. Me encuentro dando vueltas en la cama hasta que recuerdo que el diablo es COMO un león rugiente. ¡Cristo ha sacado todos sus dientes y garras en la Cruz! Una vez que empiezo a respirar y a usar una oración centrada, SIEMPRE me he vuelto a dormir.

---

[70] Jaffe, E. "A este lado del paraíso: Descubriendo por qué la mente humana necesita la naturaleza". *Asociación de Ciencias Psicológicas* 23, no. 5 (2010): 11-15.

Si has sido fiel a la práctica de la respiración diafragmática profunda como se sugiere, habrá una reprogramación neurológica que se ha construido en tu cerebro. Cuando sientas que tu sistema límbico se está disparando y tratando de tomar el control de tu corteza prefrontal o de tu razonamiento superior, ahora tienes la capacidad de involucrarte en la respiración diafragmática profunda. Es una elección que puedes hacer y es asombrosa su capacidad de calmarte para que puedas pensar con claridad. Y tus Promesas Proféticas definen lo que es el pensamiento claro con respecto a ti mismo. Si aplicas diligentemente estas respuestas bíblicas en situaciones estresantes, podrás realmente tener un control sobre quién eres realmente en Cristo.

Las situaciones estresantes son en realidad donde Dios hace su mejor obra en nuestras vidas. Es por eso que Cristo siempre envuelve sus mayores promesas en *papel de lucha*. Dios no sólo quiere que lleguemos a un lugar particular de bendición, sino que su más rica bendición llegue a nuestra alma. Eso siempre tiene lugar en medio del estrés, la lucha y la presión.

 Para conocer más detalladamente cómo está afectando el trauma a tu vida, consulta el PTSI en el Apéndice.

ASIGNACIONES ANTES DE LA REUNIÓN

1. Escribe tus Promesas Proféticas (el recuerdo y la Escritura que las define) y léelas diariamente. Prepárate para compartirlas con tu grupo.
2. Esta semana, cuando practiques la respiración profunda y la meditación bíblica, sé consciente de lo que sientes en tu cerebro y en tu cuerpo. Prepárate para compartir con tu grupo tu experiencia y cómo te ha impactado esta nueva práctica.

COMPROMISO DEL SEXTO PILAR

He completado, en la medida de mis posibilidades, todos los ejercicios que se encuentran en el Pilar de Libertad Seis. Por la gracia de Dios, haré todo lo que pueda para vivir estas verdades en mi vida diariamente.

Mi nombre _____

Firma _____ Fecha _____

TESTIGOS AFIRMANTES

Afirmo el hecho de que _____ ha crecido en integridad y honestidad en su vida por la gracia de Dios. La negación ya no forma parte de tu vida.

Mi nombre _____

Firma _____ Fecha_____

Afirmo el hecho de que _____ ha crecido en integridad y honestidad en su vida por la gracia de Dios. La negación ya no forma parte de tu vida

Mi nombre _____

Firma _____ Fecha _____

UN PLAN DE CRECIMIENTO ESPIRITUAL

LECCIÓN UNO

REVELACIÓN

 Mira los Vídeos Introducción al Pilar Siete y Pilar Siete: Lección Uno.

Una de las principales mentiras que nos dice el infierno es que nuestros hijos, nuestra esposa u otros seres queridos no se verán perjudicados por nuestro comportamiento adictivo. Nada podría estar más lejos de la verdad; de hecho, las Escrituras son muy claras sobre las consecuencias de nuestras acciones.

> *No te postres delante de ellos ni los adores* **(los dioses pornográficos circundantes)**. *Yo, el Señor tu Dios, soy un Dios celoso. Cuando los padres son malvados y me odian, yo castigo a sus hijos hasta la tercera y cuarta generación. Por el contrario, cuando me aman fielmente y cumplen mis mandamientos, les muestro mi amor por mil generaciones.*
> DEUTERONOMIO 5:9-10 (NVI, EL COMENTARIO ENTRE PARÉNTESIS SE AÑADE PARA ACLARAR)

De ahí viene la frase: "Los pecados de los padres pasarán a la tercera o cuarta generación". Dudo que encuentres ese pasaje en una lista de "promesas" bíblicas, pero contiene una promesa fenomenal a la que queremos asirnos en este último pilar. El legado prometido para nosotros: a través de nuestras vidas, Dios derramará su amor y sus bendiciones a los más cercanos a nosotros.

Por lo general, puedo ver cuando un hombre a mejorado en el proceso de sanidad. De repente empieza a comprender lo profundamente que su adicción sexual ha herido a su mujer. Es un lugar difícil para él. Sus lágrimas ya no son sólo por el hecho de haber sido descubierto. No son generadas por la vergüenza y la pena.. En cambio, vienen de lo más profundo de su ser, de una perspectiva de la vida que ya no está construida alrededor de un enfoque narcisista del yo. Está desarrollando el corazón de un líder servidor.

La expansión de ese proceso de crecimiento se hace profunda cuando pasa a un proceso de revelación con su esposa e hijos. Aquí es donde normalmente clamará: "Señor, te creo, pero ayúdame con mi incredulidad". Normalmente, se resistirá al reto de decírselo a toda su familia, pero como seguidor de Cristo, no es una opción. **Si quieres dejar una bendición a tus hijos en lugar de una maldición, la transparencia es obligatoria.**

En todos los procesos de revelación en los que he participado, los niños sabían o sospechaban algo. Una vez que el padre revela su lucha, permite a los niños dar sentido a su vida familiar. De lo contrario, los niños pueden percibir que la culpa es suya: el desapego, el aislamiento o la irritabilidad de su padre. **El distanciamiento emocional entre mamá y papá que siempre provoca la adicción sexual puede sentar una sutil base de inseguridad en el corazón de los niños.**

La pregunta para ti es: **¿Quieres un dedal de la bendición de Dios o un cubo lleno de bendiciones en tu vida y en tu familia?**

Trae a Dios un dedal: pídele un poco de sanidad, un pequeño cambio en tu vida. "Sólo ayúdame a dejar esta adicción, Señor". Y probablemente Él llenará tus oraciones en forma de dedal. Pero tráele a Dios un cubo: pídele que haga de tu vida una aventura de honestidad y fe, pídele que te use más allá de ti mismo. Pídele que haga de tu corazón un agente radical de amor sacrificado. Trae a Dios un cubo y Él lo llenará. ¿Qué le estás trayendo a Dios en tu batalla con tu adicción?

Esta semana conocerás a un buen amigo mío mientras meditas en **Marcos 9**. Este padre tenía grandes sueños para su hijo, como todos los padres. Quería criarlo para que honrara a Dios y amara la Torá (La Biblia). Planeaba enseñarle el oficio de la familia, y algún día darle el negocio familiar. Pero eso no iba a suceder; por alguna razón, su hijo se vio afectado por una enfermedad que lo estaba destruyendo. Un espíritu maligno atormentaba al muchacho, provocándole convulsiones y situaciones que ponían en peligro su vida.

A esto hay que añadir el hecho de que el joven era objeto de burlas y humillaciones por parte de sus compañeros. La situación se volvió rápidamente insoportable. La enfermedad también afectó a su capacidad de hablar. Le privó totalmente de la capacidad de hablar incluso con su padre.

Entonces, un día mi amigo oyó hablar de Jesús. Los discípulos se habían adelantado, sanando a los enfermos y expulsando a los demonios. Así que se acercó a los discípulos y éstos confiaron en que el problema podría resolverse fácilmente. Pero pronto se hizo evidente que, a pesar de sus esfuerzos, la situación no hacía más que empeorar. Cuando Jesús llegó a la escena, le hizo al padre una pregunta crítica: "¿Desde cuándo está así?". Me parece fascinante que Jesús no les haga la pregunta a los discípulos, algo así como una consulta grupal de preguntas a los médicos. Jesús está tramando algo; sabe que la sanidad del niño está ligada al padre.

Es entonces cuando el padre revela su corazón. Comienza su petición de sanidad con un gran "SI PUEDES". Los discípulos han estado discutiendo en el fondo por qué no podían sanar al niño, debatiendo esencialmente quién era el más grande entre ellos. Pero cuando el padre lanza ese "SI", me los imagino parándose en seco y volviéndose para ver cuál será la respuesta del Maestro. Y es un clásico.

> *Jesús dijo: ¿Cómo que si puedo? Para el que cree, todo es posible.*
> *¡Sí, creo! exclamó de inmediato el padre del muchacho. ¡Ayúdame en mi falta de fe!*
>
> MARCOS 9:23-24 (NVI)

Presenté a este padre como un amigo mío. La razón por la que lo digo es que con frecuencia he respondido a Cristo de la misma manera. Después de la declaración de Jesús, el padre declara...

- *...Yo creo; ¡ayúdame con mi incredulidad!*
- *...¡Creo, pero al mismo tiempo tengo profundas dudas!*
- *...¡Quiero arriesgarme y volver a tener esperanza, pero tengo miedo!*
- *...¡Mi fe es un desastre!*

¡Oh, cuántas veces he estado en las sandalias de ese padre!

Esto es lo que quiero decir. Cuando empiezo a decirle a un hombre que tiene que hacer una revelación con toda su familia, puedes ver cómo se le escapa la sangre de la cara y el terror llena sus ojos. No puede creer que el secreto no es la mejor política. Sigue sin entender la verdad de que estamos tan enfermos como nuestros secretos; esto es especialmente cierto cuando se trata de nuestras familias.

Me encanta cómo termina la escena. Jesús simplemente se acerca al hijo y reprende al espíritu. Luego lo toma de la mano y pone en pie a un joven totalmente sanado. Por primera vez, puede dirigirse a su padre y decirle: "Papá, te quiero. Papá, gracias por cuidarme; estoy muy agradecido de que seas mi papá".

La parte inicial de tu revelación puede estar llena de ira y ataques contra ti por el profundo dolor de tu esposa o de tus hijos. Pero si la revelación es sincera, totalmente honesta y ha habido *un cambio claro y aparente en tu comportamiento*, los resultados acabarán siendo profundamente sanadores para la familia. Tendrás la alegría de que un día tus hijos te den las gracias por ser su padre. Lo he visto suceder en algunos de los casos más graves imaginables.

El elemento fundamental de la honestidad y el cambio demostrable en tu vida es la clave de todo el proceso. Por eso he esperado a tratar el tema de la revelación hasta el séptimo pilar. La revelación con tu esposa (o novia si eres soltero) puede tener que venir mucho antes porque ha habido un arresto, un descubrimiento o una aventura. Pero la revelación completa nunca es una opción a la luz de Deuteronomio 5. La única cuestión es el momento. Y siempre es preferible tener un historial claro de cambio en tu vida, no sólo una promesa de cambio, al acercarse al proceso de revelación. La mayoría de las esposas han escuchado cientos de promesas de sus maridos adictos. Por eso siempre le digo a la esposa: *"No creas en sus palabras, cree en sus acciones"*. Esto no es para condenar al marido, sino para dar a la esposa una base realista para la esperanza.

¿Cuánta fe se necesita para hacer esto? Buena pregunta. La misma cantidad de fe que necesitó el padre en Marcos 9. "Si puedes", dijo el padre. Demostrado por esta escritura, se necesita la fe suficiente para venir a Jesús y pedirle ayuda. No es nuestro trabajo pedir la fe suficiente. Es nuestro trabajo venir a Jesús y es su trabajo aumentar nuestra fe mientras lo hacemos.

¿Cuánta fe se necesita? Se necesita la suficiente para ser auténtico. Un punto muy crítico en la historia es cuando Jesús declaró: "Todo es posible para el que cree". En ese momento yo habría estado tentado de fingir, de decirle a Jesús: "Muy bien, quiero que mi hijo se sane, así que creo. No tengo ninguna duda. Tú eres el Hombre".

El padre no hace eso; en cambio, responde con una transparencia asombrosa. "Rabino, ese es mi problema. No estoy seguro de que me puedas ayudar". ¡Cuántas veces he escuchado la misma respuesta de un hombre que se enfrenta al reto del proceso de revelación!

Pero, ¿adivina qué? Esta historia nos dice que está bien porque **Jesús siempre prefiere la honestidad a la certeza**. No hay que estar seguro, sólo hay que ser real y honesto. Si la fe no es más que estar seguro de algo, entonces sus discípulos la tenían. Pero se olvidaron de una cosa. Se olvidaron de orar. Actuaban con sus propias fuerzas. De hecho, sólo hay una persona en la historia que rezó. Y su oración fue una apelación llena de gelatina y ruinosa. El padre, sin embargo, acertó; siguió llevando su cubo a Dios. Así que la pregunta para ti es esta: ¿Te acercas a Dios con un cubo o con un dedal? ¿Vas a ser honesto y revelar tu lucha o no?

¿CÓMO SE LLEVA A CABO ESTE PROCESO DE REVELACIÓN?
PRIMERO. COMPRENDE LOS BENEFICIOS DE LA REVELACIÓN.

1. Destruye por fin la vida secreta que has estado viviendo.
2. Hace que tu compromiso con la responsabilidad sea real.
3. Permite empezar a dejar de lado la vergüenza y la culpa.[71]
4. Permite a tu cónyuge tener la capacidad de tomar decisiones saludables y sentirse empoderada.
5. Inicia el proceso de que tu cónyuge se enfrente a su propio trauma que tu adicción ha desencadenado.

---

[71] Gran parte de esta parte de la lección se ha extraído de una presentación de la Dra. Stefanie Como parte del módulo 3, CSAT proceso de certificación, 2008.

SEGUNDO. COMIENZA A ENTENDER LO DOLOROSO QUE ES ESTO PARA TU MUJER.

La reciente investigación del Dr. Omar Minwalla, psicólogo licenciado y sexólogo clínico, ha revelado que la mayoría de las esposas están gravemente heridas por la adicción sexual de su pareja.[72]

1. Los síntomas son sorprendentemente similares a los del estrés postraumático o de una víctima de violación.
2. El problema se complica aún más porque la revelación suele ser escalonada. Al principio el hombre lo niega todo, luego revela lo que cree que puede salirse con la suya, después un poco más y finalmente, tras ser confrontado a medida que salen más detalles, lo revela todo.
3. Esta es la secuencia típica que sigue el 58,7% de los adictos[73] y es absolutamente horrible para el cónyuge. Es como si la traumatizaran repetidamente una y otra vez. **Por lo tanto, es absolutamente crítico que no ocultes nada en la revelación. Lo último que quiere hacer es acabar repitiendo el proceso porque todavía estaba en negación durante la primera revelación.**
4. Entiendo que el proceso de revelación es un reto. Eres como el hombre de Marcos 9 que lucha por creer a Dios. En un estudio de 80 adictos y sus cónyuges,[74] El 60% de los adictos y el 81% de los cónyuges consideraron que la revelación era lo correcto. Después de la revelación, el 96% de los cónyuges y el 96% de los adictos consideraron que era la opción correcta. Sugerencia: Nunca caerás en el 4% que pensó que era lo incorrecto porque eres un seguidor de Cristo.
5. El único momento en el que la revelación es un error es cuando lo haces por rabia para herir a tu pareja o cuando sueltas todo a tu esposa para lidiar con tu culpa. He colocado esta información sobre la revelación en el séptimo pilar porque la revelación funciona mejor cuando te ocupas de tus cosas antes de abordar el proceso con tu esposa.

TERCERO. PREPÁRATE PARA LA REVELACIÓN.

1. Necesitas estar en un lugar de responsabilidad y honestidad. Un grupo de Deseo Puro es una gran opción. ¡Deja la negación!
2. Escribe tu revelación y discútela a fondo con tu líder del grupo Deseo Puro antes de revelarla a tu cónyuge o familia.
3. Revela los detalles significativos que tu cónyuge necesita saber, como por ejemplo:

---

[72] Dr. Omar Minwalla, 2008. http://understandinghersideofthestory.com/El Modelo de Trauma Sexual.html.

[73] Deborah Corley y Jennifer Schneider, *Revelación de secretos*: cuándo, a quién y cuánto revelar (Carefree: Gentle Path Press, 2002).

[74] Corley and Schneider, *Revelación de secretos*.

- El marco temporal al referirse a cada incidente en el que actuaste.
- Incluye los actos sexuales que no implican un acto físico, como el coqueteo, o la planificación para actuar.
- Incluye información financiera.
- Si hay problemas de salud que necesita saber, inclúyelos.
- Si hay alguien más que el cónyuge puede conocer o encontrarse, el cónyuge tiene derecho a saberlo.
- Refiérete a tu cónyuge en segunda persona (Te traicioné cuando…)
- Limítate a compartir información; no justifiques ninguna de tus conductas adictivas.

4. Si es posible, pide a alguien de confianza que te ayude en el proceso, como un pastor o un consejero que esté familiarizado con las revelaciones sexuales. Esto es importante por varias razones.
   - Cuando las cosas se ponen emocionales, esa tercera persona puede servir de factor moderador que te ayuda a mantenerte honesto y a lidiar con la vergüenza tóxica que tan fácilmente puede empujarte de nuevo a la negación.
   - Si la tercera persona es experta, también podrá ayudar al cónyuge a no ir a "buscar el dolor", queriendo todos los detalles dolorosos. ("¿Qué aspecto tenía? ¿Qué llevaba puesto? ¿Qué tipo de mujeres estabas mirando en el sitio porno?") Tu esposa no debe sentirse como una víctima en el proceso. Ella tiene derecho a decidir qué necesita saber y qué nivel de dolor puede tolerar.
5. Tu esposa *necesitará un fuerte apoyo de sus compañeras tras la revelación*. Es fundamental que forme parte de un grupo de mujeres de Deseo Puro.
   - El Metas de todo esto es reparar y no volver a traumatizar a tu cónyuge.
6. Puedes encontrar más información sobre la preparación de la revelación en el documento Disclosure Process (Proceso de revelación) en puredesire.org/tools.

CUARTO. LA REVELACIÓN DEBE INVOLUCRAR A TODA LA FAMILIA SI SE VA A CAMINAR EN LA PORCIÓN DE BENDICIÓN DE DEUTERONOMIO 5.

Esta parte de la revelación es especialmente difícil; con frecuencia es forzada porque tu actividad se hizo pública. La revelación forzada puede provenir de un cónyuge enfadado que está tan traumatizado que se enfada y cuenta a los niños lo que has hecho. O los hijos pueden descubrir tu comportamiento de actuación. Cuántas veces he tenido a un hombre sentado en mi oficina diciendo algo como: "El peor día de mi vida fue cuando mi hijo/hija me descubrió viendo porno en Internet y masturbándose".

Sugerencias para el proceso de revelación:

1. La información tiene que venir de ti, no de otra persona. Afronta tu dolor. Debes estar ahí para tus hijos.

2. Comparte con cada uno de tus hijos de una manera adecuada a su edad.[75] Los niños no necesitan saber los detalles específicos de tu actuación o sobre el dolor y la ira que existe entre tú y su madre.

   Para Niños en Edad Preescolar:
   - Necesitan saber que no les vas a dejar.
   - No están en problemas y no han causado el problema.
   - Necesitan saber que les amas.

   Para Niños de Primaria:
   - No es su culpa.
   - ¿Pasará algo malo? (¿Miedo al divorcio?)
   - ¿Recibes ayuda?

   Para Niños de Secundaria:
   - ¿Qué pasará conmigo si tú y mamá se divorcian?
   - ¿Qué tiene de malo el sexo? (Necesitan entender la sexualidad sana).
   - ¿Cómo vas a mejorar?

   Para Adolescentes y Jóvenes:
   - ¿Cómo has podido hacer esto a nuestra familia?
   - ¿Cómo se relaciona esto conmigo? (Has arruinado mi vida.)

3. La mejor situación es una revelación retrasada en la que tú y tu esposa hayan experimentado la suficiente sanidad como para que ambos puedan reunirse con los niños. El hecho de que los dos hablen con ellos les ayudará a lidiar con el miedo al divorcio. Entonces es útil...
   - Guiarse por el deseo del niño de saber. Deja que ellos determinen el nivel de revelación; limitará los detalles escabrosos.
   - Asegurar al niño sobre el proceso de recuperación, lo que evitará que intente ser un cuidador por instinto.
   - Proporcionar apoyo emocional al niño después de la revelación a través de la iglesia o de un terapeuta.
   - Enseñar una sexualidad sana a partir de lo que has aprendido en el proceso de sanidad.
   - Si tu hijo tiene problemas en la vida, espera a revelar la información hasta que la pareja esté de acuerdo en que es el momento adecuado.

---

[75] Corley y Schneider, *Revelación de secretos*, 141.

El padre en Marcos 9 tenía un espíritu maligno acosando a su hijo. Estás enfrentando el mismo desafío porque la esclavitud sexual en tu núcleo siempre está energizada por el demonio. No dejes que eso te asuste y te aleje de la sanidad para ti y tus hijos. Simplemente, ven honestamente a Jesús con tus dudas y falta de fe. Acércate a Él y comienza a dar los siguientes pasos que Él te llama a dar, como el proceso de revelación. Si haces lo que Jesús te pide con todo tu corazón a pesar de tus miedos y heridas, algún día tu esposa e hijos podrán volverse hacia ti y decirte: "¡Gracias por confiar en Cristo!"

> **Si no has tenido un momento de revelación con tu cónyuge, discútelo con tu grupo. Con su ayuda, comienza a escribir una carta de revelación que leerás a tu esposa.**
>
> **El equipo de consejeros de Pure Desire ha sido entrenado para facilitar el proceso de Revelación Completa. Este proceso es dirigido por un equipo de consejeros masculino y femenino que guían a la pareja a través de la preparación, la revelación y los pasos de seguimiento necesarios. Para comenzar el proceso de revelación completa con los profesionales de Pure Desire, visite puredesire.org/start-counseling.**

Para conocer más detalladamente cómo está afectando el trauma a tu vida, consulta el PTSI en el Apéndice.

ASIGNACIONES ANTES DE LA REUNIÓN

1. Leer el capítulo 16 de *Deseo Puro*.

LECCIÓN DOS

AYUDAR A TU ESPOSA A PASAR DE LA SANIDAD A LA SEXUALIDAD SANA (PRIMERA PARTE)

Por Diane Roberts

 Ve el Video Pilar Siete: Lección Dos

Has recorrido un largo camino en tu viaje de sanidad y ahora es el momento de plantear la pregunta: "¿Cómo podemos avanzar hacia una sexualidad sana como marido y mujer?" Debido a que tu esposa ha sido tan herida, este es uno de los lugares más difíciles para que ella crezca. En esta lección y en la siguiente, quiero compartir las cosas que puedes hacer para ayudarla a avanzar hacia una sexualidad saludable.

El primer paso es ayudarte a comprender la realidad de tu esposa. Esta es muy diferente a la tuya.

En el siguiente diagrama, fíjate en que la mayoría de los hombres tratan de enfocar la vida desde lo físico (el lado izquierdo). Eso significa que cuando se trata de resolver problemas, los hombres tienden a buscar soluciones físicas a los problemas.

Como he aconsejado a lo largo de los años, las mujeres a menudo se preguntan: "¿Por qué mi marido quiere tener sexo cuando tenemos una discusión?" De nuevo, como puedes ver en el diagrama, cuando el marido siente la brecha en su relación, la forma más normal de querer arreglarlo es hacer algo físico, lo que normalmente se traduce en tener sexo. La mayoría de las mujeres abordan la resolución de problemas desde el lado derecho del triángulo. Su enfoque es espiritual y emocional.

RANGOS DE COMPORTAMIENTO[76]

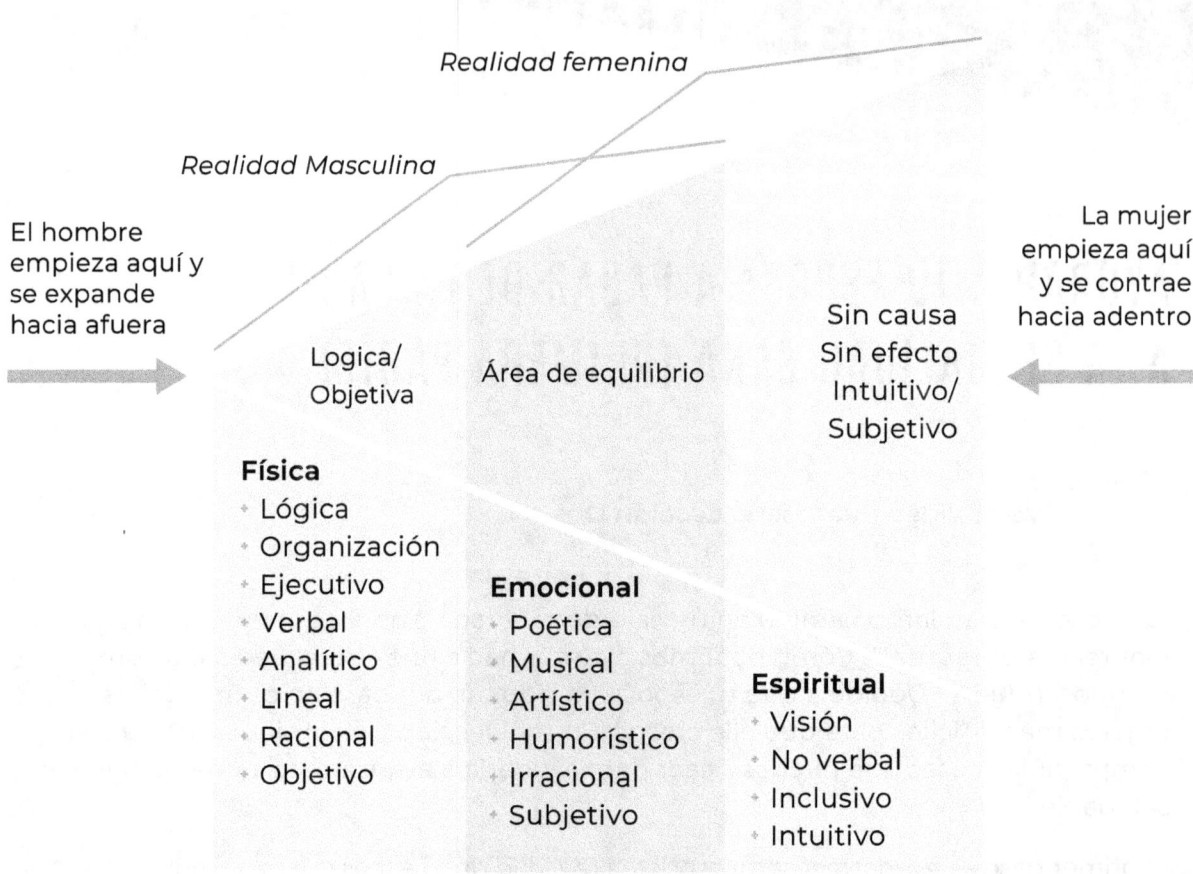

Añade a la ecuación la adicción sexual y la tendencia de la esposa es evitar lo físico y centrarse en lo emocional y espiritual. Podrías haber hecho grandes cambios en tu vida y estar fuertemente en el camino de la sanidad lejos de tu adicción, pero lo más probable es que ella esté atascada en un lugar totalmente diferente.

> SU SANIDAD DEBE OCURRIR A TRAVÉS DE TRABAJAR EN SUS EMOCIONES Y APOYARSE EN DIOS.

La revelación a menudo crea tal trauma en la esposa que literalmente se congela en su dolor. Ella tenderá a pensar los problemas y a preocuparse por tu adicción. El estado de

---

[76] Joe Tanenbaum, *Realidades masculinas y femeninas: comprensión del sexo opuesto.* (Grand Rapids: Compañía editorial Eerdmans, 1990).

shock y trauma puede acentuarse si ha habido lo que yo llamo "goteo" o, como lo llama Ted, revelación escalonada. Sólo cuando conozca el fondo de la cuestión podrá empezar a sanar.

Una mujer que se enfrenta a problemas de traición obtuvo una puntuación alta en el PTSI (Índice de Estrés Postraumático) que mide el trauma. Su marido le preguntó si él había sido el causante de sus altas puntuaciones. Como ella tenía un trauma de la primera infancia, le dije que él no era la

fuente completa. Pero, añadí, lo más probable es que sus resultados hubieran sido dramáticamente menores si no hubiera habido adicción sexual.

Podrías estar caminando sobre el agua -haciendo todo bien- y su dolor no le permitiría ver cuánto has cambiado. Incluso cuando hay un cambio, ella no está segura de que vaya a durar y, por lo tanto, suele ser muy reservada. A menudo se queda atascada ensayando el pasado y cuestionando todo sobre ti y tus años de matrimonio. ¿Qué fue real y qué fue una mentira?

1 Corintios señala el hecho de que los pecados sexuales tienen efectos de largo alcance:

> *¿No saben que el que se une a una prostituta se hace un solo cuerpo con ella? Pues la Escritura dice: "Los dos llegarán a ser uno solo". Pero el que se une al Señor se hace uno con él en espíritu. Huyan de la inmoralidad sexual. Todos los demás pecados que una persona comete quedan fuera de su cuerpo; pero el que comete inmoralidades sexuales peca contra su propio cuerpo. ¿Acaso no saben que su cuerpo es templo del Espíritu Santo, quien está en ustedes y al que han recibido de parte de Dios? Ustedes no son sus propios dueños;*
>
> 1 CORINTIOS 6:16-19 (NVI)

Pablo está subrayando el hecho de que la relación sexual es más que una experiencia biológica. De hecho, cuando una persona peca sexualmente, es un pecado contra su propio cuerpo (y el cuerpo de su cónyuge), lo que hace que este pecado sea como ningún otro. Dios creó el compromiso sexual en el matrimonio para unir a dos personas como una sola. Por lo tanto, cuando el pecado sexual ocurre también puede llegar a ser lo más hiriente en la relación como esposo y esposa. La esposa no sólo se siente violada físicamente, sino también emocional y espiritualmente. Las estadísticas muestran que la reacción de este tipo de violación puede tener un gran impacto en el matrimonio.

Las mujeres cuyos maridos han estado involucrados en la adicción sexual han mostrado lo siguiente:[77]

---

[77] Estadísticas del Dr. Doug Weiss en la Conferencia de Primavera 2005, Centro de Consejería de Corazón a Corazón, Colorado Springs, Colorado.

DEPRESIÓN:

- 39% de las mujeres lucharon contra la depresión antes de su relación.
- 82% de las mujeres lucharon contra la depresión durante su relación.

TRASTORNOS ALIMENTARIOS:

- 40% de las mujeres lucharon contra los trastornos alimentarios antes de la relación.
- 62% de las mujeres lucharon contra los trastornos alimentarios durante su relación.

SALUD SEXUAL:

- 50% de las mujeres participaron en comportamientos sexuales de los que luego se avergonzaron durante la relación.
- Durante la relación con el adicto al sexo, el 23% de las mujeres contrajeron una STD y el 0,05% de las mujeres contrajeron dos STDs.

COMPORTAMIENTOS TÍPICOS QUE LAS MUJERES ADMITEN DURANTE SU RELACIÓN CON EL ADICTO AL SEXO:

- 85% estaban pendientes del comportamiento del adicto
- 78% estaban controlando
- 76% estaban buscando más pruebas
- 68% se sentían amenazadas e inseguras con otras mujeres cuando estaban con el adicto
- 65% pasaron tiempo tratando de leer la mente del adicto al sexo
- 61% usaron el sarcasmo
- 58% no tenían sexo o eran hipersexuales
- 54% se enfurecían
- 52% avergonzaban al adicto al sexo
- 46% fantaseaban con su actuación

Cuando se produce la revelación o cuando la esposa descubre por sí misma el alcance de la adicción, a menudo el desprecio se instala en su espíritu. Siente desprecio por ella misma, por el adicto e incluso por el matrimonio.

El desprecio hacia sí misma puede ser así: "Si fuera más guapa, pesara menos, fuera más alta, tuviera una mejor figura, etc., esto no habría pasado; debe haber algo malo en mí". Siente desprecio e inutilidad hacia sí misma. El sexo suele ser lo más alejado de su mente.

Suele sentir desprecio y desdén hacia su cónyuge por las mentiras, la traición y a veces por presionarla a hacer cosas que iban en contra de sus valores. De las estadísticas anteriores se desprende que el 50% de las mujeres se avergüenzan de lo que hicieron sexualmente con el adicto.

Las emociones pueden variar y se mezclan entre las mujeres. Algunas se sienten con derecho y pueden responder como lo hizo una mujer "La traición me hizo sentirme con derecho a ser cruel con mis palabras hacia él y a gastar tanto dinero como él en su adicción". Además del derecho que puede sentir tu mujer, también tendrás que aprender a tolerar su ira y su dolor. Ella tenderá a no creerte, incluso cuando estés siendo honesto; escuchar es siempre una mejor estrategia que tratar de ser escuchado. Si intentas defenderte o exigir algo, sólo conseguirás que se aleje más de ti.

Llegados a este punto, puede que te estés diciendo a ti mismo: "Si la revelación crea tanto dolor, ¡quizá me salte esa parte de mi recuperación!". Permíteme recordarte que parte **de tu recuperación es afrontar el dolor y asumir la responsabilidad de tu comportamiento, independientemente de las consecuencias.**

Nunca olvidaré una imagen que el Señor me dio y que podría ayudarte en este punto. Yo estaba orando con alguien que había pecado, y confesó su pecado y estaba listo para hacer las cosas bien. El Señor me mostró a esta persona de pie en el agua hasta la cintura, con ondas que salían de ellos debido al pecado. Pero al arrepentirse y dar un giro de 180 grados en el agua (arrepentimiento significa apartarse de tu pecado e ir en la dirección opuesta), las ondas se amortiguaron. Todavía había ondas, pero el impacto se había reducido debido a la voluntad de esta persona de apartarse del pecado e ir en una dirección diferente.

Su arrepentimiento y revelación le dará un borrón y cuenta nueva, reforzará su deseo de responsabilidad y honestidad, y facilitará el abandono de la vergüenza. También hará que la sexualidad sana sea una posibilidad en el futuro.

Tu revelación a tu esposa la empoderará con la verdad y la capacidad de tomar decisiones informadas basadas en la verdad. También le permitirá ver tu necesidad de aceptar la recuperación y, con suerte, buscar una sexualidad sana.

SALMO 55 (NVI)

 Medita el Salmo 55 (en las páginas siguientes) y responde a las preguntas que *aparecen debajo de cada segmento*.

Esta semana, meditar en el Salmo 55 te ayudará a entrar en contacto con el dolor de la traición que tu esposa está experimentando ahora. Comprender su dolor emocional es tu primer paso para ayudarla a sanar y permitir la posibilidad de una sexualidad sana en el futuro.

¹ Escucha, oh Dios, mi oración;
no pases por alto mi súplica.
² ¡Óyeme y respóndeme, porque
mis angustias me perturban! Me aterran
³ las amenazas del enemigo
y la opresión de los malvados,
pues me causan sufrimiento
y con furia me atacan.

+ **¿Qué emociones expresa David?**

+ **¿Cómo le tratan sus enemigos?**

+ **¿Cómo podría tu esposa verte como el enemigo?**

+ **¿Qué emociones puede estar sintiendo tu mujer?**

⁴ Se me estremece el corazón dentro del pecho,
y me invaden los terrores de la muerte.
⁵ El temor y el temblor me dominan,
el pánico se apodera de mí.
⁶ ¡Cómo quisiera tener las alas de una paloma
y volar hasta encontrar reposo!
⁷ Me iría muy lejos de aquí;
me quedaría a vivir en el desierto. Selah

¿Observas indicios de depresión, trauma o estrés (lucha, huida o congelación)?

 ¿Has observado síntomas de depresión, trauma o estrés en la vida de tu esposa? Describe esos síntomas.

*12 Si un enemigo me insultara,
yo lo podría soportar;
si un adversario me humillara,
de él me podría yo esconder.
13 Pero lo has hecho tú, un hombre como yo,
mi compañero, mi mejor amigo,
14 a quien me unía una bella amistad y con quien
caminaba entre los adoradores en la casa de Dios.
20 Levantan la mano contra sus amigos
y no cumplen sus compromisos.
21 Su palabra es blanda como la mantequilla,
pero su corazón es belicoso.
Sus palabras son más suaves que el aceite,
pero no son sino espadas desenvainadas.*

 ¿Cómo has experimentado tu lo que David vivió con un amigo cercano que te traicionó?

 ¿Cómo podría tu esposa relacionarse con esta escritura en términos de tu relación?

Pilar Siete | Lección Dos | 293

¹⁵ ¡Que sorprenda la muerte a mis enemigos!
¡Que desciendan vivos a los dominios de la muerte,
pues en ellos habita la maldad!

¹⁶ Pero yo clamaré a Dios,
y el Señor me salvará.

¹⁷ En la noche, en la mañana y al mediodía,
clamo angustiado y él me escucha.

¹⁸ Aunque son muchos los que me combaten,
él me rescata, me salva la vida
en la batalla que se libra contra mí.
¹⁹ ¡Dios, que reina desde la eternidad,
habrá de oírme y los afligirá! Selah
Esa gente no cambia de conducta,
pues no tiene temor de Dios.

²² Entrégale tus afanes al Señor y él te
sostendrá; no permitirá que el justo caiga
y quede abatido para siempre.

 ¿Qué le desea David a su enemigo? (15)

 ¿Te ha visto tu mujer como el enemigo y te ha deseado cosas negativas a causa de su dolor? Explica tu respuesta.

➕ ¿Qué decide hacer David en su lugar? (16)

➕ Escribe una oración por tu esposa, pidiéndole a Dios que la acerque y la cuide mientras procesa tu traición y su dolor.

_____
_____
_____
_____
_____
_____
_____
_____
_____
_____
_____
_____
_____
_____
_____
_____
_____
_____

Por último, debido a la montaña rusa de emociones de la mujer durante este proceso de sanidad, a la mayoría de los maridos les cuesta saber qué decir. La respuesta habitual es ponerse límbico cuando ella se pone límbica y descartar o reaccionar a sus emociones. Las peores cosas que se pueden decir son: "Ya deberías haber avanzado" o "¿Cuándo me vas a perdonar?". Recomiendo a todos nuestros clientes masculinos un pequeño libro titulado *Cómo ayudar a su cónyuge a sanar de su aventura*, de Linda MacDonald. Incluso si no has tenido una aventura, este libro te ayuda a entender lo que tu mujer necesita oírte decir cuando está en la montaña rusa emocional. Recuerda que ella tenderá a abordar las relaciones emocionalmente, y este libro le ayudará a satisfacer esa necesidad.

LECCIÓN TRES

AYUDANDO A TU MUJER A PASAR DE LA SANIDAD A LA SEXUALIDAD SANA (SEGUNDA PARTE)

Por Diane Roberts

 Ve el Video Pilar Siete: Lección Tres.

A menudo, un adicto se enfrenta a más de una adicción. Al principio, cuando Ted y yo nos casamos, no vi la adicción sexual con la que estaba luchando, pero sí vi su lujuria por el aluminio. Sentía que siempre estaba compitiendo contra la "otra mujer", ¡los jets! De hecho, cuando nos casamos por primera vez, me advirtió que si tenía que elegir entre los aviones y yo, perdería. Ingenuamente pensé que podría cambiarlo, pero en lugar de eso terminé llorando y frustrada durante los dos primeros años de nuestra vida matrimonial.

Cuando Ted vino a Cristo y fue lleno del Espíritu Santo, ya no competía con sus adicciones. Me convertí en la segunda después de Cristo en lugar de sus adicciones.

Mientras lees Proverbios 4, ve la Sabiduría como un don del Espíritu Santo que puede ser el agente transformador en tu vida, como lo fue en la vida de Ted.

PROVERBIOS 4:1-27 (NVI)

> *¹ Escuchen, hijos, la corrección de un padre;*
> *dispónganse a adquirir entendimiento.*
>
> *² Yo les brindo buenas enseñanzas,*
> *así que no abandonen mi instrucción.*
>
> *³ Yo también fui hijo de mi padre;*
> *era el niño consentido de mi madre.*
>
> *⁴ Mi padre me instruyó de esta manera: "Aférrate de corazón*
> *a mis palabras; obedece mis mandamientos, y vivirás.*

*⁵ Adquiere sabiduría, adquiere entendimiento;
no olvides mis palabras ni te apartes de ellas.*

*⁶ No abandones nunca a la sabiduría y ella
te protegerá; ámala y ella te cuidará.*

*⁷ La sabiduría es lo primero. ¡Adquiere sabiduría!
Por sobre todas las posesiones, adquiere discernimiento.*

*⁸ Estima a la sabiduría y ella te exaltará;
abrázala y ella te honrará;*

*⁹ te pondrá en la cabeza una hermosa diadema;
te obsequiará una bella corona".*

*¹⁰ Escucha, hijo mío, acoge mis palabras
y los años de tu vida aumentarán.*

*¹¹ Yo te guío por el camino de la sabiduría,
te dirijo por sendas de rectitud.*

*¹² Cuando camines, no encontrarás obstáculos;
cuando corras, no tropezarás.*

*¹³ Aférrate a la instrucción, no la dejes escapar;
cuídala bien, que ella es tu vida.*

*¹⁴ No sigas la senda de los perversos
ni vayas por el camino de los malvados.*

*¹⁵ ¡Evita ese camino! ¡No pases por él!
¡Aléjate de allí y sigue de largo!*

*¹⁶ Los malvados no duermen si no hacen lo malo;
pierden el sueño si no hacen que alguien tropiece.*

*¹⁷ Comen el pan de la maldad;
toman el vino de la violencia.*

*¹⁸ La senda de los justos se asemeja a los primeros albores de la aurora:
su esplendor va en aumento hasta que el día alcanza su plenitud.*

*¹⁹ Pero el camino de los malvados es como la más densa oscuridad;
¡ni siquiera saben con qué tropiezan!*

*²⁰ Hijo mío, atiende a mis consejos;
escucha atentamente lo que digo.*

*²¹ No pierdas de vista mis palabras;
guárdalas muy dentro de tu corazón.*

*²² Ellas dan vida a quienes las hallan;
son la salud de todo el cuerpo.*

*²³ Por sobre todas las cosas cuida tu corazón,
porque de él mana la vida.*

*²⁴ Aleja de tu boca la perversidad;
aparta de tus labios las palabras corruptas.*

*²⁵ Pon la mirada en lo que tienes delante;
fija la vista en lo que está frente a ti.*

*²⁶ Endereza las sendas por donde andas;
allana todos tus caminos.*

*²⁷ No te desvíes ni a diestra ni a siniestra;
apártate de la maldad.*

Observa que las adicciones al mal pueden llegar a ser tan naturales como dormir, comer y beber (versículo 17). Y el versículo 19 subraya la oscuridad de ese camino y las consecuencias de seguirlo. Pero en medio, en el versículo 18, está la promesa de Dios de un destino brillante para los que siguen sus caminos.

En esta lección queremos explorar el **poder de la confianza** y cómo puede ayudar a las parejas a avanzar hacia una sexualidad sana. Los estudios sobre el cerebro de una mujer mientras tiene un orgasmo revelaron que "el miedo y la ansiedad deben evitarse a toda costa si una mujer desea tener un orgasmo; lo sabíamos, pero ahora podemos ver que ocurre en las profundidades del cerebro."[78]

Esta investigación subraya claramente el hecho de que si una mujer no experimenta paz en su relación con su cónyuge, no es probable que disfrute del sexo o se sienta satisfecha sexualmente.

La prioridad número uno de una mujer es la seguridad, especialmente si ha habido traición y trauma en su vida. Como se señala en el capítulo 16 del libro Deseo Puro, "Algunas mujeres se sienten tan violadas que ya no saben si quieren a sus maridos, y mucho menos si confían en ellos. Esta es una respuesta normal. Hay un entumecimiento que se desarrolla para su propia autoprotección. Ella no quiere ser herida de nuevo."[79]

En la lección anterior hablamos de entender cómo se siente tu mujer y por qué es muy probable que reaccione e incluso exagere ante las situaciones debido a sus heridas y traumas. En el capítulo 16 de Deseo Puro también se dijo que "Para que

---

[78] Holstege, Gert. ""La mente orgásmica". *Mente científica americana* 19, no. 2 (2008), 71.

[79] Ted Roberts, *Deseo Puro: cómo el triunfo de un hombre puede ayudar a otros a liberarse de la tentación sexual* (Bloomington: Bethany House Publishers, 1999), 287.

la confianza y la reconciliación (y la sexualidad sana) tengan lugar, el marido tiene que estar dispuesto a satisfacer las necesidades emocionales de su esposa, que en muchos casos han sido ignoradas a lo largo de los años debido a su necesidad de alimentar su propia adicción". Efesios 5:25-26 dice: "Maridos, amad a vuestras mujeres, así como Cristo amó a la iglesia y se entregó a sí mismo por ella, para santificarla, habiéndola purificado mediante el lavado del agua con la palabra". (NASB).[80]

TRES PASOS DE ACCIÓN

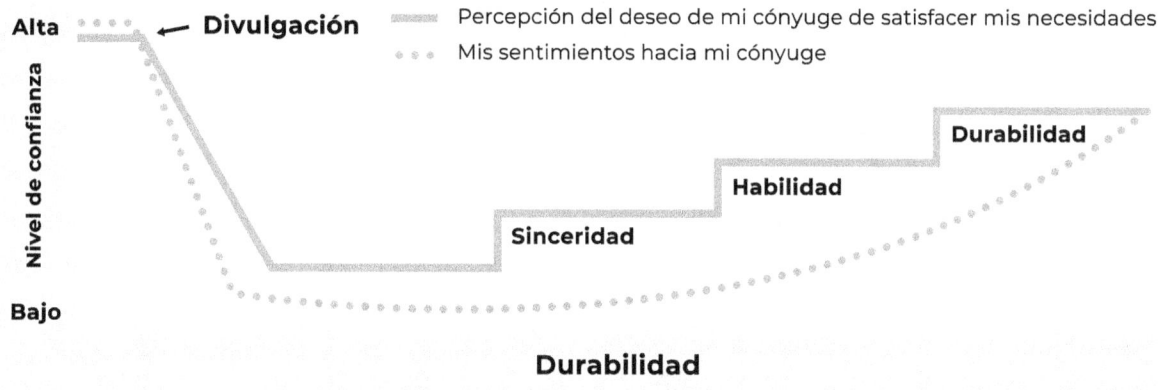

Para que el corazón de una mujer hacia su marido cambie, necesita ver tres pasos de acción. Entonces y sólo entonces empezará a confiar en él y a sentirse segura.

EL PRIMER PASO DE ACCIÓN ES LA SINCERIDAD.

Un corazón sincero no sólo está arrepentido, sino que también está dispuesto a caminar en comportamientos que muestran sinceridad. Observa que en Proverbios 4:23-27 (NVI), hay pasos de acción con evidencia externa de guardar su corazón, boca, ojos y pies.

> *Por sobre todas las cosas cuida tu corazón,*
> *porque de él mana la vida.*
> *Aleja de tu boca la perversidad;*
> *aparta de tus labios las palabras corruptas.*
> *Pon la mirada en lo que tienes delante;*
> *fija la vista en lo que está frente a ti.*
> *Endereza las sendas por donde andas;*
> *allana todos tus caminos.*
> *No te desvíes ni a diestra ni a siniestra;*
> *apártate de la maldad.*

---

[80] Roberts, *Deseo Ser Puro*, 287.

Tu esposa necesita ver que estas acciones se practican a diario. De nuevo, ella es la que define lo que se necesita para recuperar la confianza. Algunos de sus pasos de acción podrían ser la participación en un grupo de Deseo Puro, la rendicion de cuentas diara con un compañero, conseguir consejería profesional si es necesario, y ser proactivo con las prácticas de recuperación. Las evidencias de que estás cambiando y estás realmente en recuperación pueden ser:

+ Menos estallidos de ira
+ Comportamiento menos exigente o controlador
+ Coherencia en lo que se dice y se hace
+ Fiabilidad y responsabilidad (con el tiempo, las finanzas, etc.)

Al ver estos comportamientos externos, que ojalá estén motivados de adentro hacia afuera, la confianza comienza a restablecerse.

EL SEGUNDO PASO DE ACCIÓN ES LA HABILIDAD.

La pregunta que surge en tu mente es: "Parece sincero y lo está intentando, pero ¿tiene la capacidad de seguir y continuar creciendo?". Tu mayor temor es que, aunque los compromisos parezcan sinceros, dentro de un año ¿seguirás creciendo y avanzando hacia la salud? ¿Permitirás que el Espíritu Santo te ayude a avanzar hacia nuevas áreas de sanidad y estás dispuesto a enfrentar los problemas que impulsan tu adicción?

Una forma específica en la que puedes permitir que el Espíritu Santo te mueva en una nueva forma de sanidad es romper los lazos del alma del pasado. Alrededor de 8 meses en el grupo de Traición y Más allá de la esposa, hablamos de romper los lazos del alma. Si has tenido sexo fuera del matrimonio o incluso has tenido sexo prematrimonial con tu esposa, la siguiente informacion puede ayudarte a tomar la iniciativa de romper los lazos del alma.

Lazos del Alma[81]
Si se ha producido una infidelidad, hay que romper los lazos del alma. Cuando tenemos relaciones sexuales, se forman los lazos del alma. Génesis 2:24 (KJV) dice que "nos convertimos en una sola carne" y Mateo 19:3-10 también dice que "ya no somos dos, sino uno". Este es un profundo misterio (Efesios 5:32), que va más allá de la unión neuroquímica en el cerebro, la familiaridad física y la intimidad emocional, a una unión compleja que ocurre en el ámbito espiritual.

En los seminarios de Deseo Puro Sexy Christians,[82] comparto una poderosa ilustración de los lazos del alma y cómo nos afectan. Tomo un papel rosa y otro azul y los pego.

---

[81] Diane Roberts, *Traición y Más Allá: Sanidad de la confianza rota, libro de trabajo III* (Gresham: Ministerios de Deseo Puro Internacional, 2010), 97-98.

[82] Ted and Diane Roberts, *Seminario de Cristianos Sexys*, Ministerios de Deseo Puro Internacional.

Luego separo los papeles; en ese proceso de rasgado, algo del azul queda en el rosa y algo del rosa queda en el papel azul. La intención de Dios es que nuestras relaciones sexuales nos peguen literalmente como marido y mujer. Si la infidelidad ha tenido lugar, todavía hay "apéndices" adheridos entre los amantes debido a las huellas neurales de sus uniones sexuales, emocionales y físicas, así como los patrones de pensamiento asociados con su relación. El enemigo puede utilizar estos apéndices como anzuelos que siguen sacudiendo al cónyuge, aunque se haya retirado de la relación.

> *¿No saben que sus cuerpos son miembros de Cristo mismo? ¿Tomaré acaso los miembros de Cristo para unirlos con una prostituta? ¡Jamás! ¿No saben que el que se une a una prostituta se hace un solo cuerpo con ella? Pues la Escritura dice: "Los dos llegarán a ser uno solo". Pero el que se une al Señor se hace uno con él en espíritu. Huyan de la inmoralidad sexual. Todos los demás pecados que una persona comete quedan fuera de su cuerpo; pero el que comete inmoralidades sexuales peca contra su propio cuerpo. ¿Acaso no saben que su cuerpo es templo del Espíritu Santo, quien está en ustedes y al que han recibido de parte de Dios? Ustedes no son sus propios dueños; fueron comprados por un precio. Por tanto, glorifiquen con su cuerpo a Dios.*
>
> 1 CORINTIOS 6:15-20 (NVI)

Como se puede ver en esta escritura, cuando un hombre se involucra en el sexo fuera de su matrimonio, el pecado no es sólo contra Dios y la esposa, sino también contra el propio cuerpo del marido. Para que la libertad sexual se reanude entre el esposo y la esposa, es importante que el esposo camine a través de estos pasos de oración para que los lazos del alma se rompan:

1. Pide perdón por pecar contra Dios. (Salmo 51:4)
2. Pide perdón por pecar contra tu propio cuerpo. (1 Corintios 6:18)
3. Pide perdón por haber pecado contra el cuerpo de la otra persona. (1 Corintios 6:18)
4. Pide perdón por pecar contra el cuerpo de tu mujer. (Mateo 5: 23-24).

Este es un ejemplo de oración un hombre puede hacer que declare libertad de la unión que tomó lugar fuera del matrimonio y creó lazos de alma con otra persona.

Oración del Marido para Romper sus Ataduras del Alma:

Padre, has escuchado mi confesión y mi petición de perdón en estas cuatro áreas. Gracias porque me has perdonado mi pecado y me has limpiado de toda maldad. Por la sangre de Jesús y mi arrepentimiento, te pido ahora mismo que rompas cualquier vínculo sexual, emocional y físico del alma entre la otra mujer y yo. Declaro que el enemigo ya no tendrá ninguna atadura en mí porque Tú has roto cualquier poder que él haya tenido sobre mí debido a mis pecados pasados. En el nombre de Jesús, libero mi lazo del corazón con esta persona y corto y renuncio a cualquier vínculo que se haya formado. Gracias, Jesús, por la nueva libertad y la sensación de limpieza dentro de mi espíritu. Mientras me reconecto con mi esposa, permite que nuestros espíritus se vuelvan uno como tú lo deseas y que nada nos separe en el nombre de Jesús.

Un lazo del alma no se limita a una unión sexual, sino que puede estar arraigado en un apego emocional a otra persona, lugar o incluso un objeto.

También puedes guiar a tu esposa a través de los cuatro pasos si tuvisteis relaciones sexuales prematrimoniales como pareja. Pedirse perdón mutuamente y a Dios les permitirá hacer borrón y cuenta nueva en su relación sexual.

> *Esposos, amen a sus esposas, así como Cristo amó a la iglesia y se entregó por ella para hacerla santa. Él la purificó, lavándola con agua mediante la palabra.*
>
> EFESIOS 5:25-26 (NVI)

EL TERCER PASO DE ACCIÓN ES LA DURABILIDAD.

Ella necesita saber que no estás haciendo estas cosas para aplacarla ahora, y luego más adelante volver a los viejos patrones de hábito. El Dr. Patrick Carnes ha estudiado a los adictos sexuales durante años y ha determinado que se necesitan de dos a cinco años para que se produzca una sanidad y un cambio sustancial.[83]

Al ver a Ted pasar por estos pasos de acción, mi confianza y respeto por él ha crecido a través de los años. El se dio cuenta hace muchos años que la herida de su padre era el principal problema que impulsaba sus adicciones. El ha permitido que el Espiritu Santo camine con el, lo guie, le de revelacion y luego haga cambios que se manifiestan en su comportamiento externo.

¿Cómo te va en estas tres áreas? Recuerda que no estamos hablando tanto de rendimiento como de una actitud del corazón: lo que hay en el corazón se trabaja y se muestra en el comportamiento.

 Reconoce honestamente dónde te encuentras en los tres pasos de acción.

Sinceridad: ¿Cuál es la evidencia externa de esto en tu vida? ¿Qué tipo de compromisos has asumido que muestran una evidencia externa?

---

[83] Patrick Carnes and Kenneth Adams, *Gestión clínica de la adicción al sexo* (New York: Brunner-Routledge, 2002), 14-18.

Habilidad: En una escala del 1 al 5, ¿qué grado de constancia has tenido en el cumplimiento de los compromisos que has asumido? Marca con un círculo tu situación actual:

Poca consistencia				Alta consistencia
1	2	3	4	5

+ Si tienes problemas con la coherencia y has marcado un 1 o un 2, ¿qué medidas podrías tomar para ayudarte a ser más coherente?

+ Si has marcado 4 o 5, ¿qué haces ahora para mantener esa coherencia?

Durabilidad: ¿Qué has identificado como la herida que impulsa tu adicción?
+ ¿Qué medidas estás tomando para sanar esa herida?

 Vuelve a leer la sección de Proverbios 4 (MSG) impresa a continuación. Debajo de cada segmento, haz una lista de tus comportamientos o elecciones proactivas que te ayudarán a caminar en el camino de Dios y en su luz.

Vigila tu corazón; ahí empieza la vida.
Ejemplo: Permitir que la Palabra de Dios lea mi corazón diariamente.

No hables por los dos lados de la boca;
evitar las bromas descuidadas, las mentiras blancas y los chismes.

Mantén la mirada al frente;
ignorar todas las distracciones del espectáculo.

Vigila tus pasos, y el camino se extenderá suave ante ti.
No mires ni a la derecha ni a la izquierda; deja el mal en el polvo.

ASIGNACIONES ANTES DE LA REUNIÓN

+ **Seguir leyendo** El libro de Linda MacDonald, *How to Help Your Spouse Heal From Your Affair* (Cómo ayudar a su cónyuge a sanar de su aventura) que se recomendó en la Lección Tres. En el espacio siguiente, escriba un par de cosas que esté aprendiendo de ese libro. Recuerda que cuanto más puedas empatizar con tu esposa y su dolor, más sano te volverás.

LECCIÓN CUATRO

AUTOCONTROL Y VISIÓN

 Ve el Video: Pilar Siete: Lección Cuatro.

El David del Antiguo Testamento no es para mí una figura histórica antigua, sino un amigo personal cercano. Era un bribón que amaba profundamente a Dios. Su vida me da esperanza porque puedo ver cómo podré terminar bien en esta carrera llamada vida. Hechos 13 nos cuenta un hecho sorprendente sobre la vida de David.

> *Tras destituir a Saúl, puso por rey a David, de quien dio este testimonio: "He encontrado en David, hijo de Isaí, un hombre conforme a mi corazón; él hará todo lo que yo quiera".*
> HECHOS 13:22 (NVI)

David fue un hombre que rompió cada ley que Dios hizo, sin embargo, al final de su vida, terminó con un corazón para Dios e hizo todo lo que Dios quería que hiciera. No hay muchos hombres en la Biblia que terminen bien, pero yo no quiero seguir ese patrón, por lo que la vida de David se ha convertido en un profundo recurso para mi alma. Entonces, ¿cuál fue la clave para que David viviera una vida que agradaba a Dios a pesar de sus continuos fracasos? Hay varios factores, pero el principal podría sorprenderte.

 Lee 2 Samuel 5:1-10.

Por fin, David está preparado para cumplir la promesa que Dios le había hecho una década antes de que sería el próximo rey de Israel. Este es un evento que había esperado durante años. Hay un problema: nuevos niveles, nuevos demonios. Nunca falla al entrar en las promesas que Dios te ha dado; siempre habrá algún tipo de demonio contra el que luchar. David no tiene mucho que le ayude en la batalla. Está rodeado por un grupo de tipos rotos, reventados y asqueados. Todavía no se han convertido en los hombres poderosos de David. David toma una decisión crítica en medio de esa situación desalentadora. **¡Decide luchar con lo que tiene!** Déjame decirte algo, si vas a terminar bien en la vida, entonces tienes que aprender a ganar con lo que tienes.

Puede que sólo tengas cinco panes y dos peces, ¡pero tienes más que suficiente para vencer al enemigo y satisfacer la necesidad! Puede que sólo tengas un trapo y una piedra, ¡pero puedes derrotar a Goliat!

Dios sabe lo que necesitas; de hecho, te ha dado más que suficiente para hacer el trabajo. ¡Puedes ganar con lo que tienes!

 ¿En qué área de tu vida te cuesta creer que Dios te ha dado más que suficiente para ganar la batalla? Enuméralo a continuación.

Para el observador casual no parecía ni remotamente que Dios le hubiera dado a David lo que necesitaba. El ejército de David estaba en el valle de Cedrón y su enemigo estaba en una cresta que los dominaba en una fortaleza inexpugnable. La zona que controlaban los jebuseos impedía a David gobernar como Dios quería. No importaba cuánto territorio controlara en el valle desde su posición fortificada, los jebuseos lo limitaban. Bloqueaban su libertad para llegar a ser quien Dios le llamaba a ser.

Pero David se dio cuenta de que los jebuseos estaban en una tierra que Dios le había prometido. Fue entonces cuando David declaró: "¡Ahora vamos a luchar!".

> NO HAS VIVIDO REALMENTE HASTA QUE DESCUBRAS POR QUÉ DIOS TE HA LLAMADO A LUCHAR.

 ¿Por qué te ha llamado Dios a luchar en la vida? Escribe tus respuestas a continuación.

1. _____
2. _____
3. _____
4. _____

David se enfrentó a una fortaleza difícil. Cuando el enemigo tiene algo que usa consistentemente contra ti... es una fortaleza. Cada vez que te preparas para dar un par de pasos hacia adelante y él te hace retroceder... eso es una fortaleza.

Cada vez que avanzas para obtener la victoria sobre esta herida, este hábito, el atascamiento, y él lo jala hacia atrás... eso es una fortaleza.

Las fortalezas te roban las mejoras que Dios tiene para ti. Sabes que ya deberías estar más avanzado, pero el enemigo sigue tirando de ti hacia atrás. Permítanme ser muy claro sobre lo que me estoy refiriendo. No estoy hablando de adicciones y ataduras profundas. Hemos visto el monstruo de la adicción sexual de cerca a lo largo de este libro de trabajo. En cambio, estoy señalando las pequeñas cosas que impulsan tales adicciones. Las pequeñas cosas que siguen tirando de ti. A medida que nos acercamos al final de los Siete Pilares, es fundamental que nos ocupemos de las pequeñas cosas que subyacen a la adicción. Si no te ocupas de estas pequeñas cosas, te controlarán y te prepararán para volver lentamente a la conducta adictiva.

 ¿Cuáles son las fortalezas en tu vida, las pequeñas cosas que limitan la libertad que Cristo quiere traer a tu vida?

_____

_____

_____

_____

Esta es la línea de fondo de la batalla: Nunca conquistarás lo que no estás dispuesto a enfrentar. La pregunta es ¿cómo va a poder David enfrentarse a los jebuseos? Para destruir su posición fortificada, sus hombres tendrán que subir una pendiente del 15% sin nada que los cubra del fuego abrasador que cae desde arriba.

Las palabras de David nos dan una idea de su plan de ataque: "Vamos a usar el pozo de agua para sacar a esos tipos". El término "pozo de agua" sólo se utiliza dos veces en el Antiguo Testamento. Una vez en el Salmo 42 para referirse a una cascada y en 2 Samuel 5. Lo más probable es que David se refiriera a un pozo en el interior de la montaña sobre la que se asienta la ciudad jebusea. Hoy en día se conoce como el pozo Warren, un sumidero vertical de nueve metros causado por el agua que se filtra a través de la roca dolomita del interior de la montaña. En esencia, es un drenaje para la ciudad, una alcantarilla.

Los jebuseos se dijeron a sí mismos: "David no tiene tantas ganas de atravesar la alcantarilla para llegar aquí". Pero lo subestimaron gravemente. David declaró: "¡Quiero tanto esa ciudad que me arrastraré por la cuneta si es necesario! ME HUMILLARÉ".

¿Qué tanto deseas que esa fortaleza caiga en tu vida? Sé que has orado al respecto. Has traído ante Dios un número de veces. ¡¿PERO QUÉ TANTO LO QUIERES?!

Ahora escucha con atención. No voy a comunicarle el típico mensaje evangélico de ESFUERZO, lo que significa que necesitas orar más, leer más tu Biblia, y ser un mejor cristiano. Obviamente estas cosas no son malas en sí mismas, pero nunca serán lo suficientemente poderosas para tratar con una fortaleza del infierno. El PODER DE LA VOLUNTAD nunca es suficiente. Una ilustración clásica de este hecho es un estudio humorístico hecho en 2007. Se comparó el autocontrol de dos grupos: chimpancés y estudiantes graduados de Harvard. Dieron a los dos grupos dos opciones: tomar dos golosinas inmediatamente o esperar y retrasar la gratificación de seis golosinas. Un impresionante 72% de los chimpancés esperaron a las golosinas. Sólo el 19% de los estudiantes de Harvard eligió retrasar la gratificación. Me encantan las conclusiones de los investigadores. "Cuando nos comportamos bien, la capacidad de los humanos para controlar nuestros impulsos es asombrosa... debido a nuestra gran corteza prefrontal. Pero sirve para algo más que para el autocontrol; también puede racionalizar las malas decisiones y prometer que mañana seré mejor."[84]

Todos nos hemos comido la tarta de chocolate y hemos prometido: *mañana estaré mejor*. El "El PODER DE LA VOLUNTAD" no es suficiente. La parte superior izquierda de tu cerebro se especializa en el "El PODER DE LA VOLUNTAD". Te ayuda a empezar y a mantenerte en tareas aburridas, como levantarte temprano por la mañana para orar en lugar de dormir hasta tarde. Vamos, seamos sinceros; a veces orar temprano por la mañana puede resultar aburrido. El PODER DE LA VOLUNTAD, sin embargo, es inútil sin la autoconciencia. El problema es que sin conciencia de sí mismo, el cerebro vuelve automáticamente a lo que es más fácil. Y eliminar una fortaleza en tu vida nunca es una tarea fácil. Creo que por eso Dios le dijo a Abraham lo que hizo en Génesis 15. Abraham dejó de creer que la promesa de Dios se haría realidad en su vida. Estaba harto de esperar la promesa de Dios de un hijo y de retrasar la gratificación. La respuesta de Dios es fascinante. Desafió a Abraham a salir de su tienda en medio de la noche y contar las estrellas.

¿Qué está haciendo Dios? Está llamando a Abraham a meditar en la grandeza de la creación. La meditación no fue inventada por Buda. Los buscadores de Dios la hacían cientos de años antes de que Buda ideara el concepto. Se ha demostrado que la meditación aumenta las conexiones neuronales, mejorando la capacidad del cerebro para mantenerse concentrado, ignorar las distracciones y controlar los impulsos.[85] El gran problema es que el PODER DE LA VOLUNTAD no es lo suficientemente poderoso. Recuerda que Abraham, finalmente, se comió el pastel de chocolate. A Sara se le ocurrió la brillante idea de que su marido tuviera relaciones sexuales con su joven criada para producir un hijo. Por supuesto, Abraham sonrió de oreja a oreja y aceptó la idea. Gracias, Abi, ahora tenemos una guerra perpetua en Oriente Medio entre Isaac e Ismael porque no pudiste retrasar la gratificación.

La parte superior derecha de tu cerebro maneja el PODER DE NO LO HARÉ. Te impide seguir todos los impulsos y antojos. Pero, ¿cuántas veces has dicho algo estúpido a tu

---

[84] Kelly McGonigal, *El instinto de la fuerza de voluntad: cómo funciona el autocontrol, por qué es importante y qué puede hacer para conseguir más.* (New York: Penguin Group, 2011), 157.

[85] Kelly McGonigal, *El instinto de la fuerza de voluntad*, 24.

mujer cuando estabas estresado? ¿Cuántas veces has comido comida basura cuando estabas estresado? La respuesta es vergonzosa, ¿no? ¿A qué me refiero? Vivimos en una nación bajo _____. No bajo Dios; nuestra nación se apartó de Dios hace años. ¡Vivimos en una nación bajo el ESTRÉS! Y nada drena más la capacidad cerebral que el estrés continuo. De nuevo, comenté el gran libro titulado Por qué las cebras no tienen úlceras y por qué el título tiene sentido una vez que te paras a pensar sobre la vida de una cebra. Todo lo que tiene que hacer es dejar atrás a su amiga cebra más lenta una vez a la semana, cuando los leones aparecen para comerse a alguien. Luego puede volver a masticar la hierba. Nuestro problema es que podemos tener al león en la cabeza las 24 horas del día.

> *Su enemigo el diablo ronda como león rugiente, buscando a quién devorar.*
> 1 PEDRO 5:8B (NVI)

El PODER DE LA VOLUNTAD no es lo suficientemente fuerte. El PODER DE NO LO HARÉ no es lo suficientemente fuerte. Entonces, ¿cuál es la respuesta?

La Universidad de Albany puso a prueba a una serie de estudiantes con la fuerza de voluntad agotada. Los sometieron a un agotador número de pruebas estresantes y de distracción. Descubrieron que sólo dos cosas motivaban a estos estudiantes estresados. 1) No es de extrañar que el dinero ayudara a estos pobres estudiantes a encontrar una nueva fuerza para seguir adelante con otro estresante examen. 2) En segundo lugar, el incentivo más poderoso era que les dijeran que hacer su prueba podría ayudar a los investigadores a descubrir una posible cura para la enfermedad de Alzheimer. Los investigadores comentaron: "Aunque es el motivador menos obvio, demostró ser el factor determinante para que las personas siguieran adelante con los retos difíciles de la vida real...."[86]

El QUIERO PARA LOS DEMÁS resultó ser el factor más poderoso de autocontrol. No sólo lo quiero para mí, sino para los demás. Esa función mental tiene lugar en la corteza orbitofrontal, que se encuentra directamente detrás de los ojos.[87]

¿Por qué David quería tanto a Jerusalén? En ese momento, no había manera de que Israel pudiera hacer frente a todos los feroces enemigos que los rodeaban a menos que estuvieran unidos. Sin embargo, estaban divididos en diez tribus al norte y dos tribus al sur. Si David hubiera hecho su capital en el norte, las tribus del sur nunca se habrían unido a él, y lo contrario habría sido igualmente cierto. Jerusalén

---

[86] Muraven, Mark, y Elisaveta Slessareva. "Mecanismos del fracaso del autocontrol: motivación y recursos limitados". Boletín de Personalidad y Psicología Social 29, no. 7: 894-906.

[87] Beer, Jennifer, Oliver John, Donatella Scabini, y Robert Knight. Corteza orbitofrontal y comportamiento social: integración del autocontrol y las interacciones entre emociones y cognición. Revista de neurociencia cognitiva *Journal of Cognitive Neuroscience* 18, no. 6 (2006): 871-879.

estaba situada precisamente en la "tierra de nadie" entre las tribus del norte y del sur. David quería desesperadamente Jerusalén, no para su propia gloria, sino para la supervivencia de Israel. Esta es precisamente la razón por la que David terminó tan bien su vida a pesar de todos sus infernales fracasos; en última instancia, quería dejar un legado para los demás que perdurara. Y hoy, la estrella de David sigue ondeando sobre la ciudad de Jerusalén en la bandera de Israel.

¿Cuál será tu legado? ¿Qué dones te ha llamado a dejar Cristo en este mundo herido?

Empecemos por el presente. A veces, necesitamos ver lo que Cristo está haciendo actualmente en nuestra vida antes de poder captar el futuro que tiene para nosotros.

EL LEGADO QUE ESTOY DEJANDO ATRÁS

LOGROS HASTA LA FECHA	GRANDES EXPERIENCIAS	GRANDES RELACIONES
1.		
2.		
3.		

4.

5.

EL LEGADO QUE DIOS QUIERE QUE DEJE EN ÚLTIMA INSTANCIA

LOS OBJETIVOS DE LA VIDA Y EL DESARROLLO DEL CARÁCTER QUE QUIERO EXPERIMENTAR EN LOS PRÓXIMOS AÑOS

EL LEGADO QUE QUIERO DEJAR A LAS GENERACIONES FUTURAS Y A MI FAMILIA

1

2.

3.

4.

5.

| + | **Tómate tu tiempo en la asignación de tu legado; afectará profundamente a la libertad con la que podrás caminar.** |

+ Repasa este ejercicio con regularidad.

| 🖥 | **Ve el Video de la Conclusión.** |

ASIGNACIONES ANTES DE LA REUNIÓN

1. Analiza esta tarea en tu grupo en la próxima reunión; asegúrate de que todos tengan tiempo para compartir TODAS sus respuestas. Puede ser necesaria más de una sesión.
2. Revisa y firma el "Compromiso de los siete pilares" antes de la siguiente reunión del grupo.
3. En grupo, discutan cuál será tu próximo paso:
   - Codirigir o dirigir un grupo de los Siete Pilares de Libertad, ya sea en línea o en persona.
   - Considera la posibilidad de unirte, codirigir o dirigir un grupo del Proceso Génesis.[88] (Visita la tienda online de Deseo Puro para obtener más información y adquirir este recurso para grupos).
   - Invierte en tu relación y pasa por *Conectados: Construyendo un puente hacia la intimidad*[89] con tu cónyuge. (Visite la tienda online de Deseo Puro para obtener más información y adquirir este recurso en inglés).
4. Lee el capítulo 17 de *Deseo Ser Puro*.

El equipo 58 se dedica a apoyar a Deseo Puro mediante donaciones mensuales recurrentes. Juntos, estamos cambiando vidas, restaurando relaciones y ayudando a hombres y mujeres a vivir con salud sexual. Como miembro del Equipo 58, recibirás información actualizada sobre nuestras últimas iniciativas ministeriales, invitaciones exclusivas a reuniones y eventos, y productos gratuitos del Equipo 58. **Únete al Equipo 58 en puredesire.org/give.**

> ...serás llamado "reparador de muros derruidos", "restaurador de calles transitables".
> ISAÍAS 58:12B (NVI)

---

[88] Michael Dye, *El Proceso Génesis para Grupos de Cambio, Libro 1 y 2, Libro de Trabajo Individual* (Auburn, Michael Dye, 2006).

[89] Tyler Chinchen, Harry Flanagan, Diane Roberts, y Ted Roberts. *Conectados: construyendo un puente hacia la intimidad* (Gresham: Deseo Puro Ministries International, 2017).

COMPROMISO DEL PILAR SIETE

He completado, en la medida de mis posibilidades, todos los ejercicios que se encuentran en el PILAR DE LIBERTAD SIETE; por la gracia de Dios caminaré hacia la nueva vida y los sueños que Dios tiene para mí. Caminaré con integridad, honestidad y transparencia en la relación con mi esposa y mi familia en todas las cosas. Soñaré los sueños de Dios para mi vida.

Mi nombre _____

Firma _____ Fecha _____

TESTIGOS AFIRMANTES

Como esposa de _____, Afirmo que él está progresando hacia la integridad y la salud. Me comprometo a orar por él y por nuestro matrimonio en los días venideros mientras ambos buscamos caminar en libertad y pureza en Cristo.

Nombre de la esposa _____

Firma _____ Fecha _____

Testigo dos: *Felicito a _____ por haber completado este libro de trabajo y haber preparado su corazón para caminar en libertad. Me comprometo a orar por él y a estar a su lado en los días venideros, animándole a alcanzar alturas aún mayores en Cristo.*

Nombre _____

Firma _____ Fecha _____

Testigo tres: *Felicito a _____ por haber completado este libro de trabajo y haber preparado su corazón para caminar en libertad. Me comprometo a orar por él y a estar a su lado en los días venideros, animándole a alcanzar alturas aún mayores en Cristo.*

Nombre _____

Firma _____ Fecha _____

ANEXO

RECURSOS DE LECTURA

¡UN CEREBRO SEXY!

Hace años, recuerdo que una estrella de Hollywood soltó una frase memorable. Sonrió a la cámara, sacó su considerable escote y comentó ingeniosamente: "¿Sabes que la parte más sexy del cuerpo humano es el cerebro?". Al principio estaba tan distraído con sus acciones que no me di cuenta de la sabiduría de sus palabras. Como tengo el típico cerebro masculino, es difícil que mis facultades superiores de razonamiento se pongan en marcha en presencia de señales sexuales femeninas tan manifiestas. El hecho de que el cerebro masculino responda más rápidamente a las señales sexuales que a cualquier otra cosa es un tema que investigaremos en la próxima lección.

El campo de batalla definitivo en tu vida siempre se encuentra entre tus oídos, no en tus piernas. El Nuevo Testamento sólo utiliza el término "guerra" o "combate" cinco veces, pero su enfoque es intrigante. Veamos rápidamente cada incidente para que puedas tener una clara comprensión del conflicto en el que estás involucrado.

> ...pues aunque vivimos en el mundo, no libramos batallas como lo hace el mundo. Las armas con que luchamos no son del mundo, sino que tienen el poder divino para derribar fortalezas. Destruimos argumentos y toda altivez que se levanta contra el conocimiento de Dios, y llevamos cautivo todo pensamiento para que obedezca a Cristo.
>
> 2 CORINTIOS 10:3-5 (NVI)

Esta es la clásica declaración de Pablo sobre la naturaleza de la batalla que todo hombre enfrenta. Por favor, nota que la guerra se trata de derribar las ataduras mentales o las fortalezas de la mente. Observa que el enfoque no es que Satanás tome el control, sino más bien que nuestras mentes y nosotros tomemos nuestros pensamientos cautivos para la gloria de Dios.

> *Timoteo, hijo mío, te doy este encargo porque tengo en cuenta las profecías que antes se hicieron acerca de ti. Deseo que, apoyado en ellas, pelees la buena batalla*
> 1 TIMOTEO 1:18 (NVI)

Pablo está desafiando a su aprendiz a permanecer en la lucha y a ser fiel a su vocación. Una vez más, la atención no se centra en el diablo, sino en la mente de Timoteo.

> *Ningún soldado que quiera agradar a su superior se enreda en cuestiones civiles.*
> 2 TIMOTEO 2:4 (NVI)

Pablo está llamando a Timoteo a despejar el desorden de su vida. Le está exhortando a que se comprometa con la llamada de Dios sin importar el costo y a que centre su mente.

> *¿De dónde surgen las guerras y los conflictos entre ustedes?*
> *¿No es precisamente de las pasiones que luchan dentro de ustedes mismos?*
> SANTIAGO 4:1 (NVI)

Santiago está llamando al lector a no dejarse controlar por el pensamiento orientado a uno mismo que tan fácilmente puede formar parte de nuestros procesos de pensamiento diarios.

> *Queridos hermanos, les ruego como a extranjeros y peregrinos en este mundo que se aparten de los deseos pecaminosos que combaten contra el alma.*
> 1 PEDRO 2:11 (NVI)

El Nuevo Testamento es muy claro—**El campo de batalla de nuestras vidas está en nuestra mente** Por lo tanto, si alguna vez vas a ganar la victoria sobre tus luchas sexuales, la estrella de Hollywood tenía razón: la batalla sexual está en tu cerebro.

Así que empecemos por ver el increíble regalo de tu mente. Coge tu mano derecha y ciérrala en un puño envolviendo tus dedos alrededor del pulgar. Luego haz lo mismo con tu mano izquierda. Ahora junta tus dos puños tocando los nudillos. Mira tus dos puños. Son una buena aproximación al tamaño de nuestro cerebro.

Tu cerebro pesa sólo un kilo. Constituye aproximadamente el 2% de su masa corporal, pero utiliza el 20% del oxígeno y las calorías que consume a diario. Es un órgano muy delicado compuesto por un 80% de agua y con la consistencia de la mantequilla a temperatura ambiente. Sin embargo, es el más complejo de la creación de Dios. Por ejemplo, contiene más de 100 MIL MILLONES de neuronas o células nerviosas. Esto es aproximadamente el número de estrellas en nuestra Vía Láctea.[90] Y eso sin contar todas las células glíales de apoyo. Ahora, aquí está la noticia fascinante. Cada una de esas neuronas individuales tiene más de 10.000 conexiones con otras neuronas. Esto significa que tu cerebro tiene más conexiones neurológicas que las que hay en las **¡estrellas de todo nuestro universo!**

NEURONA TÍPICA

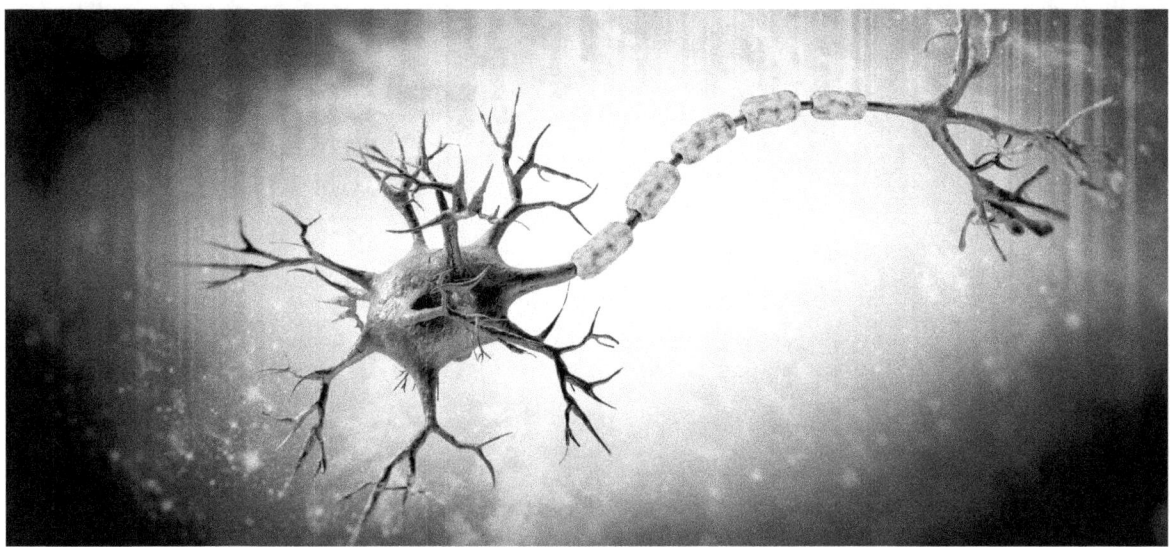

La forma en que las neuronas individuales se comunican entre sí es intrigante. La señal viaja inicialmente por la longitud de la neurona de forma eléctrica.[91] A continuación, la neurona envía una señal química a través de la brecha entre ella y la neurona contigua. En realidad, las neuronas no se tocan. La naturaleza química de la señal enviada a través de la brecha o sinapsis nos da una pista de por qué drogas como la cocaína, la metanfetamina, la marihuana y el alcohol pueden afectar tan poderosamente a nuestro cerebro.

Pensamos que nuestros ordenadores portátiles son complejos y sofisticados, pero son tan primitivos en comparación con el cerebro humano. Por ejemplo, tu ordenador envía señales en forma binaria. Es decir, la señal es un "cero" o un "uno", "encendido" o "apagado".

---

[90] Fischbach, Gerald D. "Mente y cerebro". *Scientific American* 267, no. 3 (September 1992): 48-59. http://www.jstor.org/stable/24939212.

[91] Patt Lind-Kyle, *Sana tu mente, reconecta tu cerebro: aplicando la nueva y emocionante ciencia de la sincronía cerebral para la Creatividad, la Paz y la Presencia* (Santa Rosa: Energy Psychology Press, 2009), 33.

SINAPSIS CEREBRAL

Los científicos han podido identificar hasta ahora más de 50 tipos diferentes de sustancias químicas neurotransmisoras y acaban de empezar a estudiar el cerebro a este nivel. En otras palabras, hay millones de señales únicas que pueden enviarse a través de la sinapsis de una sola neurona con las diversas permutaciones y combinaciones de 50 neurotransmisores diferentes. Tu ordenador sólo tiene dos opciones. Su cerebro es como un caza F-18 y su ordenador es como una roca, en comparación. Y eso es una severa simplificación de la complejidad real de tu cerebro.

Hagamos un recorrido por el campo de batalla. A continuación, un diagrama aproximado de tu cerebro y sus estructuras primarias

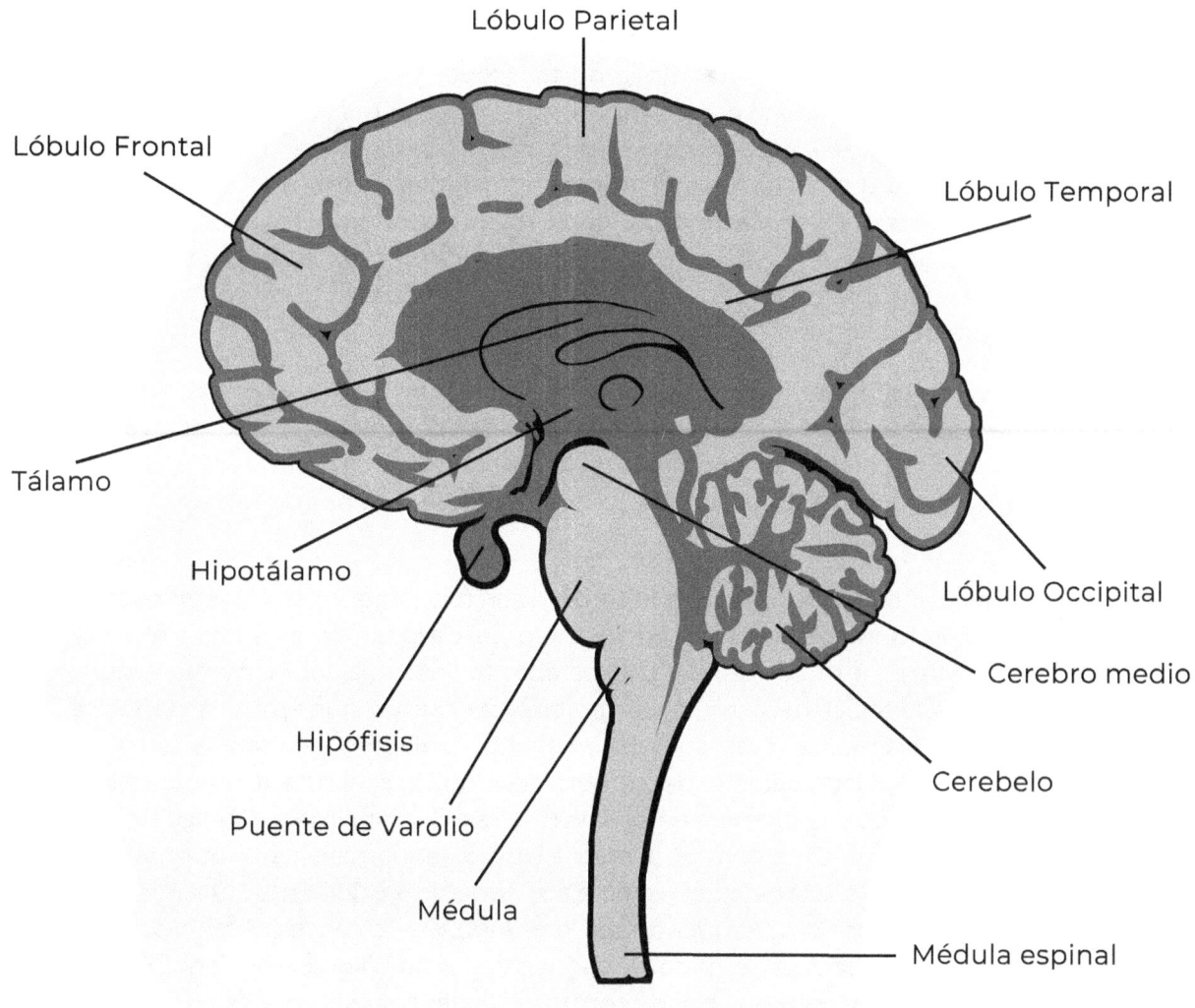

En primer lugar está el **lóbulo frontal**, concretamente la **corteza prefrontal**, que es el ámbito de la memoria de trabajo y la concentración.[92] Aquí es donde tienen lugar la planificación ejecutiva, la conciencia social y el control de los impulsos. Esta es el área de tu cerebro que se apaga cuando estás actuando. Más adelante, en el libro de ejercicios, te diré cómo y por qué.

Más atrás, en la parte superior de la cabeza, está el **lóbulo parietal**. Aquí es donde se

---

[92] John Demos, *Cómo empezar con el Neurofeedback* (New York; W. W. Norton & Company, 2005), 22-56.

crea la conciencia espacial junto con la resolución de problemas, y donde tienen lugar la atención y la asociación.

El proceso visual se produce en la parte posterior del cerebro, en la región conocida técnicamente como **lóbulo occipital**. En la parte inferior y posterior del cerebro se encuentra el **cerebelo**, que controla los momentos musculares voluntarios y procesa la información procedente de los músculos de todo el cuerpo. Nuestra última parada en esta visión general son los **lóbulos temporales** situados a ambos lados de la cabeza. Son una parte sorprendente de tu cerebro; se ocupan del reconocimiento de palabras, el lenguaje, la memoria, la música, el reconocimiento de caras y tus estados de ánimo. Si tienes problemas frecuentes con la ira, es probable que tengas algunos "lóbulos temporales calientes"[93]

El cerebro no viene totalmente programado, lo cual es una de sus grandes fortalezas, por su infinita adaptabilidad. El cerebro no suele estar completamente desarrollado hasta la mitad de los veinte. Concretamente, la corteza prefrontal no está completamente madura hasta entonces, lo que significa que puede faltar el control de los impulsos y el juicio.

Los primeros cinco años de crecimiento del cerebro son fundamentales. Nuestro cerebro es un organismo profundamente social. Por ejemplo, desde los seis meses hasta el año y medio aproximadamente, el lado derecho del cerebro se desarrolla rápidamente. Algunos lo denominan el "lado social" del cerebro. Es interesante observar que aproximadamente el 70% de las veces una madre lleva a su bebé en el brazo izquierdo.[94] Lo sepa ella o no, es para poder acceder al lado derecho del cerebro del niño. En el constante intercambio de consuelo y cuidado que se produce entre una madre emocionalmente sana y su hijo, tiene lugar algo fascinante. El cerebro de la madre sirve de andamiaje para la formación y construcción del cerebro social del niño y afecta a su regulación. *Quédate conmigo en esto; explicará por qué algunos hombres luchan tan profundamente con la adicción sexual.* "Regulación de los afectos" es un término elegante para la estabilidad emocional. El niño crece y se convierte en un joven que puede controlar y lidiar con las emociones negativas de la vida. Sin embargo, si hay abandono, abuso o falta de cuidado en la familia de origen, el cerebro puede estar preparado para algunas luchas profundas. Creo que se podría resumir el impacto del abandono temprano diciendo **que los traumas de la primera infancia, en forma de abusos emocionales y físicos, abusos sexuales y negligencia, moldean la estructura y el funcionamiento del cerebro de manera que afectan negativamente a TODAS LAS ETAPAS del desarrollo social, emocional e intelectual.**[95]

---

[93] Earl Henslin, *Este es tu cerebro en la alegría: Un programa revolucionario para equilibrar el estado de ánimo, restaurar la salud del cerebro y alimentar el crecimiento espiritual* (Nashville: Thomas Nelson, 2008), 172-192.

[94] Dr. Louis Cozolino, Notas de la conferencia, Simposio del IITAP, febrero de 2008.

[95] Louis Cozolino, *La neurociencia de las relaciones humanas: El apego y el desarrollo del cerebro social* (New York; W. W. Norton & Company: 2006), 96.

Si alguna vez has visto a un niño de tres años rugiendo por la cocina y metiéndose en todo, estás viendo cómo las neuronas hacen nuevas conexiones como locas. Sus pequeños cerebros están experimentando todo por primera vez y es emocionante. Compáralo con el hastiado joven de 17 años que está de pie en la cocina respondiendo a las preguntas con respuestas crípticas de una sola palabra, "NOP" o "NADA" o el clásico "¡TODO!". Una de las razones de esta extrema diferencia de comportamiento es que el adolescente tiene la mitad de conexiones neurológicas efectivas que un niño de tres años. Ambos tienen el mismo número de conexiones neuronales, pero el término crítico es "efectivas".

El adolescente tiene autopistas neurológicas en su cerebro. En lugar de pensar por todas partes como un niño de tres años, el adolescente tiene formas fijas de pensar. Las conexiones neuronales han podado las opciones. En el cerebro, la vieja frase es cierta: "Úsalo o piérdelo". Las neuronas que se disparan juntas realmente se conectan. Algunas de las conexiones neurológicas que una persona tenía a los tres años se han atrofiado, se han marchitado por falta de uso.

Y ahora la pregunta crítica: "¿De dónde proceden esas autopistas neurológicas? ¿Cómo se construyeron?". Si te detienes a pensar en ello un momento, la respuesta es evidente. Su familia de origen les enseñó a pensar de forma positiva o como reacción al dolor que experimentaron en sus hogares.

He aquí un hecho sorprendente: **Realmente no sales de casa; te la llevas en el cerebro**. Llevamos nuestra familia de origen en el cerebro. De ahí viene el término bíblico "maldición generacional". Nunca he aconsejado a un hombre que luche con problemas sexuales que no lleve una autopista familiar negativa en su cabeza.

La adicción sexual y la esclavitud frecuentemente se trata de medicar el dolor familiar que el individuo ha llevado en su alma por años. El asesino es que normalmente ni siquiera puede reconocerlo. Es como un software defectuoso que se descargó en su cabeza cuando era niño. Ha vivido con ello durante tanto tiempo que cree que es normal tener estos pensamientos y sentimientos. Es similar a la música de fondo que ponen las tiendas mientras compras; ni siquiera reconoces que está sonando. Pero las tiendas hacen el gasto económico de tenerla porque cuando conectas emocionalmente con la música, ¡compras más! La música te está controlando y ni siquiera lo sabes. Del mismo modo, las dolorosas autopistas neurológicas del pasado pueden controlarnos. Y algunas de las más poderosas se originan en el hogar en el que nos criamos, que es precisamente la razón por la que la Biblia habla tanto de las maldiciones generacionales.

Tu cerebro también puede volverse vulnerable de otra manera. Puedes haber crecido en una gran familia, pero tus años de adolescencia fueron muy dolorosos. La gran mayoría de los hombres a los que he escuchado a lo largo de los años lucharon con batallas sexuales que comenzaron en sus primeros años de adolescencia. Investigaciones recientes han demostrado claramente que los adolescentes tienen cerebros muy singulares que son muy diferentes a los cerebros de los adultos y los niños.[96]

Los cerebros de los adolescentes son especialmente susceptibles a la asunción de riesgos y al impacto de este comportamiento. Su corteza prefrontal no está completamente desarrollada, lo que reduce su capacidad para controlar los impulsos. A esto hay que añadir el hecho de que experimentan niveles elevados del neurotransmisor dopamina, que está relacionado con el comportamiento de búsqueda de emociones.

Esta es la escena: Un adolescente conduce un coche deportivo de gran potencia con el acelerador a fondo, pero el coche sólo tiene los frenos de un kart. Es una receta para el desastre. Si traducimos esta ilustración a términos sexuales, y añadimos la naturaleza hipersexualizada de nuestra cultura, podemos tomar una decisión sexual en la adolescencia que puede afectar a alguien durante el resto de su vida. El cerebro adolescente es especialmente sensible a los comportamientos de riesgo. Los estudios han demostrado que los cerebros de los adolescentes forman conexiones más fuertes con los estímulos de recompensa (drogas y sexo) y estas asociaciones duran más tiempo que las de los adultos.[97]

La conclusión es que **nuestra historia puede afectar significativamente a nuestro presente**. Esto es especialmente cierto cuando se trata de cuestiones sexuales porque son una parte fundamental de nuestra identidad. Esto no quiere decir que no seamos responsables de nuestro comportamiento debido a nuestro pasado. Por el contrario, estoy diciendo que **tendrás poca, o ninguna, capacidad de avanzar hacia un nuevo comienzo hasta que entiendas y redimas tu pasado**. Y permíteme añadir apasionadamente que si tuviste una infancia difícil, no culpes a tus padres por tus luchas. Por el contrario, reclama lo que es tuyo en Cristo. Puede que mamá y papá hayan hecho lo mejor que pudieron, teniendo en cuenta la familia en la que se criaron. Pero la maldición termina con tu generación. No vas a transmitir a tus hijos una mentalidad sexualmente adictiva. Enfréntate a tus cosas, deja de medicar el dolor interior y aprende a caminar en pureza ante tu Dios y tu familia.

EJERCICIO DE MESA FAMILIAR

Este ejercicio incluye tres dibujos principales y tres opcionales.

 Completa este ejercicio por tu cuenta. Trae tus dibujos a la reunión de tu grupo de Deseo Puro.

---

[96] Aron, Arthur, Helen Fisher, Debra Mashek, Greg Strong, Haifang Li, y Lucy Brown. "Sistemas de recompensa, motivación y emoción asociados al amor romántico intenso en su fase inicial". *Revista de Neurofisiología* 94, no. 1 (2005): 327-337.

[97] Emily Anthes, *La Guía Instantánea de la Mente de los Huevos* (New York: St. Martin's Press, 2009), 202.

1. Consigue seis hojas de papel limpias y una caja de lápices de colores. Vuelve a ser un niño.
2. En la primera hoja haz un dibujo de tu familia de origen en la mesa, con tu mano NO DOMINANTE.
3. En la segunda hoja de papel dibuja una imagen de tu familia de origen como te gustaría que fuera en la mesa, utilizando tu mano DOMINANTE.
4. En la tercera hoja de papel dibuja una imagen de tu familia actual en la mesa, utilizando tu mano NO DOMINANTE.

Los tres dibujos siguientes son opcionales, pero pueden ser muy útiles para la sanidad.

5. En la cuarta hoja de papel haz un dibujo de tu familia de origen tal y como es hoy si se reúnen todos a cenar, utilizando tu mano DOMINANTE.
6. En la quinta hoja de papel haz un dibujo de tu familia actual en la mesa hace varios años, utilizando tu mano NO DOMINANTE.
7. Por último, en la sexta hoja haz un dibujo de tu familia actual en la mesa como un día esperas que sea, utilizando tu mano DOMINANTE.

 Infórmate sobre el ejercicio.

1. Describe la experiencia de dibujar con la mano no dominante.
2. Describe la experiencia de dibujar con tu mano dominante.
3. Si los dibujos con tu mano no dominante representan tu estilo de vida de adicción y los dibujos con tu mano dominante representan tu estilo de vida en recuperación, ¿qué puedes aprender de este ejercicio?

'¡AYUDA! ALGUIEN HA SECUESTRADO MI CEREBRO'.

> *Cuando quiero hacer el bien, no lo hago;*
> *y cuando trato de no hacer lo malo, lo hago de todos modos.*
> ROMANOS 7:19 (NBV)

Todavía recuerdo la primera vez que leí esas palabras de Pablo que me sacudieron. Pensé: "¡Ese soy yo!". Esas palabras describían tan sucintamente las frustraciones más profundas de mi vida. Estaba totalmente comprometido con Cristo tratando de servirle con todo mi corazón, y sin embargo seguía sintiéndome atraído por la pornografía o _____ (Puedes poner tu área de lucha sexual en el espacio en blanco).

"¿Qué me pasa?" gritaba. Pensaba que si me esforzaba más, el problema desaparecería. Pero eso sólo empeoraba las cosas, porque a medida que seguía presionándome y avergonzándome, las recaídas sólo se volvían más dolorosas y paralizantes para mi alma. El punto de inflexión llegó cuando comprendí que el infierno había secuestrado mi cerebro. Al igual que Pablo, era literalmente un hombre de doble ánimo en guerra conmigo mismo.

El cerebro crea patrones y plantillas de acción para ayudarnos a lidiar más eficazmente con las demandas de nuestro día. Así, no tenemos que decidir qué mano usaremos para firmar el cheque o qué lado de la cara empezaremos a afeitarnos primero por la mañana. ¿Te has dado cuenta de que siempre empiezas por el mismo lado de la cara?

Tu cerebro toma más de tres mil millones de decisiones por segundo, la mayoría de las cuales son inconscientes.[98] De hecho, se calcula que el 90% de las decisiones que tomas a diario son de naturaleza inconsciente. La mayor parte del tiempo estás en piloto automático, lo que libera a tu corteza prefrontal para desarrollar y analizar nuevas situaciones. Esto no es un problema, hasta que el piloto automático es secuestrado. Todos hemos tenido la experiencia de ir deprisa por la casa y encontrarnos en una habitación y no recordar por qué estamos allí. Entonces recordamos que teníamos que ir al garaje a buscar un destornillador, pero acabamos parados en el salón por culpa del cansancio. Entramos en esa habitación por costumbre. Como Paul, nos dirigíamos a un lugar y acabamos en otro.

Terminamos en el lugar equivocado y estábamos estresados. Lo más probable es que hayamos entrado en el salón porque es el lugar al que acudimos con frecuencia cuando queremos relajarnos.

Nuestro piloto automático intentaba ayudarnos, pero en lugar de eso, terminó secuestrándonos de nuestro destino deseado. Esta es una experiencia común de alguien que lucha contra las ataduras sexuales. La adicción sexual está impulsada por el hecho de que estás tratando con un cerebro secuestrado. Eso no significa que no puedas ayudarte a ti mismo; en cambio, significa que vas a tener que trabajar duro para recalibrar y reprogramar tu cerebro. Tendrás que reestructurar a propósito las conexiones neurológicas de tu cerebro que te están predisponiendo a pasar tu vida en los lugares equivocados.

Yo estaba volando en un largo vuelo sobre el agua y el rango de reabastecimiento de un avión de combate es notoriamente corto. Por lo tanto, tuvimos que participar en una serie de encuentros con aviones cisterna. Esto no suele ser un reto, pero ese día tenía un piloto automático que no se desconectaba fácilmente y estaba sacando al avión de los rumbos correctos. El piloto automático debería haber sido mi mejor amigo. Los vuelos largos sobre el agua pueden ser muy aburridos porque tienes que navegar por los instrumentos. No hay referencias en tierra que te digan dónde estás,

---

[98] University of Rochester. "Nuestro cerebro inconsciente toma las mejores decisiones posibles." *ScienceDaily*. December 29, 2008, www.sciencedaily.com/releases/2008/12/081224215542.htm.

así que estás pegado al panel de instrumentos. El piloto automático puede ahorrarte mucho trabajo, pero en este caso el piloto automático estaba aumentando mi carga. Volé durante horas luchando con el aparato, ansioso por perder el avión cisterna. El océano Pacífico puede ser un lugar muy solitario cuando buscas frenéticamente el camión cisterna para repostar mientras tu indicador de combustible baja rápidamente a cero.

Esta ilustración es una imagen lúcida de la batalla mental por la que pasa el adicto porque su defectuoso piloto automático trata de ignorar el juicio o "sentido común" de su entrada. Cuando estás luchando con ataduras sexuales, tu compromiso de la Corteza Prefrontal con Cristo está usualmente siendo desviado del curso por el piloto automático de tu Sistema Límbico en lo profundo de tu cerebro. Cuando continúas tomando decisiones que no tienen ningún sentido en tu vida, cuando repetidamente tomas decisiones sexuales destructivas, márcalo como un **problema del sistema límbico**.

Tu sistema límbico está compuesto por la amígdala, el hipocampo, el tálamo medial, el núcleo accumbens y el cerebro anterior basal, todos los cuales se conectan con la circunvolución cingulada anterior, que es la principal puerta de entrada a la corteza prefrontal.[99] No dejes que todos esos términos técnicos te asusten. Vamos a ver sólo tres partes del sistema límbico que impulsan tu comportamiento adictivo.

1. EL HIPOCAMPO

Esta parte del cerebro interior consolida el aprendizaje convirtiendo la memoria de trabajo en memoria a largo plazo y almacenándola en varias regiones del cerebro. El hipocampo compara constantemente la memoria de trabajo con la memoria a largo plazo, creando un sentido en su proceso de pensamiento. Por ejemplo, el Alzheimer destruye progresivamente las neuronas del hipocampo, lo que provoca la pérdida de memoria.

2. LA AMÍGDALA

Esta parte del cerebro trabaja en asociación con el hipocampo. Es el centro de la supervivencia. La amígdala es el sistema de alerta temprana. Procesa la información incluso antes de que la corteza prefrontal reciba el mensaje de que algo ha sucedido. Cuando sonríes al ver o escuchar a alguien a quien quieres, incluso antes de reconocerla conscientemente, la amígdala está trabajando. Algunas investigaciones recientes indican que, de todos los estímulos, el cerebro (especialmente el masculino) codifica las escenas eróticas un 20% más rápido que cualquier otra cosa.[100] La amígdala define lo que consideras crítico para tu supervivencia. Subraya en tu memoria de qué debes huir o por qué estás dispuesto a luchar para poder sobrevivir.

---

[99] John Ratey, *Guía del usuario del cerebro: Percepción, atención y los cuatro teatros del cerebro* (New York: Vintage Books, 2001), 227.

[100] Patrick Carnes, *El enfoque de los 40 días: Libro Uno* (Carefree: Gentle Path Press, 2005), 20.

La amígdala identifica cosas tan aterradoras para ti que simplemente te congelas, siendo incapaz de responder a la amenaza. Define qué comida es fundamental para tu supervivencia y qué es vital para tu sexualidad.

Una característica esencial de la anatomía del cerebro es el hecho de que hay más conexiones que van de la amígdala a la corteza que al revés. Eso significa que la amígdala ganará la batalla siempre. Eso explica por qué Pablo está tan desesperado en Romanos 7. Cuando estas dos partes del cerebro están en guerra entre sí es un poco como Mike Tyson enfrentándose a Woody Allen.

El miedo, la ira y los deseos sexuales, que provienen de la amígdala, son notoriamente resistentes a nuestra capacidad de razonar sobre ellos. Una vez que las reacciones de miedo o los recuerdos traumáticos (especialmente los sexuales) se graban en la amígdala, tienden a encerrar la mente y el cuerpo en un patrón recurrente de excitación. Tenemos muchas dificultades para contener una amígdala excitada. El prestigioso neurocientífico Joseph LeDoux, autor de *The Emotional Brain*,[101] afirma que todos los recuerdos emocionales fuertes son neurobiológicamente indelebles. Estaría de acuerdo con esa afirmación si no fuera por el poder del Espíritu Santo. Pero si permitimos que la obra del Espíritu Santo tenga lugar en lo más profundo de nuestras vidas, nuestros cerebros pueden ser cambiados. Quiero subrayar el hecho de que este proceso no tendrá lugar en una sola oración o experiencia cristiana. Sólo puede tener lugar a través de la renovación de nuestras mentes. Al igual que una víctima de una apoplejía, el adicto tiene que renovar varias partes de su cerebro. ¡Tendrás que renovar tu mente!

El primer paso es afrontar el dolor. Al principio experimentarás un mayor nivel de dolor, no menos, porque durante años has estado medicando el dolor interior. Una vez que empieces a ponerte en contacto con lo que ha estado ocurriendo en lo más profundo de tus procesos de pensamiento, el dolor saldrá a la superficie. En este cuaderno de trabajo te ocuparás de un montón de respuestas escritas que suelen encontrarse al final de cada lección. **No se trata de un trabajo académico**. En cambio, se trata de un proceso para involucrar a tu corteza prefrontal. Quiero aumentar tu factor de "sentido común". Con este comentario no quiero decir que no seas inteligente. Los adictos tienden a ser muy inteligentes. Pero cuando están en una batalla mental con su sistema límbico, éste casi siempre gana la lucha contra el poder de razonamiento.

Las preguntas del cuaderno no son aleatorias, sino que están creadas para ayudar a tu cerebro a concentrarse. Por favor, completa **TODOS LOS EJERCICIOS** porque las investigaciones han demostrado que el proceso físico de escribir a mano en lugar de escribir en el ordenador hace que el cerebro se involucre.[102] La escritura a mano te

---

[101] LeDoux, *El cerebro emocional: Los misteriosos fundamentos de la vida emocional* (New York: Simon & Schuster, 1996).

[102] Gwendolyn Bounds, "Cómo la escritura a mano entrena el cerebro: La formación de las letras es clave

involucra de manera refinada, como si ajustaras la lente de un telescopio para poder ver el objeto con claridad. El propio acto físico de escribir, potencia el cambio mental. ***El formulario de compromiso que debes firmar al final de cada pilar está diseñado para animarte a seguir tu compromiso con tu propia sanidad. No mejorarás a menos que hagas el trabajo necesario para renovar tu mente.***

3. NÚCLEO ACCUMBENS

El tercer elemento de su sistema límbico que examinaremos es su Núcleo Accumbens. En 2005, la revista Discover incluyó el descubrimiento del sistema de recompensa endógeno (que significa interno) como uno de los mayores descubrimientos de los últimos 25 años de investigación científica. La razón por la que es tan significativo es el hecho de que todas las drogas y comportamientos que son adictivos parecen implicar al núcleo accumbens.

El Núcleo Accumbens identifica una determinada actividad como algo que debe repetirse. El Núcleo Accumbens libera dopamina en el cerebro que inunda la sinapsis de la corteza prefrontal. Esto provoca las "buenas sensaciones" de ciertas actividades. Pero este sistema de recompensa puede ser secuestrado. Por ejemplo, la cocaína puede inundar el cerebro con un "súper subidón" porque bloquea las bombas de captación de los receptores de dopamina en el cerebro.[103] Esto provoca una oleada de dopamina en la sinapsis, creando un patrón de disparo anormal en las neuronas. A lo largo de un periodo de tiempo, esto reconfigura literalmente el cerebro. Los escáneres cerebrales de los adictos a la cocaína muestran claramente una reducción de la función cerebral general y, en concreto, de la actividad de la corteza prefrontal. Esta es precisamente la razón por la que los adictos pueden tomar decisiones tontas.

Esta es la conexión con la adicción sexual. Los escáneres cerebrales de los adictos al sexo y al juego muestran que el mero hecho de pensar en la actividad sexual o en el juego enciende tu núcleo accumbens como un árbol de Navidad, de forma muy parecida a lo que ocurre con un adicto a la cocaína. La adicción sexual y el juego son "adicciones de proceso". El subidón lo crea la acción, no una droga, porque el propio cerebro del individuo crea la droga.

Esto hace que las adicciones al proceso sean mucho más difíciles de tratar por dos razones.[104] En primer lugar, las estructuras de racionalización son más difíciles de romper. Por eso el primer pilar se ocupa de romper la negación. Si alguien está consumiendo una droga y tiene marcas de agujas en los brazos o tiene la nariz

---

para el aprendizaje, la memoria y las ideas," *The Wall Street Journal*, updated October 5, 2010, https://www.wsj.com/articles/SB10001424052748704631504575531932754922518.

[103] Nestler, Eric J. "La neurobiología de la adicción a la cocaína." *Perspectivas científicas y prácticas* 3, no. 1, December 2005, https://www.ncbi.nlm.nih.gov/pmc/articles/PMC2851032/.

[104] Foundations Recovery Network, "*Adicciones de proceso: Presentación "Enfoques para profesionales*, April 22-24, 2009.

destrozada por esnifar cocaína, le resulta más difícil racionalizar. Un adicto al sexo, sin embargo, puede mantener su actividad oculta a la vista.

En segundo lugar, las adicciones al proceso tienen la capacidad de crear la aparición inmediata de un subidón, similar al de la cocaína, a través de cosas como la fantasía sexual. Tu batalla con la fantasía sexual será el núcleo de tu victoria final y se tratará en el quinto pilar.

Cada vez que actúas, se produce una oleada de dopamina que crea placer y activa neuronas y sinapsis en tu cerebro. Esa secuencia activa un conjunto de creencias y refuerza las experiencias disfuncionales límbicas que pueden haber comenzado en la primera infancia. Las viejas formas destructivas de afrontar el dolor en tu vida siguen siendo reforzadas. La mayor parte de esto tiene lugar más allá del conocimiento de tus creencias conscientes.

Pablo escribió sobre este patrón cerebral en Romanos 7:19. "Quiero hacer lo que está bien (creencias conscientes), pero sigo haciendo lo que está mal (creencias y patrones disfuncionales inconscientes)". Seguimos repitiendo los viejos patrones de baile con la destrucción. El hecho de esforzarse más no resolverá el problema porque estamos involucrando procesos conscientes tratando de resolver procesos destructivos inconscientes.

El ministerio del Espíritu Santo es tan importante en nuestra sanidad. Dios el Espíritu Santo no es Casper el Fantasma Amigable. Él es el que nos revela a Jesús (Juan 16) y Él revelará de manera unica nuestros procesos inconscientes que nos están atrapando (Romanos 8:11-17, 26-27).

Todas las adicciones, y especialmente las sexuales, son trampas mortales. Una vez que experimentas el pico de dopamina de la actividad sexual destructiva, el cerebro trata de equilibrarse. Ser un adicto sexual significa que tu sistema límbico está "encendido" la mayor parte del tiempo a través de tus fantasías sexuales. Por lo tanto, el cerebro, en un intento de equilibrar las cosas, reduce la producción de dopamina que a su vez debilita el sistema de recompensa. Ahora la trampa ha saltado porque te ves obligado a actuar, no para sentirte drogado, **sino para sentirte normal**. Por eso tu adicción sexual ha ido aumentando lentamente con el tiempo. Has desarrollado lo que se llama "Tolerancia". Lo que antes te excitaba sexualmente, ahora no te excita. Esta es la razón por la que la mayoría de los adictos al sexo experimentan una disminución del disfrute de las relaciones sexuales con su mujer. O el adicto presionará a su esposa para que se involucre en el comportamiento sexual que ha observado en la pornografía que ha estado viendo. Tu dolor y tu nivel de vergüenza no han hecho más que aumentar a medida que actuabas debido a tu compromiso con Cristo, pero tu capacidad para medicar el dolor a través del porno, el voyeurismo, la masturbación y las prostitutas ha seguido disminuyendo. ¡Bienvenido a la locura!

A medida que el proceso continúa, el cerebro cambia significativamente. El Dr. Eric Nestler de la Universidad de Texas ha descubierto recientemente que un ciclo de dopamina secuestrado producirá una proteína llamada Delta Fos B en el cerebro.[105] Se acumulará en las neuronas. A medida que se acumula, acaba por activar un interruptor genético que provoca cambios que persisten mucho después de que el ciclo de recompensa se haya detenido.

El adicto es ahora mucho más propenso a la adicción porque experimenta antojos más fuertes. Su cerebro se ha **sensibilizado** a la experiencia. La sensibilización es diferente a la tolerancia. A medida que se desarrolla la tolerancia, el adicto necesita más y más actuaciones sexuales para obtener un efecto placentero. Pero a medida que se desarrolla la sensibilización, el adicto necesita cada vez menos de la experiencia para que aumenten las ansias. Hay dos sistemas separados en su cerebro, uno para la excitación y el otro tiene que ver con la satisfacción del ciclo del placer. El hombre está atrapado en el vicio de una atadura viciosa. Se excita cada vez más fácilmente, pero experimenta cada vez menos satisfacción. ¡Bienvenido a la locura total!

Como su cerebro ha sido literalmente secuestrado en la batalla, necesita algunas armas increíblemente poderosas para liberarse. Este cuaderno se basa en las últimas investigaciones en neuroquímica. He utilizado los ejercicios una y otra vez y he visto cómo se rompen los niveles más profundos de esclavitud en la vida de los hombres.

Sin embargo, puedes tener el mejor consejo clínico del mundo y seguir estando irremediablemente atado. Dos compromisos son esenciales si alguna vez vas a liberarte. Ambas actitudes son territorio extraño para los adictos sexuales.

1. UN COMPROMISO CON EL TRABAJO DURO Y LA HONESTIDAD

Puede que seas muy trabajador y profundamente honesto en muchas áreas de tu vida, pero con respecto a tu sexualidad esto no ha sido así durante mucho tiempo. El trabajo duro con respecto a que te liberes va a ser especialmente difícil porque no puedes tener el control, que es donde entra la honestidad. Tu grupo de Deseo Puro será un lugar donde se pondrá a prueba tu honestidad. Al responder a las preguntas del cuaderno de trabajo, puedes esconderte si quieres, pero ruego que tu grupo se convierta en un lugar donde no se esconda nada en tu vida. Oro para que tu grupo se convierta en un lugar en el que finalmente te abras sobre tu vida. Elige confiar totalmente en otros hombres y estar abierto a sus comentarios, incluso cuando sean dolorosos y reveladores.

2. ¡UN COMPROMISO PARA TOMAR LA ESPADA DEL ESPÍRITU EN TU VIDA!

En la descripción que hace Pablo del guerrero que Dios ha diseñado para que te conviertas, hace una observación crítica.

---

[105] Eric Nestler. "Psicogenómica: Oportunidades para entender las adicciones." *Journal of Neuroscience* 21, no. 21 (2001), 8324-8327.

> *Pónganse el casco de la salvación y tomen la espada que les da el Espíritu, que es la Palabra de Dios.*
> EFESIOS 6:17 (NVI)

La espada es el único armamento ofensivo que Pablo menciona en la descripción completa de la armadura de un soldado romano; todo lo demás permite al soldado resistir los ataques del enemigo. Por lo tanto, debes tener esta arma espiritual en tu batalla. ¿De qué está hablando Pablo? Afortunadamente, lo deja muy claro. Lo que necesitas es la Palabra de Dios, pero no sólo en un sentido general. Pablo usa la frase "La espada del Espíritu que es el rhema de Dios". Esta estructura se llama "genitivo de origen", lo que significa que la espada te fue dada por el Espíritu Santo.[106]

Dios, el Espíritu Santo, le hablará de promesas a medida que vaya recorriendo este cuaderno de trabajo. Cuando Él hable, **escríbelas y revísalas cada mañana en tu tiempo de silencio**. Debes tener un sueño dado por Dios para poder atravesar la batalla. Necesitas algo con lo que puedas cortar al enemigo cuando sientas ganas de abandonar o cuando tu "Delta Fos B" te esté volviendo loco con los antojos. Necesitas ese sueño dado por Dios cuando te sientas inútil y como un fracaso, o cuando tu mente se deslice hacia el acantilado de la recaída una vez más, gracias al infierno.

Toma una posición con la promesa de Dios en tu mano, Su sueño en tu corazón, y con tu banda de hermanos en el grupo de Deseo Puro de pie a tu lado. ¡Entonces te darás cuenta de que has sido condenado por la gracia de Dios a la victoria total!

> **+ Escribe a continuación las promesas que Dios te ha dado hasta ahora en esta batalla.**

1. _____
2. _____
3. _____
4. _____
5. _____
6. _____
7. _____
8. _____
9. _____
10. _____

---

[106] Markus Barth, *La Biblia del Ancla: Efesios 4-6* (New York: Doubleday, 1974), 777.

¿Cómo sueñas que será tu vida cuando ganes esta batalla? Escribe tu descripción a continuación.

Este es el sueño que me dio Dios...

_____
_____
_____
_____
_____
_____
_____
_____
_____
_____
_____
_____
_____
_____
_____
_____
_____
_____
_____
_____
_____
_____
_____

Nota sobre los ejercicios y tareas sugeridas: Por favor, completa todos los ejercicios y tareas contenidas en las secciones de Introducción a los Pilares de Libertad. Trae tus notas u otros trabajos a tu reunión de grupo de Deseo Puro para que puedas discutir tus ideas y respuestas con tu grupo.

PTSI (ÍNDICE DE ESTRÉS POSTRAUMÁTICO)[107]

LAS SIGUIENTES AFIRMACIONES TIPIFICAN LAS REACCIONES QUE SUELEN TENER LAS VÍCTIMAS DEL TRAUMA ANTE EL ABUSO INFANTIL.

 Por favor, marca lo que creas que se aplican a ti.

- Aunque las afirmaciones están escritas en tiempo presente, si las afirmaciones se han aplicado alguna vez en tu vida, marque la casilla correspondiente.
- Las afirmaciones se consideran falsas sólo si nunca han formado parte de tu vida. En caso de duda, déjate guiar por tu primera reacción.
- Teniendo en cuenta estas pautas, marque las afirmaciones que considere aplicables a ti.

1. Tengo recuerdos recurrentes de experiencias dolorosas. ☐
2. Soy incapaz de detener un patrón infantil perjudicial para mí. ☐
3. A veces me obsesiono con personas que me han hecho daño y que ya no están. ☐
4. A veces me siento mal conmigo mismo por experiencias vergonzosas que creo que fueron culpa mía. ☐
5. Soy una persona que asume riesgos. ☐
6. A veces me cuesta mantenerme despierto. ☐
7. A veces me siento separado de mi cuerpo como reacción a un flashback o a un recuerdo. ☐
8. A veces me niego a cubrir necesidades básicas como la comida, los zapatos, los libros, la atención médica, el alquiler y la calefacción. ☐
9. Tengo sueños angustiosos sobre experiencias. ☐
10. Repito experiencias dolorosas una y otra vez. ☐
11. Intento que me entiendan los que son incapaces o no se preocupan por mí. ☐
12. Tengo pensamientos suicidas. ☐
13. Tengo comportamientos de alto riesgo. ☐
14. Como en exceso para evitar problemas. ☐
15. Evito pensamientos o sentimientos asociados a mis experiencias traumáticas. ☐
16. Me salto las vacaciones por falta de tiempo o dinero. ☐

---

[107] Patrick Carnes, *Prueba y análisis del índice de estrés postraumático*. Patrick J. Carnes, 1999. Utilizado con permiso.

17. Tengo períodos de insomnio. ☐
18. Intento recrear una experiencia traumática temprana. ☐
19. Guardo secretos de la gente que me ha hecho daño. ☐
20. He intentado suicidarme. ☐
21. Soy sexual cuando tengo miedo. ☐
22. Bebo en exceso cuando la vida es demasiado dura. ☐
23. Evito las historias, las partes de las películas o los recuerdos de las primeras experiencias dolorosas. ☐
24. Evito el placer sexual. ☐
25. A veces siento que una vieja experiencia dolorosa está ocurriendo ahora. ☐
26. Hay algo destructivo que hago una y otra vez desde mis inicios. ☐
27. Sigo en conflicto con alguien cuando podría haberme alejado. ☐
28. Tengo pensamientos suicidas. ☐
29. A menudo me siento sexual cuando me siento solo. ☐
30. Utilizo las drogas depresivas como una forma de sobrellevar la situación. ☐
31. Soy incapaz de recordar detalles importantes de experiencias dolorosas. ☐
32. Evito hacer actividades "normales" por los miedos que tengo. ☐
33. Tengo recuerdos súbitos, vívidos o que me distraen de experiencias dolorosas. ☐
34. Intento detener las actividades que sé que no son útiles. ☐
35. Voy "por la borda" para ayudar a las personas que han sido destructivas. ☐
36. A menudo me siento solo y alejado de los demás debido a experiencias dolorosas que he tenido ☐
37. Me siento intensamente sexual cuando se produce la violencia. ☐
38. Mi procrastinación interfiere con las actividades de mi vida. ☐
39. A veces me retraigo o carezco de interés en actividades importantes debido a experiencias de la infancia. ☐
40. Acumularé dinero y no lo gastaré en necesidades legítimas. ☐
41. Me molesta cuando hay recuerdos de experiencias abusivas (aniversarios, lugares, símbolos) ☐
42. Hago compulsivamente cosas a los demás que me hicieron a mí de joven. ☐
43. A veces ayudo a los que siguen haciéndome daño. ☐
44. Me siento incapaz de experimentar ciertas emociones (amor, felicidad, tristeza, etc.) ☐
45. Me siento sexual cuando me degradan o utilizan. ☐
46. Dormir es para mí una forma de evitar los problemas de la vida. ☐

47. Tengo dificultades para concentrarme. ☐
48. He intentado hacer dietas en repetidas ocasiones. ☐
49. Tengo dificultades para dormir. ☐
50. Mis relaciones son la misma historia una y otra vez. ☐
51. Me siento leal a las personas aunque me hayan traicionado. ☐
52. Tengo una perspectiva poco halagüeña sobre mi futuro. ☐
53. Me siento sexual cuando alguien es "amable" conmigo. ☐
54. A veces me preocupa la comida y el comer. ☐
55. Experimento la confusión a menudo. ☐
56. Me niego a comprar cosas aunque las necesite y tenga el dinero. ☐
57. Tengo dificultades para sentirme sexual. ☐
58. Sé que algo destructivo que hago repite un evento de la infancia. ☐
59. Sigo siendo un miembro del "equipo" cuando evidentemente las cosas se están volviendo destructivas. ☐
60. Siento que debo evitar depender de la gente. ☐
61. A veces me siento mal por haber disfrutado de experiencias que me explotaban. ☐
62. Abuso de alcohol a menudo. ☐
63. Suelo ser propenso a los accidentes. ☐
64. Paso mucho tiempo realizando trabajos de "bajo rendimiento". ☐
65. A veces tengo arrebatos de ira o irritabilidad. ☐
66. Hago a los demás cosas que me hicieron a mí en mi familia. ☐
67. Hago repetidos esfuerzos para convencer a personas que fueron destructivas para mí y que no estaban dispuestas a escuchar. ☐
68. Tengo comportamientos autodestructivos. ☐
69. Me "coloco" en actividades que eran peligrosas para mí. ☐
70. Utilizo la televisión, la lectura y los pasatiempos como forma de adormecerme. ☐
71. Me meto en un mundo de "fantasía" cuando las cosas son difíciles. ☐
72. Estoy "subempleado". ☐
73. Soy extremadamente cauteloso con mi entorno. ☐
74. Tengo pensamientos y comportamientos repetidos que no me hacen sentir bien. ☐
75. Intento de caer bien a gente que claramente me estaba explotando. ☐
76. Realizo conductas de automutilación (cortarme, quemarme, hacerme moratones, etc.) ☐

77. Uso drogas como la cocaína o las anfetaminas para acelerar las cosas. ☐
78. Tengo un problema con la "postergación" de ciertas tareas. ☐
79. Utilizo el "romance" como una forma de evitar problemas. ☐
80. Me siento muy culpable por cualquier actividad sexual. ☐
81. A menudo siento que la gente quiere aprovecharse de mí. ☐
82. Vuelvo a hacer cosas que hacía de niño. ☐
83. Me atraen las personas que no son de fiar. ☐
84. Soporto el dolor físico o emocional que la mayoría de la gente no aceptaría. ☐
85. Me gusta vivir al "borde" del peligro o de la emoción. ☐
86. Cuando las cosas son difíciles, a veces me doy un "atracón". ☐
87. Tengo la tendencia a preocuparme por algo más que por lo que necesito ser. ☐
88. Tengo poco interés en la actividad sexual. ☐
89. Desconfío de los demás. ☐
90. Algunos de mis comportamientos recurrentes provienen de experiencias vitales tempranas. ☐
91. Confío en la gente que ha demostrado ser poco fiable. ☐
92. Intento ser perfecto. ☐
93. Soy orgásmico cuando me hieren o golpean. ☐
94. Uso las drogas para escapar. ☐
95. Uso marihuana o psicodélicos para alucinar. ☐
96. A veces estropeo las oportunidades de éxito. ☐
97. Me sobresalto más fácilmente que otros. ☐
98. Me preocupan los niños de cierta edad. ☐
99. Busco personas que sé que me causarán dolor. ☐
100. Evito los errores a toda costa. ☐
101. Me encanta "apostar" por los resultados. ☐
102. Trabajo demasiado para no tener que sentir. ☐
103. A menudo me pierdo en fantasías en lugar de enfrentarme a la vida real. ☐
104. Paso sin necesidades durante periodos de tiempo. ☐
105. Tengo reacciones físicas al recordar experiencias de abuso (sudor frío, dificultad para respirar, etc.). ☐
106. Me involucro en relaciones abusivas repetidamente. ☐
107. Me cuesta retirarme de las relaciones insanas. ☐
108. A veces quiero hacerme daño físicamente. ☐

109. Necesito muchos estímulos para no aburrirme. ☐
110. Me "pierdo" en mi trabajo. ☐
111. Vivo una "doble vida". ☐
112. Vomito la comida o uso diuréticos para evitar el aumento de peso. ☐
113. Me siento ansioso por ser sexual. ☐
114. Hay una cierta edad de los niños o adolescentes que son sexualmente atractivos para mí. ☐
115. Continúo en contacto con una persona que ha abusado de mí. ☐
116. A menudo me siento indigno, no querible, inmoral o pecador debido a experiencias que he tenido. ☐
117. Me gusta el sexo cuando es peligroso. ☐
118. Intento "ralentizar" mi mente. ☐
119. Tengo una vida de "compartimentos" que los demás no conocen. ☐
120. Experimento periodos de desinterés por comer. ☐
121. Tengo miedo del sexo. ☐
122. Hay actividades que me cuesta dejar de hacer aunque sean inútiles o destructivas. ☐
123. Estoy en peleas emocionales (divorcios, demandas) que parecen interminables. ☐
124. A menudo siento que debo ser castigado por el comportamiento pasado. ☐
125. Hago cosas sexuales que son arriesgadas. ☐
126. Cuando estoy ansioso, hago cosas para detener mis sentimientos. ☐
127. Tengo una vida de fantasía a la que me retiro cuando las cosas son difíciles. ☐
128. Tengo dificultades para jugar. ☐
129. Me despierto con sueños perturbadores. ☐
130. Mis relaciones parecen tener el mismo patrón disfuncional. ☐
131. Hay ciertas personas a las que siempre permito que se aprovechen de mí. ☐
132. Tengo la sensación de que los demás siempre están mejor que yo. ☐
133. Consumo cocaína o anfetaminas para aumentar las actividades de "alto riesgo". ☐
134. No tolero los sentimientos incómodos. ☐
135. Soy un soñador. ☐
136. A veces, veo la comodidad, los lujos y las actividades lúdicas como algo frívolo. ☐
137. Odio cuando alguien se me acerca sexualmente. ☐
138. A veces los niños me parecen más atractivos que otros. ☐

139. Hay algunas personas en mi vida que son difíciles de superar aunque me hicieron daño o me utilizaron mal. ☐
140. Me siento mal cuando pasa algo bueno. ☐
141. Me emociono/arranco cuando me enfrento a situaciones peligrosas. ☐
142. Utilizo cualquier cosa para distraerme de mis problemas. ☐
143. A veces vivo en un mundo "irreal". ☐
144. Hay largos períodos de tiempo sin actividad sexual para mí. ☐

TABLA DE RESPUESTAS DEL ÍNDICE DE ESTRÉS

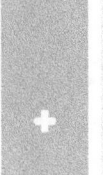

En la siguiente tabla, marca con una "X" todas las preguntas que hayas marcado como verdaderas para ti.

A continuación, suma todas las X de cada columna y coloca el total en el espacio de la parte inferior de cada una.

+ Las explicaciones de tus puntuaciones aparecen en el Resumen del PTSI.

1	2	3	4	5	6	7	8
9	10	11	12	13	14	15	16
17	18	19	20	21	22	23	24
25	26	27	28	29	30	31	32
33	34	35	36	37	38	39	40
41	42	43	44	45	46	47	48
49	50	51	52	53	54	55	56
57	58	59	60	61	62	63	64
65	66	67	68	69	70	71	72
73	74	75	76	77	78	79	80
81	82	83	84	85	86	87	88
89	90	91	92	93	94	95	96
97	98	99	100	101	102	103	104
105	106	107	108	109	110	111	112
113	114	115	116	117	118	119	120
121	122	123	124	125	126	127	128
129	130	131	132	133	134	135	136
137	138	139	140	141	142	143	144
TRT	**TR**	**TBD**	**TS**	**TP**	**TB**	**TSG**	**TA**
_____	_____	_____	_____	_____	_____	_____	_____

Transfiere tu puntuación para cada categoría a la sección apropiada en el Resumen del PTSI.

RESUMEN DEL ANÁLISIS DEL PTSI

Basándote en tus puntuaciones para el Índice de Estrés Postraumático (PTSI), lo siguiente es una breve explicación de lo que mide la puntuación. Si has estado en recuperación, estas son posibles áreas "vulnerables" de las que debe ser consciente.

- Si tu puntuación es **baja (0-2)**, no es un área de preocupación
- Si tu puntuación es **moderada (3-6)**, es posible que desee explorar estrategias que puedan ayudar a resolver el pasado o ayudar a reducir su vulnerabilidad en esta área.
- Si tu puntuación es **severa (7-18)**, se trata de un área de potencial atención intensa o de importancia periódica

Obviamente, cuanto más alto sea el número, mayor será la preocupación por la gravedad y la cronicidad del cambio cerebral. Ten en cuenta que este instrumento de detección ayuda a empezar a pensar en el papel potencial de los traumas o las experiencias relacionales en tu vida. Una evaluación posterior con tu terapeuta determinará si estos resultados "encajan" y qué protocolos considerar.

TRT - TRAUMA DE REACCIÓN: MI PUNTUACIÓN _____

Experimentar reacciones actuales a eventos traumáticos del pasado. Esto se relaciona con los síntomas del trastorno de estrés postraumático (PTSD)) y la tendencia a reaccionar de forma exagerada o insuficiente. La mayoría de los individuos que puntúan en esta área experimentaron algún tipo de ansiedad (estrés) en tu familia de origen, o creciendo y sintiendo una sensación de miedo o terror (falta de seguridad). Esta sensación de inseguridad puede ser aguda o crónica y longitudinal. La idea general es que el trauma percibido por un individuo da lugar a la liberación de hormonas del estrés, que pueden llegar a dañar (recablear) el cerebro cuando el estrés se mantiene.

Estrategias terapéuticas típicas:

- Estudia y anota tus reacciones automáticas y tu pensamiento distorsionado.
- Escribe cartas a quienes te facilitaron experiencias poco enriquecedoras, contándoles el impacto a largo plazo que estás experimentando.
- Escribe también cartas de desdolor a quienes sabes que has perjudicado.
- Decide con un terapeuta lo que es apropiado enviar.
- Es posible que tengas que esperar hasta que estés más avanzado en tu recuperación individual y de pareja (si es el caso) antes de atender a las enmiendas.

TR - TRAUMA DE REPETICIÓN: MI PUNTUACIÓN _____

La repetición de comportamientos o situaciones que son paralelos a las experiencias traumáticas relacionales tempranas. Esto se relaciona con la recreación y la tendencia a "repetir". Los individuos que puntúan en esta área a menudo informan de rasgos de OCD o OCPD (hiperfocalización, obsesión, rumiación).

Estrategias terapéuticas típicas:

- Comprende cómo la historia se repite en tus experiencias vitales.
- Desarrolla hábitos que te ayuden a centrarte (por ejemplo, la respiración, el diario, la meditación, el ejercicio ligero) para que haga lo que pretende, y no los ciclos de siempre.
- Trabaja en los límites, tanto externos como internos. El fracaso de los límites es la clave de la compulsión a la repetición.

TBD - TRAUMA DE VÍNCULO: MI PUNTUACIÓN _____

Estar conectado (leal, servicial o solidario) con personas que son peligrosas, vergonzosas o explotadoras. Las personas que puntúan en esta área tienden a confiar en quienes no deberían y a desconfiar de quienes sí deberían.

Estrategias terapéuticas típicas:

- Aprende a reconocer los vínculos traumáticos identificando los que hay en tu vida.
- Busca patrones.
- Utiliza estrategias de "desapego" en situaciones/con personas que desencadenan tu codependencia.

TS - TRAUMA DE VERGÜENZA: MI PUNTUACIÓN _____

Sentirte indigno, o indefenso/desesperado/insignificante; tener odio a sí mismo debido a la experiencia traumática. Esto se relaciona con el sentido de sí mismo, la autoestima y la experiencia de pensar "no soy suficiente" y "no estoy seguro" (por ejemplo, "no puedo ser yo mismo y ser suficiente, y no estoy seguro en este mundo siendo quien soy"). A menudo, los individuos reaccionan al estrés con extremos (infra o sobrefuncionamiento, grandiosidad o inutilidad, exceso de control o impotencia y evitación, o comportamiento pasivo-agresivo, excesiva necesidad o desesperanza).

Estrategias terapéuticas típicas:

- Comprender la dinámica de la vergüenza en tu familia de origen y cómo esos patrones se repiten en tus relaciones actuales.
- ¿Para quién era importante que te sintieras avergonzado?
- Escribe una lista de tus secretos.
- Comienza a reprogramarte con 10 afirmaciones, 10 veces al día (frente al espejo es lo mejor). Neurovía del placer del trauma: Mi puntuación

TP - TRAUMA DE PLACER: MI PUNTUACIÓN _____

Esta es una de las neurovías adictivas relacionadas con la intensidad. Cuando el cerebro se dispara límbicamente, se producen reacciones automáticas y se producen defensas (mecanismos de afrontamiento conocidos). Los individuos que puntúan en esta área suelen encontrar placer en presencia de un peligro extremo, violencia, riesgo o vergüenza. Pensamientos/comportamientos utilizados principalmente para reducir el dolor y actuados con Intensidad, Riesgo, Peligro, Poder/Control.

Estrategias terapéuticas típicas:

+ Escribe una historia de cómo la excitación y la vergüenza están vinculadas a tu pasado traumático.
+ Ten en cuenta los costos y los peligros para ti a lo largo del tiempo.
+ Escribe un plan de Primer Paso y de prevención de recaídas sobre lo poderoso que es esto en tu vida.

Cómo esta neurovía facilita los síntomas de comportamiento en varias áreas:

1. **Erótico (sexual):** Todo se centra en el comportamiento erótico, la excitación, la posibilidad sexual y el orgasmo. A menudo se asocian la alta intensidad, el riesgo y el peligro. Los supervivientes de traumas pueden incorporar el dolor y el trauma en el comportamiento. Sadomasoquismo violento/doloroso. Violación voyeurista. Humillación. Degradación. Anónimo. Prostitutas. Líos de una noche. Exhibicionismo. Intercambio de parejas. Salones de masaje. Librerías para adultos. Frotamiento. Masturbación con o sin porno o 900#.

2. **Romance (sexual):** Los adictos al romance convierten el nuevo amor en una "dosis". Se enamoran repetida o simultáneamente. Los romances de montaña rusa son altamente sexuales, volátiles y peligrosos. Las parejas suelen ser inalcanzables, no disponibles o ilegibles. Seducción. Explotación. Conquista. Coqueteo. Síndrome de atracción fatal. Tener sexo con empleados y "relaciones" profesionales. Romances de oficina. Lío con el vecino. Aventuras. Acoso. Intercambio de parejas. Clubes/Bares.

3. **Relación (sexual):** Relaciones volátiles, intensas, controladoras y a menudo peligrosas. El vínculo traumático, el acoso y la codependencia prosperan en colaboraciones de abandono, basadas en el miedo o peligrosas. Ciclos de sexo y rupturas. Alta implicación con un acosador. Sigue intentando "romper". Visto en público con un amante. Síndrome de violencia doméstica.

4. **Drogas/Dinero/Alimentos:** Metanfetamina, Cocaína, Éxtasis, Violencia. Dados, Hipódromo. Comer en exceso. Cuando se facilita en la Salud (capacidad de auto-apoyo): Mejora de la vida, Pasión, Abogacía.

TB - TRAUMA DE BLOQUEO:: MI PUNTUACIÓN _____

Esta es una de las vías neuronales adictivas relacionadas con el adormecimiento.

Cuando el cerebro se dispara límbicamente, se producen reacciones automáticas y defensas (mecanismos de afrontamiento conocidos). Los patrones existen para adormecer y bloquear los sentimientos abrumadores que provienen de un trauma en tu vida. La necesidad inconsciente es de saciedad y trance, que se utiliza para calmar la ansiedad y el estrés de la vida diaria. El comportamiento se utiliza para dormir, para calmarse o para gestionar el malestar interno. La ansiedad se produce cuando el comportamiento altamente ritualizado se ve frustrado o perturbado. Pensamientos/Comportamientos utilizados principalmente para reducir la ansiedad.

Estrategias terapéuticas típicas:

- Trabaja para identificar las experiencias en las que te sentiste dolido o disminuido.
- Vuelve a experimentar los sentimientos en un lugar seguro con la ayuda de tu terapeuta y dales sentido como adulto. Esto reducirá el poder que han tenido en tu vida.
- Escribe un primer paso si es necesario.

Cómo esta neurovía facilita los síntomas de comportamiento en varias áreas:

1. **Erótico (sexual):** El sexo se utiliza para calmar la ansiedad y el estrés de la vida cotidiana. El sexo se utiliza para dormir, para calmar a las personas de alto riesgo o para gestionar el malestar interno. La ansiedad se produce cuando el comportamiento altamente ritualizado se ve frustrado o perturbado. Masturbación para dormir. Librerías para adultos. Salones. 900#. Internet. Voyeurismo.

2. **Romántico (sexual):** El romance se convierte en una forma de gestionar la ansiedad. La persona se vuelve ansiosa si no está enamorada de alguien o de la persona amada. Cómo se es y quién es el otro no es tan importante como la comodidad de estar unido. El único objetivo es estar con alguien. Evitar a toda costa estar solo/sola. Citas en serie o simultáneas. CoSA/S-Anon.

3. **Relación (sexual):** Las relaciones compulsivas incluyen tolerar lo intolerable: maltrato, adicción, abuso y privación. La persona distorsionará la realidad antes de enfrentarse al abandono. Violencia doméstica.

4. **Drogas/Dinero/Alimentos:** Alcohol, Valium, Heroína. Máquinas tragaperras. Comer en exceso. Cuando se facilita en la Salud (capacidad de auto-calmarse): Reflexivo, Calmante, Soledad. TSG - Neurovía de división de trauma: Mi puntuación _____

Esta es una de las neurovías adictivas relacionadas con la disociación. La disociación existe en un continuo que va desde "simplemente perder el conocimiento a veces cuando se conduce" hasta el Trastorno de Identidad Disociativo grave. Cuando el cerebro se dispara límbicamente, se producen reacciones automáticas y defensas (mecanismos de afrontamiento conocidos). Ignorar las realidades traumáticas disociando o compartimentando las experiencias o partes del yo. Huir hacia la fantasía y la irrealidad como forma de escape. La disociación y los síntomas del OCD son típicos. La obsesión y la preocupación se convierten en la solución a la realidad dolorosa. La fantasía es un escape que se utiliza para dejar las cosas para más tarde, evitar la pena e ignorar el dolor. Los neuroquímicos implicados son típicamente estrógenos y andrógenos que se producen naturalmente para la libido, la lujuria y el impulso de procrear. En lo que respecta al trastorno del cortejo, esto da lugar a patrones disfuncionales de notoriedad, atracción, contacto y juegos preliminares. Pensamientos/comportamientos utilizados principalmente para reducir la vergüenza. Actuación con disociación, compartimentación, escape y obsesión.

Estrategias terapéuticas típicas:

- Aprender que la disociación es una respuesta "normal" al trauma.
- Identifica las formas en que divides la realidad y los detonantes que hacen que esto ocurra.
- Cultiva un adulto "bondadoso" que se mantenga presente para que puedas permanecer íntegro.
- Observa cualquier impotencia que sientas y cómo te atrae el control o tener que saber exactamente qué/cómo/por qué, o gestionar el resultado, y puedes experimentar dificultades con la flexibilidad y la confianza en el proceso.

Cómo esta neurovía facilita los síntomas de comportamiento en varias áreas:

1. **Erótico (sexual):** La obsesión y la preocupación se convierten en la solución a la dolorosa realidad. La fantasía es una vía de escape utilizada para procrastinar, evitar la pena e ignorar el dolor. El orgasmo final, los clubes de striptease. Swinging. Cruceros. Cibersexo. Porno. 900#. Ritualización.
2. **Romance (sexual):** La persona evita los problemas de la vida mediante la preocupación romántica. La planificación, la intriga y la investigación llenan el vacío. Los correos electrónicos y los chats, el romance mágico y el acoso son más reales que la familia. Historias eróticas. Conducta sexual inapropiada. Acoso. El "alma gemela" de Internet.
3. **Relación (sexual):** Las relaciones compulsivas se construyen sobre una fantasía distorsionada. El carisma, el papel, la causa y la gratitud juegan un papel en las sectas, la mala conducta sexual y la traición. La mística se construye sobre el secreto, la creencia en la unicidad y las necesidades/deseos "especiales". "Relación cósmica".
4. **Drogas/Dinero/Alimentos:** Cannabis, LSD. Lotería en Internet. Binge-Purge. Cuando se facilita en la Salud (capacidad de auto-apagarse): Foco(s).

TA - TRAUMA DE ABSTINENCIA: MI PUNTUACIÓN _____

Como resultado de la experiencia traumática, los individuos que puntúan en esta área tienden a privarse (también se denomina privación del trauma o TD) de cosas que se quieren, se necesitan o se merecen. Hay dificultad para satisfacer o pedir ayuda para satisfacer las propias necesidades y deseos. La Aversión al Trauma se utiliza para reducir el terror/miedo proporcionando una falsa sensación de control. Los individuos a menudo experimentarán o actuarán en extremos o patrones de atracones/purgas. Pensamientos/Comportamientos utilizados principalmente para reducir el terror/miedo. Actuación con control y atracón-purga.

Estrategias terapéuticas típicas:
- Comprender cómo la privación es una forma de seguir sirviendo a sus autores.
- Escribe una carta a la víctima que fuiste tú en el pasado sobre cómo aprendiste a tolerar el dolor y las privaciones.
- Trabaja en estrategias para auto nutrir y proteger/consolar a tu niño interior.
- Visualízate como un precioso hijo de Dios.

Cómo esta neurovía facilita los síntomas de comportamiento en varias áreas:

1. **Erótico (sexual):** Cualquier cosa erótica o sugerente es rechazada. El sexo es amenazante, mundano, tolerable; no placentero. El sexo puede estar bien si la otra persona no importa (objetivada). Automutilación. Objetivación de uno mismo, ser utilizado (prostitución).

2. **Romance (sexual):** Extrema desconfianza en los sentimientos o iniciativas románticas. En el mejor de los casos la persona busca un "acuerdo". Matrimonio sin sexo. Sospecha de la amabilidad (busca motivos ocultos). Evita y se retrae.

3. **Relación (sexual):** Evitar. Aislado, solitario, emociones restringidas y habilidades de comunicación pobres o inexistentes. Puede ser excesivamente intelectual/analítico. Apegos secretos (nadie puede saber que me importa...).

4. **Drogas/Dinero/Alimentos:** Sub-ganancia, Acumulación. Cuando se facilita en la Salud (capacidad de auto-apoyo): Ascesis (con un propósito superior - como en la elección del celibato como forma de vida espiritual, o la abstinencia durante un período específico de tiempo para promover la autoconciencia y la crianza saludable).

PARA MÁS INFORMACIÓN

Brown, Brene. *Los dones de la imperfección: deja ir quién crees que se supone que debes ser y acepta quién eres (Center City: Hazelden, 2010).*

Carnes, Patrick J., Ph.D. *El vínculo de la traición*, (Deerfield Beach, FL: Health Communications, Inc., 1997).

Doidge, Norman. *El cerebro que se cambia a sí mismo,* (New York: Viking, 2007).

Dye, Michael, CADC, NCAC II, *El proceso de Génesis para los grupos de cambio* (Auburn, CA: Michael Dye, 2006). www.genesisprocess.org.

Dye, Michael, CADC, NCAC, y Patricia Fancher, CAC III, MFCC, Ph.D. *El Proceso Génesis. Un cuaderno de prevención de recaídas para conductas adictivas/compulsivas,* (Auburn, CA: Michael Dye, 1998; 3rd Edition 2007). www.genesisprocess.org.

Lynch, John. *TrueFaced (libro) y Experiencia Cara Verdadera*DVD, 2nd Edición. (Phoenix, Az: *catalizador de liderazgo*, Inc., 2007). www.leadershipcatalyst.org.

MacDonald, Linda J., M.S., LMFT. *Cómo ayudar a su cónyuge a sanar de tu aventura* (Gig Harbor, WA: Healing Counsel Press, 2010). Available on Amazon.com.

Roberts, Dr. Ted y Diane Roberts. *Cristianos sexys* (Grand Rapids: Baker Publishing Group, 2010). www.puredesire.org.

Roberts, Dr. Ted y Diane Roberts. *Cuaderno de trabajo de Cristianos Sexys* (Grand Rapids: Baker Publishing Group, 2010). www.puredesire.org.

Sittser, Jerry L. *A Grace Disguised: Cómo crece el alma a través de la pérdida* (Grand Rapids: Zondervan, 2005).

Stringer, Jay. *Unwanted: Cómo el quebrantamiento sexual revela nuestro camino hacia la sanidad* (Colorado Springs: NavPress, 2018).

Struthers, William M. *Wired for Intimacy: Cómo la pornografía secuestra el cerebro masculino* (Downers Grove: InterVarsity Press, 2009).

Van Vonderen, Jeff. *Cansado de intentar estar a la altura* (Minneapolis: Bethany House Publishers, 1989).

Wiles, Jeremy & Tiana. *Conquer Series: El plan de batalla para la pureza. Presentado por Dr. Ted Roberts. DVD Series & Workbook.* (West Palm Beach, FL: KingdomWorks Studios, 2013) www.kingdomworks.com.

EL GUERRERO COMPASIVO

SANACIÓN DE SIGUIENTE NIVEL PARA HOMBRES EN BUSCA DE LA SALUD RELACIONAL Y EL DESCUBRIMIENTO DEL PLAN Y PROPÓSITO DE DIOS PARA SUS VIDAS.

Muchos hombres que inician el camino de la recuperación son capaces de conseguir la sobriedad y mantener la salud durante bastante tiempo. Y entonces, aparentemente de la nada, recaen. ¿A qué se debe esto? Esto hace que los hombres se pregunten: ¿Qué necesito para crear una recuperación y curación sostenibles y de por vida? El Guerrero Compasivo te llevará a través de las ocho etapas de "El Camino del Guerrero". A medida que progreses por estas etapas, serás transformado a través de la Palabra de Dios, Su llamado en tu vida, y Su extraordinario propósito para tu sanación. Para más información sobre El Guerrero Compasivo, visita **puredesire.org/tcw**

FORMACIÓN DE LÍDERES DE GRUPO (GLT)

APRENDA A DIRIGIR CON CONFIANZA GRUPOS EFICACES QUE CAMBIAN LA VIDA   GRUPOS DE PURO DESEO

Este curso refleja un conocimiento combinado de más de 30 años liderando grupos Pure Desire y está disponible con subtítulos en español. Toma las mejores prácticas, consejos y herramientas que Pure Desire ofrece y lo empaqueta TODO en un solo lugar. Cubre temas como el enfoque de Pure Desire para dirigir grupos, cómo promover grupos, el proceso de divulgación, cómo manejar miembros de grupo desafiantes y situaciones problemáticas, cómo enfrentar asuntos legales, ¡y más! Para más información sobre el Entrenamiento para Líderes de Grupo, visita **puredesire.org/glt.**

INTEGRIDAD SEXUAL 101 (SI 101)

UN CURSO DE 8 SEMANAS PARA INICIAR LA CONVERSACIÓN SOBRE SALUD SEXUAL

Este entrenamiento en video es para hombres, mujeres, estudiantes, pastores, líderes laicos, padres y muchos más. Es para cualquiera que quiera encontrar la libertad de los efectos de los comportamientos sexuales no deseados y el trauma de la traición. Este curso mostrará cómo la vergüenza y la gracia afectan el proceso de sanación, dará entendimiento sobre la adicción y el trauma de la traición, y te iniciará en el camino hacia la salud sexual. Para más información sobre Integridad Sexual 101, visite **puredesire.org/si101**

MEMBRESÍA

EQUIPAR A LOS PASTORES/LÍDERES PARA INICIAR UN MINISTERIO DE SANACIÓN EN LA IGLESIA

Sabemos lo que es ver un problema y no saber cómo resolverlo. Durante los últimos 25 años, Pure Desire se ha asociado con iglesias locales de todo el mundo para formar líderes y lanzar grupos. Ayudamos a las iglesias a crear ministerios de recuperación y sanación que puedan dirigir con claridad y confianza, sabiendo que las familias están siendo restauradas y que hombres y mujeres están siendo sanados,

visite **puredesire.org/membership**

PURE DESIRE PODCAST

El Podcast Pure Desire tiene un enfoque bíblico y clínicamente informado para la curación y la liberación de la conducta sexual no deseada y el trauma de la traición. A través de conversaciones con el personal de Pure Desire, entrevistando a expertos en adicción sexual y traición, y escuchando historias de hombres, mujeres y parejas que han experimentado la restauración, obtendrás sabiduría, herramientas y aliento en tu viaje de recuperación y sanación. Escúchalo en las principales plataformas o en **puredesire.org/podcast** y mira los episodios completos en **puredesire.org/podcastvideos.**

www.ingramcontent.com/pod-product-compliance
Lightning Source LLC
Chambersburg PA
CBHW080727300426
44114CB00019B/2503